P

Hugo Stamm
Achtung Esoterik

Zwischen Spiritualität
und Verführung

Pendo Zürich München

Zu diesem Buch

Die Suche nach der »übersinnlichen Wahrheit« und dem »geheimen Wissen« ist zum Massenphänomen geworden. Nicht selten wird daraus eine Form von Weltflucht. Hugo Stamm zeigt in seinem neuen Buch Mißbräuche und Auswüchse auf. Er befaßt sich kritisch mit den Botschaften der medial begabten Meister, den Astralreisen, Bilokationen, Transmutationen, den »universellen Gesetzen«, »kosmischen Energien« und der »Lichtnahrung« und legt dar, daß selbst das »positive Denken« nicht ganz harmlos ist. Außerdem geht Stamm der Frage nach, ob Geistheiler wirklich übernatürliche Kräfte besitzen und Krebs heilen können.

Ein äußerst erhellendes und informatives Buch, das auch ein Plädoyer für echte Spiritualität und soziale Verantwortung ist.

Hugo Stamm, geboren 1949 in Schaffhausen, Studium der Philosophie an der Universität Zürich, seit 1975 als Redakteur beim Tages-Anzeiger. Zahlreiche Publikationen zu Sektenproblemen, u. a. »Scientology – Seele im Würgegriff« (1982), »VPM – die Seelenfalle« (1993), »Sekten – im Bann von Sucht und Macht« (1995) und »Im Bann der Apokalypse« (1998).

Inhalt

Kapitel 1
Sehnsucht zwischen Wahn und Heil

Die These dieses Buches lautet: Die radikalen Formen der neuen Esoterik haben nur noch wenig mit echter Mystik zu tun. Deshalb ein paar provokative Fragen:

Ist Esoterik geheimes Wissen und der Schlüssel zu den »universellen Gesetzen«? – Oder führen esoterische Heilslehren und Rituale in eine gefährliche Scheinwelt?

Ist Esoterik die neue Religion, die die »große Transformation« und das »neue Bewußtsein« beschert? – Oder lassen sich Esoteriker von okkulten Wahnvorstellungen blenden?

Ist das »Göttliche« im Menschen verborgen und wartet nur darauf, mit übersinnlichen Ritualen entwickelt zu werden? – Oder weckt die Esoterik Allmachtsphantasien, die die Sehnsucht nach dem neuen Übermenschen nähren?

Sprengt die Esoterik die Fesseln des irdischen Gefängnisses? – Oder verbirgt sich hinter ihr eine faschistoide Ideologie?

Können Geistheiler tatsächlich Aids und Krebs heilen? – Oder machen sie sich mitschuldig am Tod ihrer Patienten?

Esoteriker bewegen sich heute innerhalb dieses breiten Spannungsfelds. Die Suche nach übersinnlichen Phänomenen kann harmlos sein. Andererseits: Kompromißlose und radikale Strömungen und Ideen bergen erhebliche Gefahren für die geistige, psychische und teilweise auch körperliche Gesundheit. Es ist deshalb dringend nötig, sich mit den jüngsten Entwicklungen der westlichen Esoterik auseinanderzusetzen und Auswüchse aufzudecken.

Um keine Mißverständnisse aufkommen zu lassen, sei mit aller Deutlichkeit gesagt, daß es hier nicht darum geht, einem wissenschaftlich orientierten, rationalen oder mechanistischen Weltbild das Wort zu reden. Die spirituelle Suche und der mystische Hunger, die sich in den letzten 30 Jahren kraftvoll manifestieren, sind zu begrüßen. Die neue Sinnsuche, die durch die moderne Esoterik und die New-Age-Bewegung ausgelöst worden ist, hat wichtige Impulse in vielen Lebensbereichen ausgelöst und bei vielen Menschen eine Bewußtseinserweiterung bewirkt. Das Postulat der Selbstverwirklichung weitete den mystischen Horizont der spirituellen Sucher. Die Esoterikwelle hat aber auch zu Entwicklungen und Nebenerscheinungen geführt, die in krassem Widerspruch zur wahren Mystik und den eigenen ursprünglichen spirituellen Zielen stehen. Extreme Formen der neuen Esoterik haben sich weit von ihren eigenen Ansprüchen entfernt. Diese Widersprüche sollen in diesem Buch aufgezeigt werden.

Esoterik ist zum Massenphänomen geworden und zum Religionsersatz. Unser Alltag und unsere Sprache sind durchsetzt mit esoterischen und übersinnlichen Vorstellungen. Astrologie ist ein Gesellschaftsspiel. Viele Menschen im Westen suchen ihre »innere Mitte« und spirituelle Energie. Sie meditieren, streben nach ganzheitlichem Bewußtsein, nehmen Bach-Blüten, kaufen Heilsteine und glauben, daß die Natur perfekt eingerichtet sei und nur der Mensch entfremdet. Millionen sind heute mehr oder weniger Esoteriker.

Vor diesen sanften Formen der Esoterik soll mit dem Titel »Achtung Esoterik« nicht gewarnt werden. Hier geht es vielmehr um die radikalen esoterischen Ausprägungen: um Astralreisen, Bilokationen, Transmutationen, um die radikale Karmalehre, die Lichtnahrung, den Glauben an die »universellen Gesetze« und »kosmischen Energien« usw. (Diese Begriffe werden in den folgenden Kapiteln und auch im Glossar erklärt.) Selbst das harmlos klingende »positive Denken« ist nicht unbedenklich, weil sich der Mensch mit dieser Beeinflussungstechnik zu Gott machen will, wie hier dargestellt wird.

Wahre Mystik christlicher und fernöstlicher Ausprägung kommt hingegen leise daher. Mystiker suchen die Stille, die Versenkung, den Weg nach innen. Mystik bedeutet Ich-Verlorenheit, Ergriffenheit, Demut, Bescheidenheit. Um Gotteserfahrungen zu machen, braucht es keine spektakulären übersinnlichen Heilskonzepte und Rituale, wie sie die moderne Esoterik anbietet. Diese strebt zwar wie die Mystik das »höhere Wissen« und die geistige Befreiung an, behandelt die mystischen Phänomene jedoch wie ein Konsumgut. Gotteserfahrung kann heute käuflich erworben werden: In Seminaren werden Esoteriker Schamanen, bei Rückführungen erfahren sie angeblich, woher sie kommen, bei Astralreisen besuchen sie ferne Planeten und schauen in die Zukunft, und bei medialen Sitzungen nehmen sie vermeintlich Kontakt mit göttlichen Wesen auf.

Auch die sanften Esoteriker müssen sich hüten, daß die Sehnsucht nach »übersinnlichen Wundern« sie nicht anfällig für spekulative Ideen der modernen Esoterik macht. Die Beschäftigung mit übernatürlichen Phänomenen und Ritualen kann eine Eigendynamik entwickeln, die die spirituellen Sucher in eine Scheinwelt (ver)führt. Die Grenzen zwischen echter Mystik, harmlosen esoterischen Ideen und okkulten Wahnvorstellungen sind fließend.

Tatsächlich nehmen Teile der Esoterik immer extremere Formen an. Wer glaubt, sich nur noch vom »kosmischen Licht« ernähren zu können und nicht mehr essen zu müssen, spielt mit seinem Leben. Wer glaubt, auf medialem Weg mit den »kosmischen Göttern« sprechen zu können, kann Wahrnehmungsverschiebungen erleiden. Wer glaubt, seinen »feinstofflichen Zweitkörper« an jeden beliebigen Ort im Kosmos dirigieren zu können, steht möglicherweise vor gravierenden psychischen Problemen. Wer glaubt, daß alles im Leben vorbestimmt ist und wir für Sünden aus früheren Leben büßen müssen, läuft Gefahr, in lähmender Ohnmacht gefangen zu sein. Wer glaubt, bei Rückführungen mehrere tausend Jahre in die Vergangenheit zurückwandern zu können, stößt in psychische Grenzbereiche vor. Wer magische Rituale praktiziert, weckt eventuell Geister, die er nicht mehr los wird.

Das Massenphänomen der Esoterik dient heute vor allem dazu, übersinnliche Bedürfnisse und Sehnsüchte zu befriedigen und Ängste zu verdrängen. Wer die esoterische Brille aufsetzt, sieht die Welt durch ein unscharfes Glas, das Probleme und Widersprüche verschwinden läßt. Die esoterische Suche nach geheimem Wissen weckt oft unreife und unreflektierte Sehnsüchte nach einem Paradies und fördert eine Weltflucht.

Dorothee Sölle kritisiert in ihrem Buch »Mystik und Widerstand« denn auch die Fast-Food-Spiritualität: »Vor Jahren erzählte mir ein indianischer Medizinmann von den Hunderten von College-Studierenden, die sommers in die Reservate kommen, um Schwitzhütten und rituelle Tänze mitzuerleben. Er nannte sie ›spirituelle Waisenkinder‹. In der Tat ist ihr spiritueller Hunger ernst zu nehmen, kaum aber das ›fast food‹, mit dem sie ihn zu stillen suchen.« Die Anhänger der New-Age-Bewegung würden die Bedeutung von Bindung und Tradition nicht verstehen: »Viele von ihnen wechseln Guru, Gruppe und Ritual nach kurzer Zeit, immer wieder. Mal Edelsteine, mal Tiefenatmung!«

Auch der bekannte englische Mystiker Alan Watts macht sich in seinem Buch »Die sanfte Befreiung« über die rastlosen spirituellen Sucher lustig: »Sie schwirren von Gruppe zu Gruppe, auf der Suche nach wer weiß was, wenn nicht diesem magischen Wissen, das all ihre Probleme lösen und ihre Seelen von der Angst befreien kann. Manchmal glauben sie, es schon gefunden zu haben in diesem oder jenem Ismus, aber welch seltsame Anlaufstelle ist das, um das Geheimnis des Lebens zu erfassen! Ist es nicht viel wahrscheinlicher, daß dieses Geheimnis des Lebens im Leben selbst zu finden ist und nicht in Doktrinen und Ideen über das Leben?«

Esoterik ist eine Antwort auf den Zeitgeist. Sie präsentiert uns eine in Watte verpackte Welt, in der »Wunder« angeblich programmierbar sind. Wer jedoch vorurteilsfrei nach religiösen oder mystischen Erkenntnissen strebt, verlangt keinen praktischen Nutzen und schon gar keine Wunder. Kein seriöser spiritueller Sucher maßt sich an, das »höhere Bewußtsein« oder die »kosmischen Gesetze« für sich und sein materielles Wohlbefinden in Anspruch zu nehmen. Erleuchtung (was immer darunter verstanden wird) ist bestenfalls ein Fernziel. Die ernsthafte Auseinandersetzung mit religiösen und mystischen Fragen ist eine Lebensaufgabe, die zeitlos und zweckfrei sein sollte.

Die moderne Esoterik hingegen bindet ihre spirituellen Rituale immer mehr an materielle, »grobstoffliche« Ziele.

Trotzdem oder vielleicht gerade deswegen feiert die moderne Esoterik einen beispiellosen Siegeszug und zieht Millionen in ihren Bann. Das Geschäft mit übersinnlichen Phänomenen ist ein riesiger kommerzieller Markt geworden. Therapien, Workshops, Aura-Lesungen, Rückführungen, Meditationen, Bücher und ein riesiges Arsenal esoterischer Utensilien sind im Angebot. Heiler, Reinkarnationstherapeuten, Handaufleger, Aurainterpreten, Medien, Handleser, Astrologen, Reiki-Meister, Schamanen und Hexen finden dankbare Kunden vor, die große persönliche Hoffnungen an diese esoterischen Dienstleistungen knüpfen. Und nur allzu gern bereit sind, auch noch einen Starkult um die »Eingeweihten« und »hellsichtigen Medien« zu betreiben. Das »geheime Wissen« ist heute konsumierbar.

Die gemäßigten Esoteriker müssen sich auch hüten, daß sie sich nicht von den radikalen Flügeln der Esoterikszene instrumentalisieren lassen. Mit ihrer Verklärung naturreligiöser und völkischer Ideen und ihrem Germanenkult erinnern letztere in fataler Weise an Heilsvorstellungen des Nationalsozialismus. Tatsächlich zeigen heute verschiedene esoterische Zirkel braune Tendenzen. Diese politischen Zusammenhänge und Hintergründe sind den meisten Esoterikern nicht bekannt. Um so mehr müssen sie sich informieren, um nicht dem rechtsradikalen Trend gewisser esoterischer Zirkel Vorschub zu leisten.

Die ernsthafte Suche nach mystischen Erkenntnissen soll in diesem Buch keinesfalls in Frage gestellt werden. Die philosophischen und religiösen Einflüsse aus dem fernen Osten, von denen sich die Esoterik maßgeblich inspirieren ließ, haben die abendlän-

dische Denkweise durchaus befruchtet. Die Befriedigung spiritueller Bedürfnisse ist ein wichtiger Aspekt der Persönlichkeitsentwicklung. Die Esoterik hat denn auch dazu beigetragen, daß sich
heute viele Menschen religiös zu emanzipieren versuchen und
neue Formen der Spiritualität erproben. Es scheint tatsächlich
dringend nötig zu sein, den extremen Globalisierungstrends, In-
dividualisierungstendenzen und materiellen Zielsetzungen in den
westlichen Zivilisationen neue mystische Werte entgegenzuset-
zen, die die egozentrischen und narzißtischen Bestrebungen der
Gesellschaft etwas bremsen helfen.

Die jüngsten Entwicklungen der modernen Esoterik sind aber
denkbar schlecht geeignet, die »Wahrheit« zu finden und Selbsterkenntnis zu erlangen. Auf dem esoterischen Markt tummeln sich
heute Tausende von Meistern und Medien, die die komplexe Realität auf einfache Erklärungsmuster reduzieren und rezeptartige
Heilsversprechen abgeben. Außerdem dienen viele esoterische
Rituale und Disziplinen dem Zweck, die Allmachtsphantasien zu
fördern und mystische Sehnsüchte im Eiltempo zu befriedigen. Es
geht zunehmend um die Befriedigung weltlicher Bedürfnisse mit
pseudomystischen Methoden und Praktiken. Defizite, psychische
Probleme und Ängste sollen mit übersinnlichen Phänomenen erklärt und rasch zum Verschwinden gebracht werden. Da es in der
»geistigen« oder esoterischen Welt keine Grenzen gibt, blüht der
Glaube an Übermenschliches und Wunder. Im Zentrum steht der
Esoteriker als Kunde und nicht die Wahrheitssuche.

Der indische Philosoph Jiddu Krishnamurti (1895–1986), der
von vielen Esoterikern als Guru verehrt wird, warnt ausdrücklich
vor der Selbsttäuschung und der Bindung an Meister und abgehobene Heilslehren. In seinem Buch »Leben« schreibt er, daß die
Wahrheit nie von Meistern und Heilslehren vermittelt, sondern
nur aus sich selbst gewonnen werden kann: »Ob es Meister gibt
oder nicht, ob sich Eingeweihte, Schüler und so weiter wirklich
voneinander unterscheiden, das alles ist ja so unwichtig, wichtig
ist allein, daß sich der Mensch selbst erkennt ... Ohne Selbster-

kenntnis fällt man hoffnungslos der Illusion anheim. Es ist kindisch, sich sagen zu lassen und unbesehen zu glauben, daß man dies oder jenes sei. Darum hüte man sich vor jedem, der einem einen Lohn in dieser oder der nächsten Welt in Aussicht stellt.« Noch deutlicher wird der Mystiker an anderer Stelle: »Das Glück, das die Wahrheit beschert, bleibt uns versagt, wenn wir keinen Versuch machen, unserem Ich auf die Spur zu kommen. Geistige Bindung macht allen solchen Versuchen ein Ende, sie enthüllt sich als eine Art geistiger Trägheit. Wer sich bindet, will sich fremde Erfahrung zunutze machen und geht damit hoffnungslos in die Irre ... Wer sich bindet, wird nie jener Freiheit teilhaftig, die allein die Quelle der Wahrheit ist.«

Auch der in esoterischen Kreisen verehrte englische Mystiker Alan Watts warnt in seinem Buch »Die sanfte Befreiung« vor den Gefahren eines »aufgeblähten Egos«. Durch das Lesen und Praktizieren mystischer Ideen könne der moderne westliche Mensch dazu gebracht werden, »aus seinem Ego einen Gott zu machen statt eines Ego aus seinem Gott«. Wenn er den Glauben an das Göttliche in sich auf sich selbst anwende, werde er höchstwahrscheinlich ein spirituelles Fiasko erleben, »ein Aufblähen seines Egos zur Größe Gottes«. Genau dies wünsche die östliche Philosophie aber nicht, schreibt Watts.

Die neusten Entwicklungen in der modernen Esoterik lassen allerdings wenig Hoffnung zu, daß sich die echte Mystik durchsetzen und die esoterischen Auswüchse zurückdrängen kann. Esoterische Phänomene nehmen immer seltsamere Formen an. Viele Esoteriker lassen sich von übertriebenen und unrealistischen Versprechen und übersinnlicher Effekthascherei blenden und verraten damit die wahre Mystik.

Kapitel 2
Abstieg in höhere Welten – vier Fallbeispiele

Die Beschäftigung mit esoterischen Phänomenen hat nicht nur Auswirkungen auf das religiöse Bewußtsein, ein übersteigerter Glaube an extreme übersinnliche Ideen kann die Persönlichkeitsentwicklung ungünstig beeinflussen und sich negativ auf den Alltag auswirken. Besondere Vorsicht ist geboten, wenn esoterische Therapien und Rituale zur Bewältigung psychischer Probleme angewendet werden. Wer in übersinnliche Grenzbereiche vorstoßen will, sollte psychisch einigermaßen stabil sein. Mystische oder magische Kräfte lassen sich oft nicht kontrollieren. Es besteht deshalb die Gefahr, daß die Beschäftigung mit fragwürdigen übersinnlichen Phänomenen die persönlichen Probleme verschärft. Vier reale Fallbeispiele sollen zeigen, daß nicht alles harmlos ist, was heute unter Esoterik segelt. Es handelt sich zweifellos um nicht ganz alltägliche Fälle, doch lassen sich an ihnen die Gefahren exemplarisch verdeutlichen. Wer übersinnliche Ideen und Heilsvorstellungen überbewertet, muß sich vor einer Verblendung hüten, die zur Entfremdung vom Alltag, zu Realitätsverlusten und Wahrnehmungsverschiebungen führen kann. Man wird die esoterischen Geister, die man gerufen hat, nicht immer los.

Flucht in die Scheinwelt

Karin, Mutter von zwei kleinen Söhnen, fühlt sich als Hausfrau nicht ausgefüllt. Ihr Mann Roger jettet als erfolgreicher Berufsmann um die Welt und erlebt die Arbeit als Lebensinhalt. Karin empfindet ihren eigenen Alltag dagegen als monoton und eindimensional. Eine Freundin stellt ihr eines Tages einen Maltherapeuten vor, von dem sie seit Wochen schwärmt. Der charmante Mann lädt Karin ein, seine Malgruppe probeweise zu besuchen. Sie fühlt sich im großen, hellblau gestrichenen Malatelier auf Anhieb wohl: Es gibt kuschelige Sitzecken, Kerzen flackern, sanfte Harfenmusik umhüllt die Kursteilnehmerinnen – alles Frauen. Der Maltherapeut fordert sie auf, im Lotussitz auf Matten Platz zu nehmen, die Hände auf die Knie zu legen und die offenen Handflächen nach oben zu drehen. »Empfangt die kosmischen Schwingungen, die eure kreativen Kräfte wecken«, fordert er die Frauen auf. Sie sollen die Augen schließen. »Öffnet die Chakren, laßt die Energien fließen, grüßt die Musen in euch, nehmt sie auf in eurem Herzen und richtet ihnen einen schönen Tempel ein«, beschwört der Maler sie im Flüsterton. Karin läuft ein wohliger Schauer über den Rücken. Endlich bemüht sich jemand darum, die schlummernden Kräfte in ihr zu wecken.

Nach der halbstündigen Meditation hängt der Maler Farbmuster an die Wand und fordert die Frauen auf, spontan fünf Farben auszuwählen und damit großflächige Regenbogen zu malen. Die Gruppe analysiert anschließend die Bilder, interpretiert die Farbwahl, die Anordnung der Farben, den Schwung der Bögen. Der Maltherapeut mustert Karins Bild und sagt dann in fürsorglichem Tonfall: »Karin, du bist blockiert. Da ist keine Harmonie in den Farben, kein Zug im Pinselstrich. Du hältst deine spirituellen Kräfte eingesperrt, bist verkrampft. So wirst du nie deine innere Balance und das höhere Bewußtsein finden. Du mußt loslassen, die Energieblockaden lösen. Ich schlage dir vor, daß du bei einem medial begabten Meister Hilfe suchst. Ich habe einen Freund, der besondere Kräfte besitzt und Rückführungen macht. Vielleicht liegt die Ursache deiner Blockade in einem früheren Leben. Du mußt dein Leben ändern, deiner höheren Bestimmung folgen. Du bist nicht dazu geboren, deine Talente im Haushalt verkümmern zu lassen.«

Karin ist verwirrt. Die geheimnisvolle Atmosphäre in der Frauengruppe, die glücklich wirkenden Kolleginnen und die wohlmeinende Analyse des Maltherapeuten haben sie aufgewühlt. Karin schwankt zwischen Euphorie und Verunsicherung. Hat sie ihr Leben bisher vertan? Ist sie so unzufrieden, weil sie ihre Spiritualität nicht lebte? Karin kauft Duftkerzen und Meditationskassetten, hängt Bilder ihres Maltherapeuten auf, die ihr bei der Entspannung helfen sollen. Sie meditiert täglich und richtet sich nach und nach in ihrer neuen mystischen Welt ein. Endlich hat sie einen Lebensinhalt gefunden. Immer mehr möchte sie über das »geheime Wissen«, das »höhere Selbst« und die »innere Mitte« erfahren und verschlingt Bücher über Reiki, Schamanismus, positives Denken, Geistheilungen und Durchsagen aufgestiegener Meister.

Roger beobachtet die Wandlung seiner Frau anfänglich mit Verwunderung, aber auch Freude. Offensichtlich hat sie wieder mehr Spaß am Leben gefunden. Doch nach ein paar Monaten stellt er besorgt fest, daß sie sich immer mehr von ihm und dem Alltag entfremdet. Sie wirkt entrückt und reagiert unwirsch, wenn er sie auf ihre spirituellen Interessen und Handlungen anspricht. Ihm fällt auf, daß sich Karin bei der kleinsten Unstimmigkeit in ihr Zimmer zurückzieht, Kerzen anzündet, meditative Musik auflegt und in eine mystische Überwelt flüchtet. Sie erträgt Konflikte immer schlechter und kümmert sich immer weniger um die beiden Kinder. »Karin behauptet, sie habe die innere Balance gefunden und sei spirituell ausgeglichen. Doch beim kleinsten Widerspruch klebt sie an der Decke und zeigt fast hysterische Reaktionen«, erzählt Roger.

Er versucht, seiner Frau vor Augen zu führen, daß sie in eine Scheinwelt abdriftet und vor der Realität flieht. Karin läßt den Vorwurf nicht gelten und wirft ihrem Mann vor, er sei ein spiritueller Ignorant und konzentriere sich ausschließlich auf »grobstoffliche Ziele«. Das wahre Leben finde in den geistigen Bereichen statt, doch er kümmere sich nur um die Befriedigung materieller Bedürfnisse. Roger kontert: »Aber unser großes Haus, das Sportauto, die Ferien auf Hawaii genießt du durchaus, und die las-

sen sich offensichtlich problemlos mit deinen übersinnlichen Ansprüchen vereinbaren!«

Solche Diskussionen enden regelmäßig im Streit und ändern
nichts. Karin besucht immer öfter esoterische Workshops. Die beiden Kinder reagieren mit Aggressionen auf die Veränderung ihrer
Mutter. Roger wirft ihr vor, die Familie zu vernachlässigen. Die
Auseinandersetzungen folgen in immer kürzeren Abständen. Karin bespricht den Ehestreit mit ihrem Meister. Sie solle sich auf
ihrem Weg zur Erleuchtung und zum »höheren Bewußtsein«
nicht beirren lassen, erklärt er ihr. Die Reaktion ihres Mannes sei
klassisch. Er sei eifersüchtig, daß sie die höhere Bestimmung gefunden habe. Sie müsse stark sein und dürfe sich nicht von ihrem
spirituellen Weg abbringen lassen. Entweder lasse sich ihr Mann
ebenfalls auf die übersinnliche Welt ein und wachse mit ihr, oder
er vegetiere weiterhin in seiner engen geistigen Realität vor sich
hin. In diesem Fall wäre er nicht würdig, eine medial begabte Frau
wie sie als Partnerin zu haben, beschwört der Meister Karin.
»Sonst zieht er dich wieder in die niedrigen Sphären hinunter, und
du wirst das kosmische Licht nie erblicken«, trichtert er ihr ein.

Der Konflikt zwischen Karin und Roger spitzt sich weiter zu.
Die Söhne ergreifen Partei für den Vater. Nach ein paar Monaten
ist Karin mit ihren Kräften am Ende und erleidet einen Nerven-
zusammenbruch. Der Notarzt muß Karin in eine Klinik einlie-
fern. Anschließend sucht sie sich eine eigene Wohnung. Das Zer-
würfnis ist so tief, daß Karin und Roger auch nach der Scheidung
keinen Weg finden, die alltäglichen Belange konfliktfrei zu regeln.
»Wenn Karin nicht auf die esoterischen Scharlatane hereingefal-
len und in diese mystische Scheinwelt abgerutscht wäre, wären
wir heute noch eine zufriedene Familie«, glaubt Roger, ohne sich
klarzumachen, warum Karin so anfällig dafür war. Er befürchtet,
daß Karin schizophren werden könnte, falls sie nicht bald den Rea-
litätsbezug finde.

Planetare Aggressionen

Die Mutter eines Jugendlichen sucht den Rat der bekannten Schweizer Astrologin Monica Kissling, die in Funk und Fernsehen astrologische Prognosen verkündet. Ihr Sohn habe sie mit einer geladenen Pistole bedroht. Die verunsicherte Mutter wollte von der Astrologin wissen, ob der Einfluß der Planeten ihren Sohn gezwungen habe, seine Aggressionen mit einer Waffe auszuleben. Aus Angst, gegen die kosmischen Gesetze zu verstoßen, wagte sie nicht, spontan auf die bedrohliche Situation zu reagieren, den Sohn in die Schranken zu weisen und ihm mit der Polizei zu drohen. Die Astrologin verwies die Mutter an einen Psychologen.

Trip in eine okkulte Welt

Martina, eine frisch verheiratete junge Frau, erhält von ihrer Freundin die geheime Telefonnummer des (inzwischen verstorbenen) Münchner Geistheilers und Pendlers Rolf Franz. Die Begeisterung der Freundin für den Heiler macht Martina neugierig. Sie besucht ihn in München und wird von ihm allmählich in die okkulte Welt des Übersinnlichen eingeführt. Ihr Ehemann Peter beobachtet mit wachsender Besorgnis, wie seine Frau in den Bann des Heilers gerät: »Meine Frau war sofort fasziniert von Rolf Franz und seinen alternativen Heilmethoden. Bald hantierte sie jeden Morgen über eine Stunde lang mit dem Pendel und wurde immer abhängiger von ihm und seinem esoterischen Gerät. Angeblich gab es ihr Antworten auf alle wichtigen Fragen«, erzählt Peter später. Selbst die Wahl des Arztes und der Hebamme vor der Geburt ihres Kindes trifft Martina mit dem Pendel.

Die Rituale seien immer extremer geworden, berichtet Peter. Bei der Elektro-Akupunktur habe der Heiler die Sensoren unter anderem an den Schamlippen befestigt. Eine andere Behandlung habe darin bestanden, Kupferplättchen auf die Brust zu legen. Um schädliche Strahlen abzuwenden, befestigt Peter auf Wunsch seiner Frau eine schwere Eisenkette am Ehebett und installiert für viel Geld Magnete.

Die esoterischen Praktiken seiner Frau und die radikale Bindung an den Heiler machen Peter große Sorgen. Doch aus Angst, sie ganz an den Heiler zu verlieren, läßt er sie widerwillig gewähren. Sie demonstriert ihm unmißverständlich, daß sie keine Kritik am Heiler und seinen Methoden duldet. Selbst zu den besten Freunden bricht sie den Kontakt ab, wenn diese kritische Fragen stellen. Als Eltern und Schwiegereltern ihre Besorgnis äußern, werden sie von Martina schroff abgewiesen und mit Vorwürfen überschüttet. Nach ein paar Monaten verweigert sie jeden Kontakt mit ihnen.

Als der Heiler Martina Angst vor der Endzeit macht, entwickelt sie Verfolgungsängste. Der apokalyptisch bedingte Dritte Weltkrieg stehe kurz bevor, behauptet Rolf Franz. Außerdem prophezeit er den nahen Weltuntergang und atomare Katastrophen, die die Menschheit ausradieren werden. Sie sieht sich real bedroht und kauft massenhaft Strümpfe und Mundschutzmasken, die sie gegen Strahlung schützen sollen, wie Peter erzählt.

Der Geistheiler flößt Martina auch Angst vor der Schulmedizin ein. Chemische Medikamente seien reines Gift und würden das Immunsystem schwächen. Martina entwickelt gegenüber Ärzten ein radikales Mißtrauen. Als sie mit dem ersten Kind schwanger ist, erklärt ihr der Heiler, sie werde einen Gnom gebären, also ein kleinwüchsiges Kind. Trotzdem läßt sie sich nicht von Gynäkologen untersuchen und besteht auf einer Hausgeburt. Die durch das Pendel bestimmte Hebamme muß Rolf Franz in München besuchen. Es sei ihr in der Wohnung des Pendlers unheimlich vorgekommen, sie habe sich manipuliert gefühlt und die Wohnung fluchtartig verlassen müssen, erzählt die Hebamme. Trotz eines frühzeitigen Blasensprungs verweigert Martina eine ärztliche Untersuchung. Sie verläßt sich auf ihr Pendel und muß den Ärzten schriftlich bestätigen, daß sie die Verantwortung für alle gesundheitlichen Risiken übernehme. Bei der Geburt darf die Hebamme keine modernen Geräte benutzen und das Kind nicht untersuchen, nicht einmal wiegen.

Die junge Familie kapselt sich immer mehr ab, auch als ein zweites Kind kommt. »Wir standen unter dem Diktat des Pendels und richteten unser Leben nach den Anweisungen des Heilers«, erklärt Peter. Rund zwölf Jahre geht es so. Dann hält er die Belastung nicht mehr aus und beginnt sich zu wehren. Seine Frau schiebt ihn bald auch ins Lager der »Feinde« ab, die das »höhere Bewußtsein« nicht besitzen. Der Konflikt endet mit der Scheidung.

Peter ist nicht der einzige, der seine Frau an den Heiler aus München verloren hat. Rolf Franz »betreute« mehrere junge Frauen. Ein Kunstmaler machte ähnliche Erfahrungen wie Peter. Nach der Geburt des ersten Kindes verkündet Rolf Franz dessen Frau, das Pendel habe ihm gesagt, sie könne kein Kind mehr bekommen. Kurze Zeit darauf wird sie aber wieder schwanger. Nun erklärt ihr der Meister, es handle sich um eine Totgeburt. Die junge Frau gerät in Panik. Selbst nach einer positiven Ultraschall-Untersuchung glaubt sie dem Heiler, der weiterhin behauptet, das Kind sei bereits gestorben. Sieben Mal schleppt der Mann seine Frau zur Untersuchung, um ihr die Augen zu öffnen. Er droht Rolf Franz rechtliche Schritte an, falls er seine Frau nicht in Ruhe lasse. Der Pendler hat angeblich nur gelacht und erklärt, er sei schon früher erfolglos verklagt worden. Der Maler verliert seine Familie, weil sich seine Frau nach der Geburt des zweiten (gesunden) Kindes von ihm trennt.

Planeten prophezeien Kleinkind düstere Zukunft

Die 28jährige Nicole, eine lebensfrohe und temperamentvolle Zürcherin, bringt Ende 1998 einen gesunden Sohn zur Welt. Das Wunschkind entwickelt sich prächtig, Vater und Mutter sind rundum glücklich. Sie wollen alles unternehmen, um den Sohn optimal zu erziehen. Ein Zeitungsartikel über Babyhoroskope weckt die Neugierde der jungen Mutter. Der Zufall will es, daß kurz darauf ein Prospekt der Firma Astrodata ins Haus flattert, die Computerhoroskope erstellt. »Wir haben eine Analyse bestellt, um mehr über den Charakter unseres Kindes zu erfahren und besser auf sein Wesen eingehen zu können«, erklären die Eltern später. Wenige Tage danach öffnet Nicole voller Erwartung den Brief von Astrodata. Die Einleitung der Analyse klingt vielversprechend. Die Astrologie sei eine hervorragende Diagnosetechnik, um die »höchstmögliche Verwirklichungsstufe« für das Kind zu erreichen, schreibt die Astrofirma. Bei der Studie des Charakterprofils ihres Sohnes wird die Mutter aber immer nachdenklicher. Um die Analyse nicht zu verflachen, sei es notwendig, »den Kampf oder das Zusammenspiel der Götter, wie es sich in Form der Planeten im Innersten der Persönlichkeit abspielt, notfalls dramatisch zu beschreiben«, lesen die verdutzten Eltern.

Die Analyse enthält – neben ein paar positiven Aspekten – dramatische Vorhersagen für ihren wenige Wochen alten Sohn. Er werde große Bewunderung für Autoritäten entwickeln und immer wieder in Abhängigkeiten geraten, verheißt das Horoskop. Auf der anderen Seite werde der Sohn mit eigenem autoritären Gehabe Ärger und Befremden auslösen. Am meisten setzt Nicole die Prognose zu, ihr Sohn wirke weiblich, weshalb die Eltern seine Neigung, mit Mädchen zu spielen, nicht fördern sollten. Sonst werde er als Erwachsener Schwierigkeiten haben, sich in die Welt der Männer zu integrieren und »eine Partnerin zu finden, die seinem Idealbild entspricht«.

In diesem Sinn geht es weiter. »Peter neigt zur Annahme, daß er sich nur dann wirklich bestätigen kann, wenn alle Konkurrenten und Hindernisse aus dem Weg geräumt sind«, prophezeit das Horoskop. Der Knabe könne in seinen Äußerungen unklar und verwirrt wirken und in Unlogik flüchten, heißt es weiter. Außerdem dürfte es »Ihrem Kind schwerfallen, den Vater als lebendige Bezugsperson zu erfahren«, lesen die Eltern. Es sei auch möglich,

»daß sich ein gewaltiges Potential an unverdauten negativen Gefühlen anstaut, die den Sohn depressiv oder sogar krank werden lassen oder die dann eines Tages mit großer Wucht zum Ausbruch kommen«.

Nicole ist schockiert. Die Mutterfreuden schlagen in Angst um. Sie redet sich zwar ein, das Horoskop sei unseriös, doch die katastrophalen Prognosen verfolgen sie weiter und dominieren ihre Gefühle immer mehr. »Ich hatte gehofft, die Monate nach der Geburt würden die schönste Zeit meines Lebens werden, doch dann erlebte ich die schlimmsten Momente«, berichtet die Mutter. Die Horrorszenarien lassen sie nicht mehr los, sie kann die Ängste über die Zukunft ihres Sohnes nicht mehr kontrollieren. Ihre Ärztin diagnostiziert nach einiger Zeit eine starke Depression und verschreibt ihr Antidepressiva. Die Angstzustände halten über ein Jahr lang an.

Astrodata glaubt nicht, daß die Depression durch das Horoskop ausgelöst wurde. »Es macht den Eindruck, daß die Klientin im Anschluß an die Entbindung an einer Wochenbett-Psychose litt«, diagnostiziert der Geschäftsführer, ohne Nicole je begegnet zu sein. Diese läßt das Argument nicht gelten. Sie wisse zwar, daß postnatale Depressionen in seltenen Fällen auch noch nach ein paar Wochen ausbrechen können, doch ihre Probleme seien direkt nach der Lektüre des Horoskops aufgetreten, erklärt Nicole. Deshalb gebe es für sie keine Zweifel über die direkten Zusammenhänge der astrologischen Prognosen und der Depression.

Kapitel 3
Im Dschungel der esoterischen Ideen

Wo liegt der Ursprung der neuen Esoterik? Was versteckt sich hinter diesem »geheimen Wissen« eigentlich? Was versteht man unter New Age, dem neuen Zeitalter? Was ist Theosophie, Transformation, das »höhere Bewußtsein«, die außersinnliche Wahrnehmung, das »höhere Selbst«, die Astralreise? Worum geht es beim positiven Denken, dem Lichtkörper, den »universellen Gesetzen« und »kosmischen Energien«?

Esoterik ist der Überbegriff für mystische und spirituelle Lehren, übersinnliche Heilsvorstellungen, okkulte Disziplinen und Rituale. Esoterik stammt vom griechischen Wort *esoterikós* (= innerlich, verborgen) und wird von den Esoterikern als »Geheimlehre« oder gar »Geheimwissenschaft« verstanden. Es ist das angebliche »geheime Wissen« über die spirituellen »Wahrheiten«, die früher angeblich wenigen Eingeweihten vorbehalten gewesen waren: eine Lehre von den Dingen, die sich hinter der sichtbaren Welt verstecken. Mit dieser »Geheimlehre« und den damit verbundenen Ritualen wollen die modernen Esoteriker die »Transformation« zum »geistigen« oder »kosmischen Wesen« vollziehen. Die Grenzen der materiellen oder »grobstofflichen« (verdichtete, meist auf die Alltagsrealität bezogene) Welt sollen gesprengt werden.

Esoteriker sind auf dem »Weg nach innen«. Für sie ist die geistige oder übersinnliche Welt die reale. Ziel der mystischen Reise in »höhere Sphären« ist die Bewußtseinstransformation. Bei der Esoterik handelt es sich um eine Art Gnosis (philosophische oder verstandesmäßige Erkenntnis der Glaubenswahrheiten): Die »Eingeweihten« müssen nicht an religiöse Prinzipien glauben, sie können angeblich die göttlichen Aspekte mit der Kraft des Geistes und der mystischen Intuition erkennen. Sie machen die Esoterik zur »Wissenschaft«.

Wer sich mit der modernen Esoterik befaßt, kommt nicht um die Begriffe der Mystik und Spiritualität herum. Beide werden in der Esoterik als Allerweltsausdrücke gebraucht, sie spielen aber in allen Heilslehren eine wichtige Rolle bei der Erörterung religiöser Fragen. Die Brockhaus-Enzyklopädie definiert die Spiritualität so: »Spiritualität, heute weitgehend gleichbedeutend mit Frömmigkeit, jedoch weniger die subjektive Haltung der Religiosität bezeichnend, als vielmehr eine vom Glauben getragene und grundsätzlich die gesamte menschliche Existenz unter den konkreten Lebensbedingungen prägende ›geistige‹ Orientierung und Lebensform. Dieser unspezifischen Definition entsprechen die zahlreichen, sehr unterschiedlichen Formen von Spiritualität: abendländisch-christliche, jüdische, fernöstliche, indische, afrikanische, mystische, orthodoxe, ökumenische, liturgische, monastische Spiritualität. Dabei berufen sich die einzelnen religiösen oder weltanschaulichen Bewegungen auf eine jeweils unterschiedlich geartete Spiritualität, so zum Beispiel die charismatischen Bewegungen, verschiedene neue Religionen, die Esoterik, die New-Age-Bewegung und psychologisch orientierte Richtungen. Betont wird vor allem die Bedeutung der Spiritualität als Alternative oder Korrektiv zur vorherrschenden materialistisch-mechanistischen Weltsicht.«

Spiritualität kann als Schlüsselbegriff für die inbrünstige Suche nach Sinn und Ziel des Daseins verstanden werden. Es bezeichnet das Bestreben, religiöse, metaphysische und transzendentale Fragen zu lösen und die Antworten in ein Glaubenskonzept zu fügen. Spiritualität bedeutet aber auch tiefe geistige Ergriffenheit. Es handelt sich also um einen sehr dehnbaren und vieldeutigen Ausdruck, der eng an den individuellen Glauben und die religiöse Überzeugung gebunden ist.

Ähnlich verhält es sich mit der Mystik. Sie stammt vom lateinischen *mysticus* (geheimnisvoll). »Ein vielschichtiges, schwer fixierbares Phänomen, das in unterschiedlicher kultureller Ausprägung allen Religionen gemeinsam ist. Mystik bezeichnet eine das alltägliche Bewußtsein und die verstandesmäßige Erkenntnis übersteigende unmittelbare Erfahrung einer göttlichen Realität. In ihren Erscheinungsformen ist Mystik soziokulturell wie geschichtlich eingebunden in religiöse Traditionen, Glaubensformen und Gemeinschaften«, heißt es in der Brockhaus-Enzyklopädie. Geht es bei der Spiritualität mehr um das intuitive Ergründen und Erfassen von Glaubenswahrheiten, so bedient sich die Mystik auch vieler praktischer Rituale, um mit ihnen den transzendentalen, übersinnlichen oder »kosmischen« Sphären nahezukommen. Phänomene, die sich den Sinnen entziehen, sollen durch übersinnliche oder mystische Methoden und Praktiken erfaßt werden. Mystik kann aber auch das religiöse Urgefühl einer Person bezeichnen. Mystik steht letztlich für jede Form lebendiger Religiosität und unmittelbarer Gotteserfahrung. Die Esoterik hat im mystischen Sinn Hunderte von Ritualen und Praktiken hervorgebracht, um mit okkulten Methoden übersinnliche Erfahrungen zu machen und in die kosmischen Dimensionen vorzustoßen.

Die deutsche Philosophin und Theologin Dorothee Sölle versteht Mystik als »Erfahrung des Einsseins mit Gott«. Sie sieht im Abendland drei Wege des mystischen Aufstiegs, wie sie in ihrem Buch »Mystik und Widerstand« schreibt: »Reinigung, Erleuchtung und Vollendung (oder Einigung) sind Grunderfahrungen auf dem mystischen Weg. Der klassische Dreischritt beginnt mit der Reinigung oder Läuterung des Ich. Innehalten, Umkehr, Fasten, Wachen, Schweigen und Selbstunterbrechung, die bis zur Kasteiung gehen kann, sollen der Selbsterkenntnis dienen.« Sölle unterscheidet zwischen wahrer und falscher Mystik: »Ein okkultes Pseudowissen wird als Mystik bezeichnet, aber auch Phänomene wie Spiritismus, Parapsychologie, Astrologie, Tarot, Pansophie, Alchemie oder Magie erscheinen im gegenwärtigen New-Age-Boom unter dem Gesamttitel der Mystik.« Manche Mystikforscher versuchen, die falsche Mystik mit dem Begriff Mystizismus zu erfassen. Doch diese Unterscheidung greift für Sölle zu kurz, was sie mit einem Extrembeispiel erklärt: »Die Kriterien echter Mystik, im Gegensatz zu einer ›arischen‹ mystischen Ergriffenheit, sind die der Ethik.«

Auch der Okkultismus (lateinisch von *occultare* = verbergen, geheimhalten) ist heute ein Zweig der Esoterik. Beide haben die gleichen Wurzeln. Okkultismus bezeichnet eine verborgene oder geheime »Wissenschaft«. Sie befaßt sich vor allem mit übersinnlichen Phänomenen und dunklen Kräften, die naturwissenschaftlich nicht erklärbar sind. Der Duden spricht von einem »Glauben an die Übermacht menschlicher Seelenkräfte gegenüber den Naturgesetzen und an die Existenz von Geistern«. Der Okkultismus kümmert sich vor allem um die Rituale und Praktiken, Esoterik mehr um die Theorien und Lehren. Heute wird der Okkultismus oft als Synonym für schwarzmagische Ideen und Rituale und umstrittene parapsychologische Phänomene gebraucht. Der Okkultismus geht von einer Beseeltheit der Natur aus. Skeptiker ordnen auch die meisten esoterischen Disziplinen wie Hellsehen, Pendeln, Telekinese, Astralreisen usw. den okkulten Aspekten zu. Manche zählen auch die Astrologie, das Wahrsagen und den Glauben an Geistwesen zum Okkultismus.

Hans-Jürgen Ruppert geht in seinem Buch »Die Rückkehr der Zauberer« von der untrennbaren genealogischen Verbindung zwischen moderner Esoterik und Okkultismus aus. »Alle esoterischen Gemeinschaften sind ein Zweig am Baum des Okkultismus«, schreibt er. Ruppert unterscheidet Mystik streng von Esoterik und Okkultismus. Mystik könne sich mit verschiedenen Weltanschauungen verbinden, Esoterik hingegen sei eine bestimmte Kosmologie: »Das bedeutet konkret, daß die Esoterik das Weltbild des Okkultismus voraussetzt, das uns in den einzelnen ›Okkultkonfessionen‹ oder ›esoterischen Weltanschauungen‹ (Astrologie, Spiritismus, Ufologie, Theosophie usw.) seit der Hermetik immer wieder begegnet.« Diese okkulte Weltanschauung beruhe letztlich auf den ältesten Vorstellungen der Menschheit über die Welt, wie sie der Magie zugrunde liege und im »Mana-glauben« der Naturvölker bis in unsere Zeit überliefert werde. (Mana bedeutet die Zauberkraft, die den Menschen, Tieren und Gegenständen innewohnt.)

Die moderne westliche Esoterik stützt sich bei ihren spirituellen Konzepten gern auf die alten Weisheiten aus dem Fernen Osten und reklamiert auch buddhistische und hinduistische Traditionen für sich. Meditationen, Yoga, Wiedergeburtstheorie und Karma-lehre spielen auch bei den Esoterikern eine wichtige Rolle. Die überlieferten Weisheiten sind für sie die Garantie, daß Esoterik keine Irrlehre ist und das Gütesiegel der fernöstlichen Mystik trägt. Diese Überzeugung entbindet sie auch weitgehend davon, sich kritisch mit ihren esoterischen Heilsvorstellungen auseinan-derzusetzen. Wer die neue Esoterik aber nach ihren Inhalten ab-klopft, kommt zu einem ernüchternden Resultat. Sie ist in vielen Belangen ein Abklatsch der überlieferten hinduistischen und bud-dhistischen Traditionen. Einerseits wurden diese verwässert und nach westlichen Bedürfnissen modifiziert, andererseits mit un-zähligen okkulten Praktiken und Ritualen angereichert, die nichts mit tradierten fernöstlichen Heilslehren zu tun haben.

Viele Esoteriker glauben in typisch westlicher Selbstüberschät-zung, sie könnten fernöstliche Weisheiten, die über Jahrhunderte gewachsen sind, in Rekordzeit in ihr Bewußtsein integrieren. Sie lesen Bücher über Yoga oder Buddhismus, besuchen Meditations-kurse oder Seminare zu übersinnlichen Themen und sind schon bald überzeugt, das Wesen des höheren Bewußtseins und der Er-leuchtung erfaßt zu haben. Dabei erliegen sie einer Selbsttäu-schung, denn mystische Erkenntnisse und Erfahrungen können nicht erlernt oder vermittelt werden. Es ist ein Widerspruch in sich, übersinnliche Phänomene verstandesmäßig und mit Hilfe der Sprache erfassen zu wollen. Doch die westliche Mentalität zeichnet sich speziell dadurch aus, daß sie der Ratio eine domi-nante Rolle zuweist. Die abendländische Kultur bezieht bekannt-lich einen Großteil ihres Selbstverständnisses aus der Überlegenheit des abstrakten Denkens. Wir verdanken den wissenschaftlichen und technischen Vorsprung diesen rationalen Fähigkeiten. Die Konzentration auf solche Begabungen verstellt uns aber oft den Blick auf mystische Belange. Deshalb täten vor allem die modernen Esoteriker aus dem Westen gut daran, in den übersinnlichen Bereichen bescheiden zu sein und die eigenen Defizite zu berücksichtigen. Studiert man allerdings die unrealistischen und überheblichen spirituellen Versprechen radikaler Esoteriker, zeigt sich die gleiche westliche Arroganz, wie sie in wissenschaftlichen und wirtschaftlichen Bereichen sprichwörtlich ist. Dabei vergessen wir, daß der Verstand der Feind der Mystik ist und mystische Erfahrungen viel Bescheidenheit und Zeit erfordern.

Der englische Mystiker Alan Watts warnt uns im Buch »Die sanfte Befreiung« davor, fernöstliche Mystik unbesehen zu adaptieren: »Aus der Weisheit des Ostens können wir etwas lernen, wir sollten uns aber hüten, sie zu imitieren. Für einen Westler ist es unweise, zum Buddhismus oder Hinduismus zu ›konvertieren‹, wie die Missionare von den ›Heiden‹ ein Konvertieren zum Christentum erwarten; denn es gibt in den östlichen Religionen Aspekte, deren Übernahme für uns entschieden schädlich ist. Wir können unseren Wurzeln und Traditionen nicht entkommen, die sich sehr von jenen der Asiaten unterscheiden, denn wir haben eine andere Funktion oder ein unterschiedliches Dharma in dieser Welt zu erfüllen.« (Dharma bedeutet daseinsbedingende Kräfte, die die Persönlichkeit ausmachen.) An anderer Stelle wird Watts noch deutlicher: »Der Osten gibt seine Weisheit nicht in einfachen Erklärungen allen und zu deren beliebigem Gebrauch oder Mißbrauch preis. Er gibt Hinweise und läßt jeden hart daran arbeiten, bis er ihre Bedeutung erfaßt hat. Er ›wirft seine Perlen nicht vor die Säue‹«.

Die neue Esoterik paßt also die mystischen Lehren ihren spirituellen und »grobstofflichen« (an die materielle Welt gebundenen) Bedürfnissen an und benutzt sie für ihre Zwecke. Außerdem steht das Weltbild der spirituellen Sucher aus dem Westen teilweise in radikalem Widerspruch zu den sinnlichen Erfahrungen und Erkenntnissen der Natur- und Geisteswissenschaften. Gleichzeitig ist Esoterik ohne Regeln und voller Beliebigkeit, läßt einen großen Spielraum für spirituelle Spekulationen und öffnet Tür und Tor für Allmachtsphantasien.

Eine präzise Definition der Esoterik ist also nicht möglich, weil sie heute ein riesiges Patchwork aus Hunderten von übersinnlichen, parapsychologischen oder alternativen Ideen, Lehren und Ritualen darstellt. In den 70er und 80er Jahren nannten die spirituellen Sucher das neue esoterische Phänomen New Age. Darunter wird der Übergang vom Fische- zum Wassermann-Zeitalter verstanden. Das neue Zeitalter werde ein sanftes sein und sorge für eine kollektive Harmonie und eine globale Bewußtseinsveränderung, verkündeten die New-Age-Gurus. Das Musical »Hair« beschwor erfolgreich den »aquarius« (Wassermann). Als sich in den 80er und 90er Jahren immer mehr Leute von den übersinnlichen Ideen anstecken ließen, diversifizierte sich das Angebot rasch. Es entstanden laufend neue esoterische Ideen und Rituale, das New Age selbst ging allmählich in der modernen Esoterik auf.

Supermarkt des Übersinnlichen

Was einst als »Geheimlehre« galt, ist heute ein Supermarkt des Übersinnlichen. Es macht ganz den Anschein, als etablierte sich die moderne Esoterik im 21. Jahrhundert als globale Ersatzreligion. Das »geheime Wissen« ist ein Konsumgut geworden, das professionell vermarktet wird. Ein (unvollständiger) Überblick über die Lehren, Methoden, Praktiken und Therapien macht deutlich, wie breit das Angebot ist und was heute alles unter Esoterik segelt. Die Liste ist wertfrei. Maßvoll angewendet können einige der hier aufgeführten Disziplinen sogar nützlich sein. Meditation und Atemtherapie zum Beispiel bewirken oft positive Effekte. Doch auch unbedenkliche übersinnliche Rituale können bei extensiver Anwendung und wenn sie mit überzogenen Heilsversprechen einhergehen, zur Verblendung oder in eine Scheinwelt führen. Selbst die an sich sinnvolle Meditation kann in psychische Grenzbereiche führen und sich negativ auswirken. Verschiedene der hier aufgeführten Praktiken und Therapien haben an sich wenig mit Esoterik zu tun, doch sie werden heute besonders intensiv von Esoterikern angewendet, wenn auch oft in abgeänderter oder verfälschter Form.

Akasha-Reading   Alchemie   Antlitzdiagnostik   Aqua-Healing
Aromatherapie   Astro-Energetik   Astrologie   Atemtherapie
Aura-Fotografie   Aura-Heilen   Aura-Reading   Auro Soma
Autogenes Training   Avatar   Bachblüten-Therapie   Bilokation
Biodynamik   Bioenergetik   Bioresonanz-Therapie   Biorhythmik   Brain-Gymnastik   Chakra-Healing   Channeling
Craniosakrale Therapie   Dan-Energie   Edelstein-Energie
Encounter   Energiezonen-Massage   Enneagramme
FalunGong   Farbpunktur   Farbtherapie   Feng-Shui   Fernheilung   Feuerlaufen   Fünf Tibeter   Geistheilen   Geomantie
Handlesen   Heilsteine   Hellfühlen   Hellsehen   Hellhören
Hexagramm   Hildegard-Medizin   Holismus   Holotrope Therapie   Homöopathie   Horoskop   Huna   Hypnosetherapie
I-Ging   Inkasan   Irisdiagnose   Jenseitskontakte   Kabbala
Kahuna   Kamasutra   Karma-Analyse   Kinesiologie   Kirlian-Fotografie   Klangmassage   Kristall-Therapie   Kristallkugelschau   Kundalini Lichtnahrung   Lichttherapie   Magie
Magnifield-Healing   Medialität   Meditation   Mentaltraining
Mer-Ka-Ba Mind-Machine   Nada-Brama   Naturphilosophie
Neurolinguistisches Programmieren (NLP)   Numerologie
Okkultismus   Orakel   Orgon-Therapie   Parapsychologie
Pendeln   Polaritätstherapie   Positives Denken   Posturale Integration   Prana-Healing   Pränatal-Massage   Präkognition
Pyramiedenenergie   Radiästhesie   Rebalancing   Rebirthing
Reiki   Reinkarnationstherapie   Rückführung   Runenmagie
Schamanismus   Schwitzhütten   Silva Mind Control

Sonologie   Subliminal-Therapie   Tachyonen-Healing   Tantra
Tarot   Telekinese   Telepathie   Theosophie   Touch for Health
Trancedance   Transformationstherapie   Transkommunikation
Transmutation   Transzendental-Meditation   Ufologie   Wahr-
sagen   Watsu

Die Anhänger und Vertreter all dieser auf westliche Bedürfnisse
getrimmten Lehren, Praktiken und Methoden bilden heute die
Esoterikszene. Es handelt sich also um eine heterogene Bewegung,
die sich nicht eingrenzen oder definieren läßt. Letztlich zählen alle
spirituellen Sucher, Grüppchen und Strömungen dazu, die esoterischen Phänomenen eine religiöse oder weltanschauliche Qua-
lität beimessen. Es gibt also nicht den »klassischen Esoteriker«. Jeder übersinnliche Sucher pickt sich nach Lust und Laune einzelne
Elemente aus dem großen Angebot heraus und schustert seine
eigene »Esoterik« oder »Geheimlehre« zusammen. Angesichts
der Tausenden von Meistern, Medien, übersinnlichen Ideen, Disziplinen, Methoden und Praktiken läßt sich daraus keine einheitli-
che Heilslehre aufbauen. Da sich die heterogenen Vorstellungen
teilweise widersprechen oder ausschließen, orientieren sich die
meisten Esoteriker an Einzelphänomenen, ohne diese in ein Ge-
samtkonzept zu integrieren.

Die moderne Esoterik kennt starke qualitative Abstufungen.
Ein Teil der Ideen, Methoden und Rituale sind gemäßigt. Der
Glaube an Phänomene wie den Astralleib, »kosmische Energien«, »universelle Gesetze«, Engelwesen, Astralreisen, Bilokation, Transformation, den Paradigmawechsel, »außersinnliche
Wahrnehmung«, Rückführungen, Botschaften von aufgestiegenen Meistern, Atlantis, Reiki, Geistheilung usw. kann aber zu
psychischen Problemen oder Wahnvorstellungen führen. Die moderne Esoterik darf also nicht generell als sinnvoll oder gefährlich
eingestuft werden, sondern verlangt eine differenzierte Beurteilung aller Phänomene.

Wie groß ist heute die Esoterikszene, wer gehört dazu? Es gibt keine repräsentativen Umfragen, die Einblick in das schillernde heterogene Milieu geben würden. Wir sind auf Einzelumfragen und Beobachtungen angewiesen.

Eine Befragung des Dortmunder Forsa-Instituts ergab, daß 59 Prozent der Deutschen an übersinnliche Kräfte und Erscheinungen glauben. Bei den Frauen sind es 63 Prozent, bei den Männern 55. In den alten Bundesländern liegt die Rate noch höher, nämlich bei 63 Prozent der Gesamtbevölkerung. Von den jungen Leuten unter 30 Jahren glauben fast drei Viertel (73 Prozent) an spirituelle Phänomene. Von den Befragten glauben 23 Prozent an außerirdische Wesen.

Die Enquête-Kommission des Deutschen Bundestages »Sogenannte Sekten und Psychogruppen« (1996 bis 1998) stellte bei einer Umfrage fest, daß zwei Drittel der Esoterik-Klienten Frauen sind, die ein überdurchschnittliches Bildungsniveau aufweisen. Die Erfahrungen zeigen, daß in vielen Workshops und Seminaren der Frauenanteil bis 80 Prozent beträgt. Außerdem ist zu beobachten, daß die esoterische Kundschaft mehrheitlich aus Personen mittleren Alters besteht. Es handelt sich vorwiegend um eine kaufkräftige Mittelschicht mit überdurchschnittlich vielen Vertretern sozialer Berufe.

Über absolute Zahlen kann man nur spekulieren. Selbst repräsentative Umfragen würden kaum weiterhelfen, weil die Esoterikszene so breitgefächert ist. Man darf aber die Schätzung wagen, daß 20 bis 30 Prozent der deutschen Bevölkerung an übersinnliche Phänomene glauben, gelegentlich ein einschlägiges Buch lesen oder ein esoterisches Produkt kaufen und im weitesten Sinn zur Esoterikszene zu zählen sind. Zu den regelmäßigen Konsumenten, die sich intensiv mit übersinnlichen Phänomenen auseinandersetzen und deren Bewußtsein stark esoterisch geprägt ist, dürften etwa 10 bis 15 Prozent zählen.

Laut der Zeitung *Die Woche* bemühen sich in Deutschland 6000 Astrologen, 10 000 Geistheiler und 90 000 Wahrsager um das Seelenheil der esoterisch interessierten Bevölkerung. Dagegen kümmern sich lediglich 30 000 Geistliche um die Gläubigen der beiden großen Kirchen. Insgesamt sollen sich 500 000 esoterisch begabte oder interessierte Personen in irgendeiner Art um das übersinnliche Wohl der deutschen Klienten kümmern.

Einen Hinweis auf den erstaunlichen Esoterikboom liefert der Buchhandel. Jede zwölfte Neuerscheinung ist ein Buch, das in irgendeiner Form einen »esoterischen« Inhalt hat. Mitte der 90er Jahre bestritten die Bücher mit übersinnlichem Inhalt fast 10 Prozent des Buchmarktes. In Deutschland gibt es rund 450 esoterische Buchhandlungen.

Esoterik ist heute eine eigene Branche und ein potenter Wirtschaftszweig mit Dienstleistungen wie Einzelsitzungen, Seminaren und Therapien sowie Produkten wie Büchern, Steinen, Essenzen und anderen esoterischen Utensilien. Laut der Enquête-Untersuchung gibt der durchschnittliche Esoterik-Konsument jährlich rund 2000 DM aus. In Deutschland setzt der spirituelle Supermarkt laut Schätzungen jährlich etwa 20 Milliarden DM (15 Mrd. Franken) um, in der Schweiz ca. zwei Milliarden Franken (ca. 2,5 Mrd. DM).

Den großen Markt des Übersinnlichen dokumentieren auch die vielen Esoterik-Zeitschriften. Das Angebot umfaßt 37 deutschsprachige Titel von AHA (Magazin des neuen Äons) über Astro-Venus, Das Neue Zeitalter, esotera, Reiki-Magazin, Tantra bis zu den Ufo-Nachrichten. Viele Magazine erreichen Auflagen von mehr als 10 000 Exemplaren, etliche Verlage setzen zwischen 40 000 und 60 000 Zeitschriften pro Ausgabe ab.

Die Faszination, die die Esoterik in all ihren Schattierungen auf breite Kreise der Bevölkerung ausübt, ist auch den Zeitschriften und elektronischen Medien nicht verborgen geblieben. Vor allem Fernseh- und Rundfunkstationen nutzen den Trend, um die Einschaltquoten in die Höhe zu treiben. Wenn Astrologen, Wahrsager oder Geistheiler auftreten, sitzen überdurchschnittlich viele Leute vor dem Bildschirm. Die Boulevardmedien nutzen den Effekt seit Jahren und mit anhaltendem Erfolg. Bei den Fernsehsendern Italiens arbeiten Hunderte von übersinnlichen Propheten, die den Zuschauern die Auswirkungen der Planetenkonstellationen erklären, den Kaffeesatz interpretieren und einen Blick in die Zukunft werfen. Sogar der staatliche TV-Sender RAI präsentiert seinen Zuschauern jeden Abend eine Kartenlegerin. Laut Schätzungen der Szenenkenner sind in Italien 100 000 Wahrsager, Medien und Magier tätig. Im katholischen Musterland blüht der Aberglaube besonders üppig. Rund sechs Millionen Italiener lassen sich regelmäßig die Zukunft voraussagen. Sie investieren im Jahr schätzungsweise 1,2 Milliarden Franken (ca. 1,5 Milliarden DM) in die Zunft der Magier, Wahrsager, Kartenleger, Sterndeuter und Handleser. Außerdem greifen schwarze Magie und Satanismus in Italien besonders rasch um sich. Der Glaube an die christliche Lehre hindert viele Italiener nicht daran, eine übersinnliche Zusatzversicherung bei Magiern und Okkultisten abzuschließen.

Die Hauptmerkmale der modernen Esoterik lassen sich in neun Punkten zusammenfassen:

1. Esoterische Erkenntnisse entziehen sich weitgehend den fünf Sinnen. Esoterik ist ein Glaubenssystem. Die Gurus und Autoren esoterischer Bücher werden zwar nicht müde, ihre »höheren Weisheiten« als wissenschaftliche Erkenntnisse zu preisen, doch sie konstruieren dabei laufend Widersprüche. Ihre »universellen Weisheiten« sind Produkte übersinnlicher Wahrnehmung und somit spirituelle Spekulationen. Mystische Erkenntnisse sind immer subjektiv.

2. In der Esoterik ist Gott eine universelle und unpersönliche Kraft, die die reine Energie verkörpert und angeblich alles Sein durchdringt. Sie ist ein Pantheismus (philosophische Lehre, nach der sich Gott in der Schöpfung verwirklicht, bzw. der Glaube an einen Gott, der in der Natur manifest wird) und Holismus (Lehre, die die Welt als Ganzheit auffaßt). Gemeinsam ist beiden Vorstellungen die Idee, daß die Menschen an der göttlichen Kraft teilhaben.

3. Was im Makrokosmos enthalten ist, spiegelt sich auch im Mikrokosmos. Hermes Trismegistos, der ägyptische Urvater der Esoterik, reduziert auf seinen sagenumwobenen smaragdenen Tafeln das universelle Gesetz auf die Idee »Wie oben, so unten«. Das hat auch in der modernen Esoterik noch Gültigkeit. In ihrer Sprache heißt es heute: Die göttlichen Prinzipien durchdringen alles, im Kleinen ist enthalten, was sich im Großen spiegelt, der »kosmische Bauplan« ist in jeder Zelle enthalten.

4. Für radikale Esoteriker ist die materielle Welt eine Illusion. Die Wirklichkeit spielt sich in der geistigen, übersinnlichen, astralen oder kosmischen Wirklichkeit ab.

5. Für viele Esoteriker ist der Kosmos ein System der totalen Polarität. Alles ist polar, nicht nur dual. Sinnvoller spiritueller Ausgleich geschieht durch den steten Energieausgleich zwischen den Polen.

6. Alles im Universum ist ganzheitlich und in einem natürlichen Gleichgewicht. Die »grobstofflichen« und spirituellen Prozesse verlaufen zyklisch und führen zu einer harmonischen Entwicklung.

7. Die Erleuchtung oder das »höhere Bewußtsein« erreicht man durch Rituale und Techniken, die von Meistern und spirituellen Lehrern vermittelt werden. Diese Techniken der Versenkung wie Meditation und Yoga sollen zur Verschmelzung mit der göttlichen Energie führen.

8. Erlöst ist, wer die geistige Transformation vollzogen hat, die »kosmischen Gesetze« kennt und im Einklang mit der göttlichen Energie schwingt.

9. Ein Weltenlehrer oder neuer Christus – auch Avatar genannt – soll in die Welt kommen und die spirituell entwickelten Menschen in ein »höheres Bewußtsein« führen. Manche Esoteriker »beten« dafür, daß der Erlöser bald kommt. Dieses Ritual wird Invokation genannt.

Die moderne Esoterik verdankt ihren Erfolg vor allem der Eigenart, daß sie die für viele Menschen erdrückend komplexe Realität auf ein einfaches Heilsrezept reduziert. »Alles ist Energie«, verkünden sie. Bioenergie, kosmische Energie, astrale Energie. Viele Esoteriker flüchten sich in die Überzeugung, daß ihre mystischen Erkenntnisse einem physikalischen Gesetz entsprechen. Sogar den Geist, die Gedanken, ja den gesamten Kosmos reduzieren die Esoteriker auf den Begriff der Energie.

Auf der energetischen Ebene ist für radikale Esoteriker alles eins. Der Geist soll kosmische Schwingungen erzeugen können, die sich unendlich fortpflanzen und ewig Bestand haben. Schließlich bestätige die Physik, daß Energie nicht verloren gehen könne, behaupten Esoteriker. Auch Gott sei »nur« Energie, und zwar die Urenergie, von der alles ausgehe und die alles hervorbringe. Um erleuchtet zu werden, müsse sich der Mensch nur auf die Schwingungen einstimmen und sie erhöhen.

Die Vorstellung von der positiven und negativen Energie

Diese Theorie klingt verlockend, und es ist verständlich, daß sich viele Menschen von ihr blenden lassen. Doch sie erliegen einem zentralen Irrtum: Sie setzen die physikalische Energie der spirituellen gleich und übersehen, daß sich übersinnliche und religiöse Phänomene nicht mit physikalischen Kategorien erklären lassen. Philosophische und metaphysische Zusammenhänge sind viel zu komplex, um sie mit dem eindimensionalen Bild von der »universellen Energie« verständlich zu machen. Esoteriker reduzieren mit ihrem physikalischen Energiebegriff den Menschen auf eine »tote Materie«, die erst durch Energie belebt werden müsse. Damit schaffen ausgerechnet die so »vergeistigten« Esoteriker ein mechanistisches Weltbild, das physikalischen Prinzipien genügen muß.

Daß die »esoterische Energie« nicht mit physikalischen Gesetzen erklärt werden kann, zeigt sich spätestens dann, wenn Esoteriker ihre Energie konsequent in eine »gute« positive und eine »schlechte« negative Energie einteilen. Als ob Energie eine moralische Größe sei. Eine ernsthafte Auseinandersetzung mit dem Energiebegriff in der Esoterik ist unmöglich. Deutlich wird dabei nur: In der modernen Esoterik bestimmen Projektionen und Sehnsüchte das Denken. Zuerst werden Hypothesen und Axiome formuliert, anschließend die Begründungen auf »spirituellem Weg« gesucht.

Es geht hier nicht darum, einem positivistischen, auf rationale Vernunftskriterien reduzierten Weltbild das Wort zu reden. Selbstverständlich gibt es viele Phänomene »zwischen Himmel und Erde«, die sich unseren Sinnen und unserem Verstand entziehen. Selbstverständlich gibt es viele Formen unbekannter Energien – auch seelische –, die einen entscheidenden Einfluß auf unser Bewußtsein und unser Empfinden ausüben. Wie diese Kräfte beschaffen sind, wie sie sich gegenseitig beeinflussen und wie sie wirken, entzieht sich weitgehend unseren Wahrnehmungsmöglichkeiten. Allenfalls vermögen wir gewisse Energien mit der Intuition der Spur nach zu erahnen; analysieren, quantifizieren oder einordnen können sie auch medial begabte Personen nicht. Trotzdem operieren Esoteriker in einer Weise mit dem Phänomen, als hätten sie das Geheimnis bis in alle Details entschlüsselt. Damit erliegen sie nicht nur einer verhängnisvollen Selbstüberschätzung, sondern auch einem fundamentalen Irrtum, der einen entscheidenden Einfluß auf das religiöse Weltbild ausübt. Die Selbsttäuschung in diesem sensiblen Bereich bedeutet, daß weite Teile der radikalen Esoterik auf einem falschen Fundament basieren, denn die Energiefrage ist das Herzstück der Heilslehre.

Für viele spirituelle Sucher ist Esoterik also im wesentlichen Energie-Management. Wer die Energie kanalisieren und die richtigen Schwingungsfrequenzen erzeugen kann, gleicht sich den »göttlichen Energien« an, kann die »kosmische Kraft« anzapfen und wird angeblich Teil von ihr. Der mystische Prozeß muß nach esoterischer Lesart zur Unsterblichkeit führen, weil Energie nicht verloren gehen kann. Der Glaube an die energetische Transformation durch die Erhöhung der Schwingungen ist jedoch eine reine Hypothese, die Allmachtsphantasien weckt. Das »Energiekonzept« ist somit Teil des okkulten Selbsterlösungskonzepts, das die Sehnsucht nach der Selbstvergottung fördert.

Wenn Gott nur Energie ist und die Energie alles durchdringt, ist auch der Mensch Teil des Göttlichen. Daß der Mensch sich auf dem Planeten Erde besonders »göttlich« verhält und den Eindruck erweckt, das göttliche Bewußtsein zu besitzen, werden wohl auch Esoteriker kaum behaupten. Allein schon die praktischen Alltagserfahrungen lassen Zweifel an diesem esoterischen Grundprinzip aufkommen. Bestätigung finden wir auch bei Alan Watts, der die geistige Entwicklung des Menschen kritisch beurteilt: »Der moderne Mensch befindet sich auf einer Stufe der menschlichen Entwicklung, auf der es eine tiefe Kluft zwischen seinem Ego und dem Universum gibt; für ihn ist die Erleuchtung die vollständige Annahme dieser Kluft.« Gemessen an den hochtrabenden übersinnlichen Versprechen vieler Esoteriker ist dies ein bescheidenes Ziel. Entsprechend lehnt Watts auch die Idee »von Gott als dem Selbst des Universums, der einen Realität und dem wahren Selbst aller Kreaturen« ab: »Es ist einzuwenden, daß, wenn alles Gott ist, Gott dann nichts ist.« Wahre Mystik ist also reichlich unspektakulär.

Ernsthaften spirituellen Suchern käme es wohl nicht in den Sinn, Energie im physikalischen Sinn zu bemühen, um spirituelle Phänomene zu erklären und die übersinnliche Welt zu ergründen. Sie sähen auch keinen Sinn darin, ihre Erkenntnisse mit wissenschaftlichen Kriterien zu »beweisen«. Die modernen Esoteriker könnten dies beim berühmten englischen Mystiker Alan Watts nachlesen, der auch in der Esoterikszene verehrt wird. Er wehrte sich bereits 1939 im Alter von 24 Jahren gegen die abgehobene Ergründung spiritueller Phänomene. In seinem Buch »Die sanfte Befreiung« schrieb Watts: »Die ältesten Antworten auf das Problem des Glücks findet man in der Religion, denn die von uns betrachtete Art des Glücks gehört zu den verborgensten Bereichen des menschlichen Geistes. Das sollte uns aber nicht zu der Annahme verleiten, daß es als etwas weit von vertrauten Erfahrungen Entferntes in übernatürlichen Sphären jenseits der für uns mit unseren fünf Sinnen erfaßbaren Welt gesucht werden müßte. Die Welt des Geistes wird so oft auf beinahe materialistische Weise verstanden, als ein unendlicher Bereich im Weltraum, der ewige Dinge enthält.«

Wir würden uns darunter eine Welt vorstellen, die in Gestalt und Substanz der unseren entspräche, nur daß ihre Formen aus Geist und Materie bestünden, erklärt Watts. »Die Welt des Geistes auf diese Art verstünden sie völlig anders zu sehen als die Welt, in der wir leben. Bei religiösen Betrachtungen über diese Art von Spiritualismus tut sich eine große Kluft zwischen der Welt des Geistigen und der alltäglichen Erfahrungen auf«, so Watts. Der Kontrast zur modernen Esoterik, die bei der Transformation das spirituelle Fernrohr auf kosmische Ziele richtet, ist eklatant.

Die Verfechter der radikalen Esoterik genießen großen Schonraum. Außer den Esoterikern setzt sich kaum jemand mit ihren spekulativen Methoden auseinander. Der Applaus der ergebenen Gläubigen treibt die Ideologen der Esoterikszene laufend zu Höchstleistungen der übersinnlichen Art an. Für Fachleute aus den Bereichen Psychologie, Philosophie oder Religionswissenschaften fehlt nur schon der fachliche Ansatz, um sich ernsthaft mit der modernen Esoterik westlicher Prägung zu befassen. So gibt es keine stringenten Axiome, Hypothesen, erkenntnistheoretischen Grundlagen. Und die spirituellen Sucher sind zu sehr in ihrem blinden Glauben an die übersinnlichen Methoden gefangen, um die Widersprüche wahrzunehmen.

Kapitel 4
»Geheimwissen« mit okkulten Wurzeln

Der Aufschwung der neuen Esoterik begann mit Marilyn Ferguson und Fritjof Capra, die Anfang der 80er Jahre in ihren Kultbüchern »Die sanfte Verschwörung« und »Wendezeit« den Paradigmawechsel und den Übergang ins Wassermann-Zeitalter verkündeten. Dieses astrologisch bestimmte neue Zeitalter, das das 2160 Jahre dauernde Fische-Zeitalter ablösen soll, beschere der Menschheit ein »höheres Bewußtsein«, spirituelle Harmonie und insgesamt eine sanfte Epoche, prophezeien die esoterischen Medien und Meister seit Jahren. Wann es beginnt oder begonnen hat, weiß niemand so genau, weil die Konstellationen der Gestirne nicht astronomisch präzise berechnet werden können. Die Prognosen der New-Age-Gurus für den Beginn des Wassermann-Zeitalters umfassen einen Zeitraum von rund 170 Jahren. Die meisten sind sich aber einig, daß der Übergang zwischen den 60er Jahren und dem Ende des 20. Jahrhunderts stattfand. Für viele moderne Esoteriker markiert die beispiellose Esoterikwelle den Beginn des neuen Zeitalters.

Ferguson und Capra prophezeiten eine Synthese der Naturwissenschaften und der neuen spirituellen Ideen. Sie glaubten an die sanfte Verschwörung: Die Menschen des Wassermann-Zeitalters würden ein ganzheitliches Bewußtsein entwickeln und im Einklang mit der Natur leben. Mit der Entwicklung sanfter Technologien würde die Grundversorgung der Menschheit sichergestellt, ohne daß sich die spirituellen Sucher übermäßig anstrengen müßten, verkündeten die Vordenker einer neuen abendländischen Esoterik.

Ihre Visionen blieben Illusionen, wie die Geschichte zeigt. Der Energieverbrauch stieg in den letzten 20 Jahren laufend, die Umweltverschmutzung nahm dramatisch zu, und daß unser Zeitalter »sanfter« geworden ist, wird angesichts der aktuellen politischen Weltlage wohl niemand behaupten. Ferguson und Capra lagen wie alle esoterischen Propheten mit ihren Vorstellungen falsch. Ihre übersinnlichen Ideen trafen aber den Nerv der Zeit, verkauften sich gut und weckten offensichtlich bei vielen die verborgene Sehnsucht nach gnostischen und mystischen Heilslehren.

Hans-Jürgen Ruppert weist in seinem Buch »Die Rückkehr der Zauberer« ebenfalls darauf hin, daß die Bücher über Zen-Buddhismus, transzendentale Meditation, fernöstliche Philosophie, Hexenkunst und Magie Anfang der 70er Jahre die Werke von Marx und Marcuse aus den Regalen der Universitätsbibliotheken zu verdrängen begannen. Etliche Intellektuelle und Alt-68er wandten sich in dieser Zeit enttäuscht von ihrem politischen Engagement ab und suchten ihr Heil fortan in der Selbstverwirklichung und Esoterik. So ließen sich auch gebildete und aufgeklärte Personen von esoterischen Ideen blenden und traten den Weg in die innere (mystische) Emigration an.

Alles begann mit Hermes Trismegistos

Die spirituellen Grundideen der Esoterik sind aber nicht von der New-Age-Avantgarde selbst aufgestellt worden. Übersinnliche Heilslehren und mystische Erlösungsrezepte mit okkultem Einschlag haben Magier schon vor unserer Zeitrechnung fasziniert. Die alten Ägypter suchten das »Geheimwissen«, die Tempelritter glaubten ebenso an gnostische Rezepte wie die Rosenkreuzer zur Zeit der Renaissance. Schließlich hat der altägyptische Mystiker Hermes Trismegistos die Hermetik begründet, die heute noch als Synonym für Esoterik gilt. Der Glaube, daß die Struktur des göttlichen Kosmos auch in der menschlichen Seele angelegt sei, ist keine neue Erfindung. Auch die Ideen von der Seelenwanderung, vom Astralkörper (»feinstofflicher« Zweitkörper), von der Initiation der Eingeweihten usw. faszinieren »Eingeweihte« seit Jahrhunderten. Deshalb verklären spirituelle Sucher geradezu alles, was »alt« ist und von »Hochkulturen« stammt, als sei dies an sich schon ein Qualitätsbeweis.

Die von Trismegistos geprägte Hermetik geht von einer radikalen Vorbestimmung und »höheren Ordnung« aus. Alles im Kosmos, vom Planeten bis zum Staubkorn, gehorche einem göttlichen Plan oder den »universellen Gesetzen«. In den kosmischen Dimensionen entwickelt sich angeblich alles nach evolutionären Prinzipien. Es gibt also keine Zufälle. Diese Grundpfeiler der Hermetik gelten heute auch für die meisten Esoteriker.

Theosophie – Esoterik des 19. Jahrhunderts

Eine erste Hochkonjunktur in der jüngeren Geschichte erlebten esoterische und okkulte Ideen im 19. Jahrhundert. Die damaligen Okkultisten beschworen die geheimen Lebensenergien, die sie Od-Kraft nannten – ein Begriff, der von Carl von Reichenbach geprägt wurde. Die »Eingeweihten« glaubten, daß sich hinter der sinnlich erfahrbaren Wirklichkeit eine »feinstoffliche« Welt verberge, in der die astralen göttlichen Energien wirksam seien. Durch Rituale und Initiationen sei es dem Menschen möglich, mit den »höheren Schwingungen« in Einklang zu kommen und quasi das »göttliche Bewußtsein« zu erreichen.

Die Vorstellung von der Od-Kraft entlehnten die damaligen »Esoteriker« mystischen Lehren verschiedener Kulturen und Heilsvorstellungen: In Indien wird sie Prana genannt, in China Chi, im alten Ägypten Ka, bei den Sufis (moslemische Mystiker) Baraka, in der Kabbala (jüdische Mystik) Yesod. In der modernen Esoterik wird diese geheime Kraft schlicht Energie oder Bioenergie genannt.

Bereits im 19. Jahrhundert herrschte die Überzeugung vor, der Mensch könne mit der geistigen, »astralen« Welt kommunizieren.

Auch dieser Glaube ist uralt. Magie oder Alchemie als geheime Kraft der »Eingeweihten« beschäftigt die spirituellen Sucher seit jeher. Schamanen wurden früher schon als spirituell besonders hoch entwickelte Magier verehrt, die dank ihrer übersinnlichen Energien angeblich Verbindung mit der geistigen Welt aufnehmen können. Schamanen treten in vielen Kulturen und bei vielen Naturvölkern auf, etwa in Afrika, Sibirien, Südamerika, vor allem bei den Indianern. Die Schamanen setzen Magie bis zur Ekstase ein. Der heutige Hexenkult sieht sich in der Tradition des Schamanismus und wendet ähnliche Rituale an. (Es geht hier nicht darum, die magischen Traditionen der Naturvölker zu kritisieren, die zweifellos eine wichtige mystische und heilerische Funktion erfüllten. Hinterfragt werden soll vielmehr die Art und Weise, wie die moderne Esoterik diese traditionellen Methoden und Rituale vermischt, in ihr zusammengewürfeltes Heilskonzept integriert und nach Belieben modifiziert.)

Dieser neue Okkultismus erlangte vor allem in Frankreich und England erstaunliche Popularität. Helena Petrowna Blavatsky (1831–1891) wurde Mitte des 19. Jahrhunderts zu einer der einflußreichsten Verkünderinnen »spiritueller Wahrheiten« und prägte die extremen und okkulten Formen der modernen Esoterik. Die Deutschrussin war von fernöstlichen Ideen fasziniert. Sie lebte teilweise in Indien und Sri Lanka, wo sie sich intensiv mit den buddhistischen und hinduistischen Lehren befaßte. Bei den Ritualen spürte sie nicht nur starke übersinnliche Energien, sondern entwickelte angeblich mediale Kräfte. Schon bald wuchs in ihr die Überzeugung, Botschaften oder »Durchsagen« von einem Meister der »großen weißen Bruderschaft« oder der »höheren geistigen Hierarchie«, also der göttlichen oder kosmischen Instanz, zu empfangen. Blavatsky mischte die Wiedergeburtslehre mit den Heilsbotschaften der »aufgestiegenen Meister« dieser Bruderschaft und nannte ihre mystische Lehre Theosophie (griech.: Gottesweisheit).

1875 gründete sie zusammen mit anderen Okkultisten in New

York die Theosophische Gesellschaft. Die Theosophie erklärt die menschliche Seele als unsterblich und als Teil des All-Eins, des Gottesbewußtseins. In der kleinsten Zelle stecken angeblich die Strukturen und Muster des ganzen Kosmos. Auf medialem Weg will Blavatsky von den kosmischen Meistern erfahren haben, daß der Mensch durch übersinnliche und okkulte Rituale das »höhere Bewußtsein« erlangen und erleuchtet werden kann. Die spirituelle Entwicklung soll ihn befähigen, aus dem Wiedergeburtszyklus auszubrechen und Teil der »göttlichen Hierarchie« oder »großen weißen Bruderschaft« zu werden. In ihr seien angeblich bereits Religionsgründer wie Buddha, Jesus, Mohammed, aber auch Geistesgrößen wie Franz von Assisi oder Paracelsus vereint. Diese »aufgestiegenen Meister« residieren laut Blavatsky in der heiligen Stadt Shambala, einem unterirdischen Reich im Himalaja-Gebiet.

Blavatsky glaubte auch an mystische Superwesen, die das »höhere Wissen« und die medialen Fähigkeiten besessen haben sollen. Sie meinte damit die Arier, die einst auf dem vor 12 000 Jahren versunkenen Kontinent Atlantis gelebt hätten. Nach der kruden Rassenlehre der Großmeisterin sollen die blonden, blauäugigen Recken (indo-)germanischer Abstammung, also die Nordeuropäer, über ein genetisches Potential verfügen, das am ehesten demjenigen der Arier entspricht. Die Wahnvorstellungen von den Ariern und den Wurzelrassen erinnern nicht zufällig an die Erbtheorie der Nationalsozialisten (siehe Kapitel 11).

Das Medium Blavatsky entwickelte auch apokalyptische Visionen. Sie glaubte, der Übergang vom Fische- zum Wassermann-Zeitalter sei eine Epoche der Prüfung, in der die »höhere geistige Hierarchie« den gebeutelten Menschen (die christliche Heilslehre ist unübersehbar) einen Avatar oder neuen Christus, häufig als Lord Maitreya bezeichnet, schicke. Dieser soll die übersinnlichen Wesen ins »höhere Bewußtsein« führen, während die spirituellen Ignoranten durch Naturkatastrophen und Seuchen dahingerafft werden. Sanft würde das neue Zeitalter also nur für die »Transformierten«.

Neben Blavatsky gehört die Amerikanerin Alice Bailey (1880–1949) zu den »Großmeisterinnen«, welche die Theosophie und somit die moderne Esoterik entscheidend mitgeprägt haben. Sie glaubte, daß sich die Theosophie zur ersten Weltreligion entwickeln werde. Damit machte sie den Anspruch auf die geistige Weltherrschaft deutlich und brachte zum Ausdruck, daß es sich nicht nur um eine spirituelle Weltanschauung handelt, sondern um eine Heilslehre und teilweise um eine Ideologie. Auch Bailey sprach vom neuen kosmischen Christus oder Weltenlehrer, der die Menschheit ins Wassermann-Zeitalter führen werde.

Eine wichtige Rolle in der Theosophie spielte auch Rudolf Steiner (1861–1925), der Gründer der Anthroposophie. Steiner wurde 1902 Generalsekretär der deutschen Theosophischen Gesellschaft. Er trennte sich 1913 im Streit von ihr und entwickelte die Anthroposophie. Auch Steiner glaubte an die Arier und die Wurzelrassentheorie. Diese Ideen integrierte er teilweise in seine neue Heilslehre. Und noch heute glauben die Anthroposophen in okkulter Verblendung, der Mensch stamme von kosmischen Wesen ab. Nach Steiner trägt er die höheren Erkenntnis- und Willenskräfte in sich, um in die Geisterwelt eindringen zu können. Dazu bedarf er des anthroposophischen Schulungsweges. Bei seiner Entwicklung durchläuft der Mensch angeblich zahlreiche Stadien, die von einfachen Organismen bis zu Geistwesen reichen. Diese »Karriere« erstreckt sich über riesige Zeiträume und führt den Menschen auf verschiedene Planeten. Diese okkulte Lehre wird teilweise heute noch an Waldorf- oder Steiner-Schulen gelehrt. Auch Atlantis ist für Anthroposophen eine Realität.

Die Idee von der heiligen Stadt Shambala haben alle theosophischen Kulte wie die Universale Kirche, I'Am und Share International von Benjamin Creme übernommen. Aber auch neuheidnische und völkische Gruppen (siehe Kapitel 12) sowie verschiedene esoterische Zirkel bevölkern Shambala mit »aufgestiegenen Meistern«, teilweise mit Ur-Ariern. Verschiedene theosophische Zirkel glauben sogar, daß die spirituellen Superwesen der Ur-Arier ursprünglich auf dem fernen Planetensystem der Aldebaren gelebt hätten (siehe Kapitel 12).

Ariosophie und Nationalsozialismus

Die okkulte Idee von den blonden Ariern begünstigte in den 20er und 30er Jahren des 20. Jahrhunderts eine historische Katastrophe. Die Theosophie beflügelte die Okkultisten Guido von List und Jörg Lanz von Liebenfels, die die Theosophie und den arischen Rassenwahn zur Ariosophie verschmolzen. Der Nationalsozialismus versuchte schließlich die reinrassigen Wesen der neuen indogermanischen Arier auf der Basis des blonden Deutschen zu züchten. Sie wollten diesen Übermenschen gezielt durch völkisch-germanische Rituale und genetische Veredelung entwickeln. (Auf diese Zusammenhänge und die Wiedergeburt der rechtsradikalen Ideen bei vielen Esoterikern, Neuheiden, Druiden-Anhängern, völkischen Handlangern, Schamanen usw. gehe ich in meinem Buch »Im Bann der Apokalypse« ausführlich ein.) Der Nationalsozialismus hat auch apokalyptische Ideen geprägt, die an die Vorstellung von Helena Blavatsky erinnern. Hitler galt als der neue Messias und begründete das »Tausendjährige Reich«, wie es Jesus Christus nach der Schlacht von Armaggedon einrichten sollte.

Die zweite Hälfte des 20. Jahrhunderts war esoterisch geprägt von der Auseinandersetzung mit dem drohenden Weltuntergang. Die esoterische oder theosophische Form der Apokalypse geht allerdings nicht von einer Endzeit, sondern der Wendezeit aus, die das sanfte Zeitalter und eine kollektive spirituelle Entwicklung einläuten soll. Diese Transformation werde von einem Polsprung, also dem Kippen der Erdachse, begleitet, was zu globalen Katastrophen wie Erdbeben, Überschwemmungen, Vulkanausbrüchen und Seuchen führe und die Nicht-Eingeweihten ausrotte, glaubt ein Großteil der Esoterikszene. Sie postuliert ein elitäres Konzept, denn das Paradies ist für die »Eingeweihten« reserviert, die bereits Teil des »göttlichen Bewußtseins« sind und die »kosmischen Gesetze« kennen. Das ist eine Auslese der unheimlichen Art. Die »Eingeweihten« und Auserwählten wollen unter sich sein, der spirituelle Pöbel wird ausgemerzt. Die reine Harmonie kann schließlich nur herrschen, wenn das »höhere Bewußtsein« der »Wissenden« nicht durch die niedrigen Schwingungen der mystischen Banausen gestört wird.

Daß diese Wahnvorstellungen allen ernsthaften Bemühungen um mystische Erkenntnisse widersprechen, ist offensichtlich. Wenn sich die Theosophen und viele Esoteriker auf hinduistische und buddhistische Lehren berufen, lenken sie von ihren okkulten Verirrungen ab. Sie garnieren ihre völkischen Ideen hemmungslos mit fernöstlichen Versatzstücken und blenden viele gemäßigte spirituelle Sucher.

Die extremen Formen und Strömungen der Esoterik haben ihren Ursprung also weder im Hinduismus, Buddhismus oder Tao noch in anderen fernöstlichen Heilslehren, auch wenn sie sich auf die Wiedergeburtslehre und die Karmatheorie stützen. Die Wurzeln sind im Okkultismus der Hermetik und der Theosophie zu suchen.

Kapitel 5
Die göttliche Kraft des Denkens

Spirituelle Sucher, die in höhere Welten oder frühere Leben vordringen möchten, bezahlen dafür unter Umständen einen hohen Preis. Ein eindrückliches Beispiel für eine übersinnliche Gratwanderung und ihre Risiken liefert die Schweizer Rückführungstherapeutin Juanita Maria Schalekamp in ihrem Buch »Grenzgängerin zwischen den Welten«. Aufschlußreich sind ihre Schilderungen besonders deshalb, weil sie trotz schmerzlicher Grenzerfahrungen nie an den spirituellen Ideen oder den »kosmischen Gesetzen« zweifelte.

Die Tür zur übersinnlichen Welt öffnete ihr der Esoterik-Guru und »positive Denker« Joseph Murphy (1898–1981) (siehe Kapitel 6). Als sie sein Buch »Die Macht Ihres Unterbewußtseins« las, schöpfte sie »Hoffnung auf ein anderes Leben«, wie sie schrieb. Murphy schien eine Methode gefunden zu haben, »mit der wir unser Leben verwandeln können«, so Schalekamp. Der amerikanische Bestseller-Autor, der Millionen von Büchern verkaufte, ist zusammen mit Norman Vincent Peale (1898–1984) der Vater des positiven Denkens und wird auch heute noch von einer riesigen Esoterik-Gemeinde verehrt.

Murphy predigt seinen Jüngern einen radikalen Bewußtseinswandel mit Hilfe der geistigen Kräfte und mentalen Selbstbeeinflussungsmethoden, die er positives Denken nennt. Jeder könne sich mit seinem Willen, seiner Überzeugung, seinen Visionen und den inneren Bildern eine eigene, unverwechselbare Realität schaffen. Schicksal ist in den Augen Murphys lediglich ein Produkt unseres Geistes. Unglück und Probleme wertet er als Ausdruck des Unterbewußtseins, das bei Unwissenden falsch programmiert sei. Daraus leitete die Rückführungstherapeutin Juanita Maria Schalekamp die Erkenntnis ab, daß sie ihr Schicksal allein mit der Kraft des Geistes positiv beeinflussen könne: »Ich kann meine Überzeugung, daß das Leben und das Schicksal es schlecht mit mir meinen, ändern. Anscheinend kann ich mich umprogrammieren. Es gibt also eine Lösung!«

Das »Umprogrammieren« ist aber nicht eine harmonische geistige Entwicklung, sondern ein rascher übersinnlicher Kraftakt, der an Gehirnwäsche erinnert: »Im Prinzip geht es darum, die Kraft des Unterbewußtseins konstruktiv nutzbar zu machen, das Unterbewußtsein umzupolen, neu zu beschriften. Er (Murphy) beschreibt, wie Menschen bei Anwendung dieser Techniken vollkommene Transformation, Heilung und Wunder erlebt hätten, indem sie solche Affirmationen und Visualisierungen konsequent mehrmals täglich durchgeführt hätten.« Diese Umwandlung des Selbst funktioniert nach Ansicht der Therapeutin sofort: »Durch die Lektüre von Murphys Buch habe ich einen Schlüssel zur Verwandlung erhalten, der überzeugt, die Technik ist einfach und klar. Jetzt liegt es nur noch an mir. Und was jetzt geschieht, geht ganz schnell und verändert mein Leben für immer.«

Solche Selbstbeeinflussungen können für Körper und Geist negative Auswirkungen haben. Schalekamp erfährt das am eigenen Leib. Nach dem Tod ihres Bruders Marcello wird sie vom Schmerz fast aufgezehrt und sucht eine Möglichkeit, um mit dem Toten geistig Kontakt aufzunehmen: »Unbewußtes, altes Wissen steigt in mir hoch und läßt mich plötzlich auf die Idee kommen, mit Marcellino im Jenseits in Kontakt zu treten. Ich bin entschlossen, meiner Qual ein Ende zu bereiten. Hier und jetzt werde ich mit ihm sprechen. Etwas in mir weiß, daß dies möglich ist, obschon ich faktisch mit meinen sechzehn Jahren nie von Jenseitskontakten und Spiritismus gehört habe.«

Sie hebt ihre Trauer und ihren Schmerz auf eine spirituelle Ebene und flieht in die mystischen Sphären. In Wirklichkeit ist es natürlich eine Scheinlösung, und die Trauer wird nicht verarbeitet, sondern verdrängt.

Der Versuch, geistigen Kontakt mit ihrem verstorbenen Bruder aufzunehmen, wird zum Fiasko: »Dabei richte ich die ganze Aufmerksamkeit und Absicht auf ein Treffen mit Marcellino. Ganz konzentriert rufe ich nach ihm, voller höchster Konzentration bitte ich ihn zu kommen. Plötzlich und ganz unerwartet ist das ganze Zimmer voller fremder, bedrohlicher Energien, es sind furchterregende Wesenheiten. Sie haben langgezogene Gesichter, man könnte es entstellte Fratzen nennen. Sie zerdrücken mich fast mit ihren höhnischen, Besitz ergreifenden Energien. Ich habe panische Angst, kriege keine Luft mehr. Es sind unzählige, sie lagern sich schichtenweise übereinander um meinen Körper herum auf. Sie wollen irgendwie von meinem Körper Besitz ergreifen, es ist fürchterlich«, schreibt Schalekamp. Der erhoffte Jenseitskontakt mit ihrem Bruder endet im Horrortrip. Sie wird die Geister, »die irgendwie in mich hineindringen«, nicht mehr los und gerät in Panik: »Mein Atem wird flach; betäubt liege ich auf dem Bett, ich bin in einer anderen Welt.« Der Kontakt mit ihrem Bruder ist ihr plötzlich nicht mehr wichtig, sie will nur die Geister wieder loswerden: »Und irgendwie verändert sich etwas. Ich bin wie eine Hülle ohne eigenen Schutz, irgend etwas ist seltsam, anders als vorher.« Immerhin ist sie so vernünftig, solche Rituale in Zukunft zu unterlassen. Am spirituellen Weg zweifelt sie trotz der gefährlichen Grenzerfahrungen aber nicht und rät ihren Leserinnen und Lesern: »Sollten Ihnen die Ausführungen Angst machen, so empfehle ich Ihnen, mit dem Licht und der Liebe des Universums Verbindung aufzunehmen und um Schutz zu bitten.« Schalekamp stellt nicht die Methode der Selbstsuggestion in Frage, sondern nur das Ergebnis, wenn es nicht ihren Erwartungen und den Versprechen ihrer Meister entspricht.

Die Autorin will den Verlustschmerz mit einem okkulten Ritual bewältigen, statt mit echter Trauerarbeit. Das Unbewußte rebelliert gegen die Flucht in die okkulte Welt: »Ich betäubte die vulkanartig aufbrechende Verzweiflung mit Tabletten, Alkohol und Zigaretten. Zugleich breiteten sich in meinem Wesen Feindseligkeit, Haß und ein hohes Ausmaß an Destruktivität aus, die über viele Jahre hinweg andauerten.« Die Therapeutin greift zu Suchtmitteln, führt ein ausschweifendes Sexualleben und hegt Selbstmordgedanken. Doch diese Reaktionen stehen natürlich in krassem Widerspruch zu ihren spirituellen Erwartungen, weshalb sie immer wieder in die übersinnliche Welt flieht und einen Teufelskreis in Gang setzt.

Schalekamp ist wie die meisten Esoteriker überzeugt, daß sie mit Hilfe ihrer geistigen Kräfte die Realität oder »grobstoffliche« Welt beeinflussen kann. Die spirituellen Sucher nennen diese Methode das »positive Denken«, das mit den Ritualen der sogenannten Affirmation und Visualisierung in Gang gesetzt werden soll. (Visualisieren bedeutet, einen Wunsch vor dem geistigen Auge entstehen zu lassen. Affirmation heißt in der esoterischen Sprache, den Wunsch mit der geistigen Kraft zu verstärken, indem man sich meditativ versenkt und sich darauf konzentriert.) Konkret geht es beim positiven Denken darum, »unerfüllbare« spirituelle und materielle Sehnsüchte durch den festen Glauben daran Realität werden zu lassen. Indem die positiven Denker Wünsche in der geistigen Welt »erschaffen«, sollen sie sich allmählich in der materiellen Welt realisieren (siehe Kapitel 6).

Schalekamp empfiehlt ihren Klienten deshalb, sich ein eigenes geistiges Universum zu schaffen: »Sobald du dich als der Schöpfer deines Universums erlebst, wählst du bewußt aus, was du erschaffen willst. Du setzt die unbegrenzte Energie, Macht und Weisheit deines höheren Selbst dafür ein, das Erwünschte durch aktives Visualisieren und Affirmationen zu manifestieren.« Schalekamp bleibt wie alle positiven Denker die Erklärung schuldig, wie man dieses Universum »erschafft«. Was ist das für eine Energie, die unbegrenzt sein soll? Und was das »höhere Selbst«?

Die übersinnlichen Ansprüche an das »eigene Universum«, das auch ein »göttliches Bewußtsein« einschließt und damit Allmachtsphantasien weckt, sind grenzenlos. Das Erschaffen des Universums ist also ein göttlicher Akt. Schalekamp erklärt ausdrücklich, daß das »höhere Selbst« unbegrenzte – sprich göttliche – Energien besitzt. Radikale positive Denker glauben deshalb letztlich, daß sie göttliche Kräfte besitzen, mit denen sie die Wirklichkeit beeinflussen können. Die Desillusionierung dieser Selbstüberschätzung kann psychische Probleme, Realitätsflucht und Selbstmordgedanken verstärken.

Ernsthafte Mystiker würden sich vor solchen Gedanken hüten und sich nie in den Mittelpunkt der spirituellen Interessen stellen. Individuelle Bedürfnisse dieser Art verstellen den Blick auf die übersinnlichen Zusammenhänge. Wer sich mit spirituellen Dingen beschäftigt, um vor Lebensproblemen zu fliehen, wird sich immer stärker in der okkulten Scheinwelt verstricken. Alan Watts erklärt in seinem Buch »Die sanfte Befreiung«: »Die Glücklichen interessieren sich für Religion lediglich als Ausdrucksmittel ihrer Dankbarkeit dem Leben und Gott gegenüber und als Möglichkeit, anderen das von ihnen Erfahrene zu vermitteln. Sie suchen nicht nach persönlichem Heil, denn über so etwas denken sie gar nicht nach.«

Die Technik des positiven Denkens

Wie funktionieren das Visualisieren und das positive Denken? Juanita Maria Schalekamp hat die Rituale bei verschiedenen spirituellen Meistern studiert und ihr eigenes Konzept aus diversen Elementen zusammengestellt. Als erster Schritt müssen die spirituellen Sucher eine klare Zielsetzung formulieren, schreibt die Autorin: »Ich entscheide mich, in allem der Liebe und dem Licht zu dienen. Ich beabsichtige, jetzt in Übereinstimmung mit meinem göttlichen Plan gesund zu werden.« Dann wird die geistige Welt angerufen, wozu Schutzengel, Gott, die universelle Energie, Christus, Buddha, die innere geistige Führung, das Licht, die Liebe usw. gehören. »Ich rufe das Licht und bitte um Schutz und Führung. Ich bitte die universelle Energie, den heutigen Tag und all meine Begegnungen zu segnen.« Anschließend soll der positive Denker Verbindung mit seinem »höheren Selbst« aufnehmen: »Indem ich die Verbindung mit der Liebe und dem Licht spüre, stelle ich mir vor, wie ich mit dem weisen, liebenden, göttlichen Teil meines Wesens – oberhalb des Kopfes und im Herzen – in Verbindung trete.« (Wodurch sich der geistige und göttliche Teil in uns offenbar real manifestiert.)

Nun ist der Suchende bereit, Bilder und Gefühle zu empfangen, behauptet Schalekamp. In meditativer Haltung soll er seine geistige Führung des Lichts bitten, ihm einen geeigneten Satz, ein stärkendes Gefühl oder ein passendes Bild für sein Anliegen oder sein Problem zu zeigen. Dann muß der positive Denker Emotionen wachrufen, indem er an ein Ereignis denkt, das in ihm ein großes Glücksgefühl ausgelöst hat. Dadurch würden erhebende Schwingungen geschaffen, die in Krisenzeiten aus den emotionalen Verstrickungen heraushelfen sollen. Diese Übungen der Visualisierung und des positiven Denkens müssen täglich dreimal während fünf Minuten durchgeführt werden. »Vielleicht geschehen in Ihrem Leben große Umwälzungen, wenn Sie gewisse Wahrheiten wie den Satz ›Ich bin glücklich‹ stets neu rekreieren, wiederempfinden und wiederholen … Bei konstanter Anwendung wird Ihr Unterbewußtsein alles daransetzen, diese ›neue Prägung‹ Wirklichkeit werden zu lassen«, schreibt Schalekamp.

Die Technik der Lichtmeditation

Schalekamp hat eine spezielle Lichtmeditation entwickelt, mit der man seine Mitmenschen auf spirituelle Art unterstützen könne: »Stellen Sie sich vor, wie Gottes Segen sich in Form eines Lichtstrahls über den Menschen, dem Sie Licht senden möchten, ergießt.« Der Meditierende solle dabei »den gesamten Prozeß vollumfänglich den Lichtwesen und dem Wirken Gottes übergeben«. Auf diese Weise könne man anderen Menschen geistige Hilfe zukommen lassen, ohne in deren Karma einzugreifen.

Die Rückführungstherapeutin produziert mit sprachlicher Virtuosität mystischen Nebel. Sie verwendet übersinnliche Ausdrücke, als handle es sich um sinnlich oder empirisch überprüfbare Tatsachen. Wie fast alle Esoteriker bemüht sie sich nicht einmal darum, die Begriffe und Metaphern zu erklären oder zu definieren. Zum Beispiel: Wie dient ein Mensch dem Licht? Wie kommt man in Übereinstimmung mit dem göttlichen Plan? Offenbar kennt Schalekamp den göttlichen Plan. Wie muß man sich die »universelle Energie« und die »innere geistige Führung« vorstellen? Was ist der »göttliche Teil meines Wesens«? Klopft man ihre Ausführungen auf handfeste Aussagen und Ergebnisse ab, verflüchtigt sich der Inhalt. Sprache und Wortwahl verraten unreife Paradiesvorstellungen. Das Ritual erscheint als naiver Versuch, die widersprüchliche und komplexe Realität auszublenden und in eine übersinnliche Scheinwelt zu fliehen. Aus der sicheren Warte der vermeintlich spirituellen Geborgenheit wird versucht, die »grobstoffliche«, bedrohliche Welt geistig zu heilen. Was man in der Wirklichkeit nicht erreicht, soll auf spirituellem Weg bewirkt werden. Konkrete Ergebnisse kann sie aber nicht vorweisen.

Die Rituale des positiven Denkens und der meditativen Affirmation können harmlos sein und den Praktizierenden auf naive Weise über seine tatsächliche Machtlosigkeit und Passivität hinwegtäuschen. Sie können sich aber auch negativ auswirken und starke suggestive Kräfte wecken, die vom Betroffenen nicht mehr kontrollierbar sind und geistige Verwirrung hervorrufen. Eine solche Meditationskrise schilderte ja auch Juanita Maria Schalekamp selbst. Fatalerweise interpretierte sie ihre psychischen Probleme als Entwicklungsschritt und somit als Abschnitt ihres Heilungsprozesses. Sie sah deshalb auch keine Notwendigkeit, ihre seelischen Schwierigkeiten psychologisch anzugehen und die Ursachen der Fehlleistungen bei den spirituellen Ritualen und Ideen zu suchen. Esoterische Rituale können psychische Probleme ver-

stärken, weil sie deren Ursachen verdrängen. Die Rückführungstherapeutin gibt ihren Lesern konsequent den verhängnisvollen
Rat, die Probleme einfach nicht zu beachten: »Dies kann als Rebellion Ihres Bewußtseins interpretiert werden: Die alte Prägung
wehrt sich dagegen, der neuen ihren Platz zuzugestehen. Fahren
Sie unbeirrt fort, vorausgesetzt, Ihre Affirmationen sind in Übereinstimmung mit dem göttlichen Gesetz und fühlen sich nach wie
vor ›richtig‹ an. Es ist unser Lebensrecht, eine konstruktive Haltung zu den Ereignissen unseres Lebens einzunehmen.«

Was ist die »Übereinstimmung mit dem göttlichen Gesetz«?
Wie merke ich, daß sich die Affirmationen »richtig anfühlen«? Es
ist ja gerade das Kennzeichen psychischer Irritationen, Suggestionen und Sublimierungen, daß die Wahrnehmungen getrübt sind
und das seelische Gleichgewicht gestört ist. Kommt es zur psychischen Krise, so ist das tatsächlich eine Rebellion des Bewußtseins,
wie Schalekamp schreibt. Sie entsteht aber nicht aus Angst, der
neuen Prägung Platz zuzugestehen, sondern weil die zugrundelie-
genden Probleme nicht gelöst sind. Manipulation und Suggestion
können psychische Probleme eine Weile verdrängen, nur damit sie
den Betroffenen um so heftiger wieder belasten, wenn der spirituelle »Zauber« verflogen ist. Mit anderen Worten: Das Unbewußte
wehrt sich gegen die suggestive Manipulation und möchte verhindern, daß seelische Prozesse allein auf der übersinnlichen Ebene
angegangen werden.

Die positiven Denker realisieren nicht, daß die Affirmationen
allzu phantastischer Ziele psychische Probleme verstärken und zu
Wahnvorstellungen führen können. Anfällige Menschen erschaffen sich eine Scheinwelt und entfremden sich von der sinnlich erfahrbaren Wirklichkeit. Sie mißachten, daß unser Bewußtsein
nicht nur durch geistige Eindrücke geprägt wird, sondern in erster
Linie von Alltagserfahrungen. Wer die Probleme nur auf der
mystischen Ebene lösen will, wird bald von der Realität eingeholt
werden und schmerzliche Erlebnisse machen.

Kapitel 6
Joseph Murphys Lehre vom positiven Denken

Die esoterische Weltsicht basiert heute zu einem großen Teil auf den okkulten Vorstellungen des »positiven Denkens«. Dieser scheinbar harmlose Begriff bezeichnet in der Esoterik ein spirituelles Konzept, das sich optimal an die Werte der modernen Leistungsgesellschaft anpaßt: Auch im positiven Denken werden Effizienz, Erfolg und Egozentrik betont. Diese Methode, die in ihrer extremen Ausprägung sehr suggestiv ist, wird von vielen Esoterikern als Lösung gesehen, wie auf »geistigem Weg« alles, spirituell wie materiell, erreicht werden kann. Es geht also bei dieser Form des »Denkens« nicht darum, mit Optimismus den Alltag zu bewältigen. In seiner extremen Form wird es zu einem Heilsystem, mit dem sich utopische Wunschvorstellungen vermeintlich mühelos realisieren lassen.

Die Ursprünge des positiven Denkens gehen auf die zweite Hälfte des 19. Jahrhunderts zurück. Verschiedene nordamerikanische Spiritisten wie Phineas Pankhurst Quimby, Ralph-Waldo Trine und Prentice Mulford stützten sich bei ihren transzendentalen Vorstellungen auf die spirituelle Kraft der Gedanken und des Geistes. In Europa kultivierten Oscar Schellbach, Franz Mesmer mit seinem »Mesmerismus« und Emile Coué mit den Coué-Methoden eine Art positives Denken.

Die geistigen Väter des neuzeitlichen positiven Denkens sind die beiden US-amerikanischen Erfolgsautoren Joseph Murphy und Norman Vincent Peale. Sie sorgten für den beispiellosen Erfolg der Methode. Murphy hatte laut eigenen Angaben Philosophie und Religionsgeschichte studiert und promoviert, Peale war Pfarrer.

Murphy hat an die hundert Bücher geschrieben, die in rund 40 Sprachen übersetzt wurden und teilweise Auflagen in Millionenhöhe erreichten. Auch Peale hatte mit seinen Büchern einen riesigen Erfolg.

Die beiden Amerikaner waren eigentlich Spiritisten, die glaubten, daß der Mensch nach dem Tod ein höheres Geistwesen werde. Der Glaube an das »Leben« nach dem Tod erlaubte ihnen, sich weiterhin als Christen auszugeben. Murphy zitiert auch in seinen Büchern häufig die Bibel, um die Vereinbarkeit seiner spiritistischen und okkulten Vorstellungen mit dem christlichen Glauben zu dokumentieren. Dafür benutzte er Bibelstellen wie folgende: »Ich, der Herr, offenbare mich ihm in Geschichten und rede in Träumen mit ihm.« (Numeri 12.6). Ob dieser Spruch tatsächlich belegt, daß die Bibel spiritistische Anklänge hat, ist fraglich.

Für Murphy ist das Unterbewußtsein der Schlüssel zum positiven Denken und somit zum unbegrenzten Heil. Es ermöglicht seiner Ansicht nach »außersinnliche Wahrnehmung«, mit deren Hilfe der Mensch angeblich Zugang zur göttlichen Intelligenz hat. Das »göttliche Prinzip« sei in jedem Wesen angelegt und könne über die Intuition abgerufen werden, behauptet Murphy. Mit spiritistischen Übungen sollen die Menschen ihre außersinnliche Kraft schärfen und hellsichtig, hellhörig und hellfühlig werden. Das propagieren viele Esoteriker auch heute noch.

Der Vater des positiven Denkens mißt dem Unbewußten also göttliche Fähigkeiten zu. Es kenne die Lösung aller Probleme. Er macht seinen Millionen von Lesern weis, in ihnen schlummerten unbegrenzte übersinnliche oder geistige Kräfte, die nur darauf warteten, durch Rituale geweckt zu werden.

Murphy schreibt in seinem Buch »ASW – Ihre außersinnliche Kraft«: »Die echte Wahrheit über Sie ist: die ICH-BIN-heit in Ihnen ist Ihr Bewußt- oder Gewahrsein. Im dritten Kapitel des Buches Exodus (2. Mose) wird der Name Gottes ICH BIN genannt, und das bedeutet: reines Sein, Leben, Geist, Intelligenz, Wirklichkeit oder reine Bewußtheit. Gott ist in Ihrem Innern, und wenn Sie sagen ›ICH BIN‹, dann künden Sie von der Gegenwart Gottes in Ihrem Innern.« (ASW bedeutet: außersinnliche Wahrnehmung.) Was Murphy wortreich erklärt, läßt sich auf drei Worte reduzieren: »Ich bin Gott.«

»Gott« hat natürlich auch das universelle Wissen: »Eines ist gewiß: Es ist möglich, sich an jede Begebenheit zu erinnern, die jemals auf diesem Planeten stattgefunden hat«, schreibt Murphy weiter. Der »unendliche Geist« könne auch zukünftige Ereignisse voraussehen. Doch nicht genug: »Das Lebensprinzip in Ihrem Inneren war Buddha, Jesus, Moses, Sokrates, Lincoln, Shakespeare etc. Ihr Geist war schon überall. Er hat alles gesehen, und alles ist in ihm. Sogar das ganze Universum ging aus Ihrer ICH-BIN-heit hervor«, erklärt Murphy.

Wie sollen wir den Sokrates in uns erkennen, den Jesus in uns spüren? Wie kommen wir zu Shakespeares Sprache in uns? Murphy: »Das unendliche Bewußtsein – in allen Menschen wirksam – hat alle heiligen Schriften verfaßt, spricht alle Sprachen, hat alle Pyramiden gebaut und alle Bücher geschrieben.«

Mit solchen Behauptungen weckt Murphy Allmachtsphantasien. Das hört sich in seinem Buch »ASW« so an: »Die unendliche Intelligenz in meinem Unterbewußtsein enthüllt mir alles, was ich an Wissen benötige, in jedem gegebenen Moment und an jedem Ort. Ich werde göttlich inspiriert und göttlich geführt auf allen meinen Wegen. (...) Göttliche Harmonie ist jetzt mein. Göttlicher Erfolg ist jetzt mein. Göttliches rechtes Handeln ist jetzt mein. Göttliches Gesetz und göttliche Ordnung sind jetzt mein. (...) Ich bin von göttlicher Weisheit erleuchtet, und ich bin hellsichtig und hellhörig von geistiger Sicht aus.« Solche Aussagen manifestieren eine egozentrische und unreife Weltsicht: Alles ist göttlich, alles ist »mein«. Außerdem geht von den gebetsmühlenartigen Wiederholungen eine suggestive Wirkung aus, der sich die Anhänger von Murphys Ideen offenbar kaum entziehen können und die viele mit der Zeit verinnerlichen.

Echte spirituelle Sucher würden sich nie anmaßen, die »göttliche Ordnung« für sich in Anspruch zu nehmen. Dies verträgt sich nicht mit dem Gebot der Bescheidenheit. Auch die schwülstige Sprache ist alles andere als bescheiden. Übersinnliche Phänomene ließen sich auch in sachlicher Art beschreiben. Wer zu kitschigem übertriebenem Wortschatz greift, vernebelt den Sachverhalt und verführt leichtgläubige Personen mit sprachlichem Feuerwerk.

Der englische Mystiker Alan Watts geht mit überheblichen spirituellen Suchern hart ins Gericht und spricht in seinem Buch »Die sanfte Befreiung« von der Gefahr des aufgeblähten Ego. Um auf die Selbstüberschätzung hinzuweisen, zitiert Watts den christlichen Mystiker Meister Eckhart: »Ich trage in meiner Seele die Fähigkeit, Gott ganz aufzunehmen. Ich bin sicher, daß mir nichts so nahe ist wie Gott. Gott ist mir näher als ich selbst.« Watts warnt: »Aber für den modernen westlichen Menschen liegt eine Gefahr in diesem Wissen; durch das Lesen und Praktizieren solcher Ideen kann er dazu gebracht werden, aus seinem Ego einen Gott zu machen statt eines Ego aus seinem Gott.« Der spirituelle Sucher, der sich gottgleich sehe, würde, so Watts, höchstwahrscheinlich ein spirituelles Fiasko erleben, »ein Aufblähen seines Egos zur Größe Gottes«. Doch dies sei genau das, was die östliche Philosophie nicht beabsichtige. »Das Ego kann nicht den Schmerz des Konfliktes zwischen sich selbst und dem Universum umgehen, indem es einfach versucht, sich selbst mit der Essenz dieses Universums zu identifizieren, nämlich mit Gott«, schreibt Watts.

Murphy zeigt, wie angebracht Watts Warnung ist: »Jeder Mensch auf dieser Erde ist Gott oder das Leben in Manifestation«, verkündet Murphy.

Die Anwendung von Murphys positivem Denken im Alltag sieht beispielsweise so aus: Murphy riet einem verschüchterten Kellner, der glaubte, von einem Voodoo-Priester mit schwarzer Magie beeinflußt zu werden, sich zwei- bis dreimal täglich still hinzusetzen und sich vorzustellen, daß er von einem heiligen Lichtkreis umgeben sei. Nach ein paar Tagen werde er einen goldfarbenen Lichtschein um sich herum wahrnehmen, der die Gottesgegenwart signalisiere und wie ein undurchdringlicher Panzer wirke, an dem alle schädlichen Gedanken abprallen würden. »Damit sind Sie unverwundbar«, erklärte ihm Murphy.

Der Voodoo-Magier, der den Kellner negativ beeinflußt haben soll, sei eine Woche später tot auf der Straße zusammengebrochen, behauptete Murphy. Die schwarzen Gedanken seien am heiligen Lichtring abgeprallt und mit doppelter Gewalt auf den Urheber zurückgefallen. »Hier spricht man von einem Bumerang«, schreibt Murphy. »Emotionen töten entweder, oder sie heilen.«

Positive Denker müssen also alle negativen Gedanken verdrängen – sonst droht der Bumerangeffekt. Üble Gedanken führten zur Selbstzerstörung, sei es durch eine tödliche Krankheit oder durch einen anderen Menschen, doziert Murphy weiter. »Denn jeder Mord ist in Wahrheit Selbstmord.«

Murphys Geschichte vom Voodoo-Mann ist von Anfang bis Ende fraglich. Woher wußte er, daß der Verstorbene ein Voodoo-Mann war? Er hatte nur brieflichen Kontakt mit dem Kellner und kannte die näheren Umstände von dessen Angst nicht. Vielleicht war dieser paranoid, und es bestand keine Bedrohung. Ohne den angeblichen Voodoo-Mann gekannt und die Zusammenhänge untersucht zu haben, beschuldigt Murphy diesen der schwarzen Magie. Und er erklärt dem Leser in voller Überzeugung, die Todesursache sei im »Bumerang der Voodoo-Kräfte« zu suchen.

Noch wichtiger sind Murphy aber die materiellen Auswirkungen des positiven Denkens. Er verspricht seinen Lesern, die suggestive Methode garantiere Reichtum und Wohlstand: »Unsere Welt enthält ausreichend Materialien, um jeden Mann wie einen König und jede Frau wie eine Königin zu kleiden. Mehr noch: Die Natur ist üppig, extravagant, reichhaltig und verschwenderisch.« Und alles ist anscheinend einfach zu haben. Denn nach Murphy verwirklicht sich alles, was wir in Gedanken visualisieren. Kirchen, Banken, Geschäfte, Autos, Häuser und Wolkenkratzer waren laut Murphy einst lediglich Ideen oder Gedankenimpressionen im Geist eines Menschen, die ins Unterbewußtsein gesickert und später realisiert worden seien. Deshalb ist »Wohlstand eine

Geisteshaltung«. Beim positiven Denken werde das Wachbewußt-sein des Menschen von seinem Unterbewußtsein aktiviert, und »das Gesetz der Anziehung setzt Reichtümer zu ihm in Bewe-gung – außersinnlich, geistig und materiell«, behauptet Murphy. Wie das Phänomen genau funktioniert, erklärt er leider nicht.

Um reich zu werden, muß man sich laut Murphy nicht anstren-gen, alles läßt sich im Schlaf erreichen. Beim Einschlafen soll ein Wort »festgehalten« und wiederholt werden, nämlich der Begriff »Wohlstand«. »Reichtum ist eine gute Gewohnheit, Armut dage-gen eine schlechte – das ist der ganze Unterschied zwischen Reich-tum und Armut«, schreibt der Millionär Murphy. Und er erklärt die Armut für eine geistige Krankheit.

Der Vater des positiven Denkens übergießt alle Menschen mit Hohn und Verachtung, die ihren Lebensunterhalt mit Arbeit ver-dienen. Er behauptet, im Schweiße des Angesichts zu Reichtum zu kommen, sei lediglich eine zuverlässige Methode, früh auf dem Friedhof zu landen. Es sei völlig unnötig, seine Kräfte auf diese Weise zu verschwenden. »Wer sich reich fühlt, wird reich.« Er selbst hat sich allerdings nicht darauf verlassen und durch Bücher-schreiben viel Geld verdient.

In seinem Buch »ASW« behauptet Murphy, das Gesetz des Le-bens sei Überfluß, nicht Mangel. Wer sich die geistige und au-ßersinnliche Basis des Wohlstandsbewußtseins geschaffen habe, werde sofort mit dem Reichtum des Unendlichen in Berührung kommen, und zwar im Bewußtsein wie im äußeren Leben. »Be-denken Sie, daß Ihr Gedanke Form annimmt«, erklärt Murphy. Die geistigen und übersinnlichen Kräfte stellt er vor allem in den Dienst materieller Bedürfnisse. Er ermuntert seine Leser und Klienten, ihre spirituellen Energien für »grobstoffliche« Zwecke zu nutzen. So zitiert er das Beispiel eines Taxifahrers auf Hawaii, der vor dem Einschlafen den Satz wiederholte: »Ich brauche mehr Wohlstand, ich brauche ein Heim für meine Familie.« Eines Nachts sei ihm im Traum ein chinesischer Weiser erschienen, der ihn aufgefordert habe, eine bestimmte Landparzelle zu kaufen.

Fünf Jahre später sei das Grundstück fünfzehn Mal soviel wert gewesen, schreibt Murphy und folgert: »Dieser Traum hat ihn reich und damit finanziell unabhängig gemacht.« So einfach ist das.

Die spirituellen Sucher, die sich auf Murphys Methoden verlassen, laufen Gefahr, von der Autosuggestion des positiven Denkens abhängig zu werden. Da sie die versprochenen Ziele selten erreichen, riskieren sie, sich immer intensiver auf die erhofften materiellen Erfolge zu konzentrieren und die autosuggestive Methode des Visualisierens und der Bejahung ständig zu verstärken. Im positiven Denken steckt also ein beträchtliches mentales Suchtpotential. Wer trotz positiven Denkens erfolglos bleibt, muß die »Schuld« bei sich suchen, auch noch im positiven Denken versagt zu haben. Außerdem intensiviert er das suggestive Ritual weiter in der Hoffnung, den ersehnten Reichtum oder den unrealistischen Wunsch doch noch erfüllt zu bekommen.

Das positive Denken widerspricht allen Regeln der wahren Mystik. Die fernöstlichen wie die christlichen Mystiker beispielsweise würden die übersinnlichen Phänomene und geistigen Kräfte nie dazu verwenden, persönliche »grobstoffliche« Vorteile zu erzielen. Sie streben vielmehr ein Dasein der Ichlosigkeit an. Sie wollen sich von den materiellen Zwängen befreien und das Besitzdenken ablegen. Mystik ist für sie ein Entwicklungsprozeß zur Überwindung der irdischen Bindungen. Für viele Mystiker ist die Askese eine Voraussetzung für Selbsterkenntnis und spirituelle Erfahrung. Etliche Meister empfehlen denn auch, regelmäßig zu fasten. Die Mystik sucht den Triumph des Geistes über die Materie, das Sein soll das Haben bestimmen. Nur wer geistig frei oder gar »leer« ist, hat genug Raum für Gotteserfahrungen. Dieser Effekt wird ja auch in der Meditation angestrebt. Das positive Denken hingegen propagiert Egoismus, Besitzdenken und Narzißmus. Echte Mystik und positives Denken schließen sich tatsächlich aus. Esoteriker kultivieren die beiden Disziplinen hingegen bedenkenlos nebeneinander. Das positive Denken steht auch im krassen Widerspruch zur viel beschworenen esoterischen Bescheidenheit und Demut. Die unrealistischen »grobstofflichen« Versprechen des positiven Denkens wecken bei vielen Esoterikern so starke Sehnsüchte und Allmachtsphantasien, daß sie die offensichtlichen Widersprüche nicht wahrnehmen.

Dorothee Sölle formuliert in ihrem Buch »Mystik und Widerstand« die Erfordernisse der echten Mystik radikal: »Ichlosigkeit, Besitzlosigkeit und Gewaltlosigkeit gehören zusammen. Sie sind die Grundlagen der Lebensveränderung, die aus mystischer Spiritualität erwächst.« Sie kritisiert auch die Selbstüberhöhung des Ichs, wie sie in der heutigen Esoterik gefördert wird: »Oft entsteht gerade in der Erfahrung des Sich-Verlierens und des Sich-Vergessens eine Art von Ich-Inflation, eine narzißtische Überhöhung, die im Ich-Verlust satt zu werden glaubt. (...) In neurotisch getönter Mystik gewinnt man den Eindruck, als sei die Sehnsucht nach Ichlosigkeit der beste Garant für das inflationär gewordene Ego.« An anderer Stelle erklärt die Autorin, ohne wirtschaftliche und ökologische Gerechtigkeit oder Gottes besondere Vorliebe für die Armen »scheint mir die Gottesliebe und die Sehnsucht nach dem Einswerden eine atomistische Illusion«. Außerdem habe die wirkliche mystische Reise ein größeres Ziel, als uns das positive Denken zu lehren und unsere Kritik- und Leidensfähigkeit einzuschläfern: »In der konsumistischen Plünderungskultur fungiert das süchtig gemachte Ego als der beste Wächter in unserem Gefängnis; es kontrolliert und verhindert effektiv unsere Ausbruchsversuche. Wir brauchen ein anderes Verständnis vom Ich, das die Ichlosigkeit als Befreiung von lebenzerstörenden Zwängen einbezieht und das Ich in der Teilhabe denkt.« Der Kontrast zu den Ansichten der positiven Denker, die Armut als Krankheit bezeichnen, ist augenfällig.

Das Visualisieren und positive Denken ist ein zynisches Ritual. Was müßten hungernde Kinder in Afrika visualisieren? Wie will Murphy ihnen weismachen, ihr Hunger sei lediglich eine »Krankheit des Geistes«? Welche spirituellen Tips gäbe er politischen Gefangenen, die brutal gefoltert werden? Das mögen Extrembeispiele sein, aber sie zeigen die Abartigkeit des positiven Denkens und Murphys Façon besonders deutlich.

Gedanken sind wichtiger als Gefühle

Die positiven Denker werten die Kraft der Gedanken stärker als die Gefühle. Wer im Sinne von Murphy »positiv denkt«, muß Gefühle konsequent unterdrücken. Emotionen sind meist spontane Reaktionen, und davor fürchten sich die positiven Denker. Die einzige verläßliche Instanz ist für sie der Gedanke, dem sie göttliche Kraft beimessen. Deshalb versuchen sie, die Gefühle zu kontrollieren und alles aus dem Bewußtsein zu drängen, was »negative Schwingungen« erzeugt. Die positiven Denker sind gezwungen, Glück vorzutäuschen und Optimismus zu verbreiten. Gefühle wie Ärger, Angst und Trauer darf es eigentlich gar nicht geben, weil sonst das System des positiven Denkens ins Wanken gerät. Damit klammern sie einen wichtigen Teil der Emotionsskala aus.

Murphy bezeichnet das suggestive Ritual des positiven Denkens als Wissenschaft. Er behauptet sogar, wissenschaftliche Untersuchungen hätten die Wirksamkeit der Methode bestätigt. Tausende von Experimenten in Telepathie, Hellsichtigkeit und Präkognition (Zukunftsschau), die Professor Rhines von der Duke Universität dokumentiert habe, seien von der »American Society of Mathematics« untersucht und als echt befunden worden, schreibt Murphy in seinem Buch »ASW«. Doch der Akademiker hält es nicht für nötig, die angeblich wissenschaftlichen Untersuchungsmethoden oder die dokumentierten Fälle näher zu beschreiben oder Quellen anzugeben.

Um die Wissenschaftlichkeit des positiven Denkens zu dokumentieren, stellt Murphy folgende Behauptung auf: »In wissenschaftlichen Laboratorien unserer Universitäten ist es heutzutage längst eine bekannte Tatsache, daß der Mensch in der Lage ist, unabhängig von seinem physischen Körper zu denken, zu fühlen, zu sehen, zu hören und sich auch unabhängig von ihm fortzubewegen. (...) Der verfeinerte Körper, auch vierdimensionaler Körper genannt, kann nach Belieben erscheinen oder verschwinden, durch verschlossene Türen gehen, Botschaften übermitteln und schwere Gegenstände bewegen. Halten wir fest: Wir werden immer über Körper verfügen, bis in die Unendlichkeit. Diese Körper sind verfeinert und schwingen in einer höheren molekularen Frequenz.« Auch hier bleibt Murphy seinen Leserinnen und Lesern Angaben über die Experimente und deren wissenschaftliche Bedingungen schuldig. Es ist nicht nachvollziehbar, wie der »vierdimensionale Körper« eines positiven Denkers im Nebenraum ein Buch holt, während er sich dabei im dreidimensionalen Zustand beobachtet. Hätte Murphy das erfolgreich im Experiment bewiesen, die Aufmerksamkeit der Weltöffentlichkeit wäre ihm gewiß gewesen, der Erfolg seiner Bücher noch größer. Interessant wäre auch ein Versuch mit der sogenannten »höheren molekularen Schwingung«, die Murphy und viele Esoteriker immer wieder anführen. Man braucht kein Physiker oder Mediziner zu sein, um vorauszusehen, daß ein Mensch, der in diesen Zustand versetzt wird, die Prozedur nicht überlebt.

Auch der bekannte deutsche Esoteriker Erhard F. Freitag erklärt Krankheiten auf okkulte Weise. In seinem Bestseller »Kraftzentrale Unterbewußtsein« schreibt er, der Gehirntumor sei Ursache des falschen Denkens, der Starrköpfigkeit, der Unwilligkeit. »Alte Gedankenmuster materialisieren sich zu einem Tumor«, behauptet der Autor allen Ernstes.

Murphy befaßte sich auch mit der Bilokation. Darunter versteht man die angebliche Fähigkeit, den Astralkörper vom »grob-stofflichen« Körper zu trennen und an einen beliebigen Ort zu schicken. Im Gegensatz zu anderen Medien und Spiritisten schickt Murphy nicht den Astralkörper auf Reisen, sondern »klont« quasi den »grobstofflichen Leib« und »beamt« die Kopie ans andere Ende der Welt. Er behauptet, medial begabte Personen könnten mit Hilfe gedanklicher Kraft und der außersinnlichen Wahrnehmung ein »Duplikat« ihrer selbst herstellen und beliebig verschicken.

Murphy versucht, dieses Phänomen mit einem Beispiel zu beweisen. Eine junge Frau aus Honolulu suchte ihren Vater, der die Familie verlassen hatte, als sie ein kleines Kind war. Sie glaubte Murphy, daß sie über einen vierdimensionalen Körper verfüge. Sie programmierte ihr Unterbewußtes wochenlang mit der »Bejahung«: »Du weißt, wo mein Vater zu finden ist.« Eines Abends fand sie sich unmittelbar nach dem Einschlafen in einem Hotelzimmer in Sydney, wo sie ihren Vater traf. »Ich verfügte über einen richtigen Körper, der genau dem glich, den ich auf dem Bett in Honolulu zurückgelassen hatte«, sagte die Frau.

Solche Astralreisen sind laut Murphy sogar auf andere Planeten möglich. Mit den dort herrschenden Lebensbedingungen würde der Körper fertig werden, weissagt er: »Das allweise, allwissende Lebensprinzip als alleinige Ursache und Substanz wird dazu einen Körper aussenden, der in jeder Weise den atmosphärischen Erfordernissen des betreffenden Planeten entspricht.« Wie angenehm: Man muß eben nur daran glauben! Beweise gibt es naturgemäß auch diesmal keine.

Immerhin unternimmt Murphy aber den Versuch, eine physikalische Erklärung für die »Anreise« des Astralkörpers zu den fernen Planeten zu liefern: »Wenn wir Eis schmelzen, wird es zu Wasser. Kochen wir das Wasser, bekommen wir Dampf, der unsichtbar werden kann. Dampf, Wasser und Eis sind jedoch ein und dasselbe, lediglich auf jeweils einer anderen molekularen Schwingungsebene wirksam. Die Funktionen und physikalischen Eigenschaften sind verschieden. Gleichermaßen sind wir Geist, Bewußtsein und Körper. Sie alle sind eins, aber jedes von ihnen hat eine separate Funktion.«

Der Vergleich des Menschen mit Wasser zeigt das Niveau von Murphys Argumentation. Wasser ist ein einfaches Molekül (H_2O), das sich im Gegensatz zur komplizierten Struktur des menschlichen Körpers in seine Bestandteile auseinanderdividieren läßt. Moleküle von Organen lassen sich nicht in höhere Schwingungen versetzen, ohne daß sie Schaden nehmen. Wer solche Vergleiche anstellt, muß sehr verblendet sein.

Und dennoch will Murphy genau das den Lesern weismachen. Der »außersinnliche Mensch«, der sich einen bestimmten Standort vergegenwärtige, entmaterialisiere seinen Körper automatisch, behauptet er. Er verändere die Form, »die sich bekanntlich aus Atomen und Molekülen zusammensetzt und die jetzt unsichtbar scheint, vergleichbar mit dem erwähnten Dampf«. Murphys Formel für die »Rückkehr« in den eigentlichen Körper lautet: »Er vermindert die erhöhte molekulare Schwingungsrate zu der eines dreidimensionalen Körpers.« So einfach ist das.

Murphy spricht mit einer Selbstverständlichkeit von der Astralwanderung und vierten Dimension, als handle es sich dabei um gesicherte und allgemein anerkannte Tatsachen. Er gibt sogar konkrete Anweisungen, wie man eine Astralreise vorbereiten solle: »Wer sich mit dem vorherrschenden Gedanken zur Ruhe legt, bei dem geliebten Menschen zu sein, dessen Unterbewußtsein wird entsprechend programmiert und findet sich auf einer außerirdischen Exkursion an dem gewünschten Standort wieder.« Es passiert also von selbst, oder man hat sein Bewußtsein nicht richtig »programmiert«. Menschen, die an die Möglichkeit von Astralreisen glauben, müssen also immer tiefer in Murphys okkulte Welt und Riten eintauchen, um den vermeintlichen Erfolg zu erreichen.

Eine weitere Anwendung der »außersinnlichen Wahrnehmung« schildert Murphy am Beispiel eines Kriminalbeamten, der bei der

Aufdeckung eines Verbrechens wochenlang im Dunkeln tappte und mit Hilfe des Visualisierens und der Astralreise die Räuber angeblich in einem Hotelzimmer ortete. Den überraschenden Fahndungserfolg erklärte der Kriminalbeamte seinen Chefs mit dem Hinweis, er habe einen Tip bekommen. Murphy dazu: »Hätte er seinen Vorgesetzten von seiner außersinnlichen Reise erzählt, dann würden sie ihm wahrscheinlich eine psychiatrische Behandlung empfohlen haben.«

Murphy ist sich durchaus bewußt, daß seine Ideen von der Astralreise des zweiten Körpers von Menschen, die solche übersinnlichen Phänomene hinterfragen, für Humbug gehalten werden können. Es ist deshalb erstaunlich, daß er mit seinen Spekulationen zum erfolgreichsten Esoterikautor aller Zeiten avancieren konnte. Das hat wohl mit den Sehnsüchten und ungestillten Bedürfnissen seiner Leser zu tun. Die Hoffnung auf übersinnliche Wunder ist offensichtlich stärker als ihr gesunder Menschenverstand.

Wundersame Heilungen

Wie fahrlässig Murphy mit dem Begriff der Wissenschaftlichkeit umgeht, beweist er bei einem weiteren Beispiel. Er berichtet von einem jungen Mann, der seit Tagen im Koma lag. Am Sterbebett betete dessen Vater laut, Jesus sei jetzt hier anwesend und werde ihn heilen. Nach zehn Minuten erwachte der Sohn aus dem Koma und erzählte seinem Vater, Jesus sei hier gewesen und habe ihm gesagt, er sei geheilt. »Das Ganze wird wissenschaftlich als subjektive Halluzination bezeichnet«, doziert Murphy. Und er interpretiert die »wissenschaftlichen« Halluzinationen in »außersinnliche Wahrnehmungen« um.

Mit seinen Geschichten von wundersamen Heilungen weckt Murphy bei schwer kranken Patienten und behinderten Menschen fatale Sehnsüchte. Murphy erklärt in »ASW« simpel: »Jeder Krüppel kann geheilt werden, jeder Taube wieder hören.« Die »Wunder« werden natürlich nicht mit medizinischer Hilfe bewirkt, sondern mit dem Unbewußten oder der »außersinnlichen Wahrnehmung«. »Ich selbst wurde Zeuge, wie die Macht des Unterbewußtseins Siechen und Krüppeln wieder völlige Genesung und die alte Kraft der Glieder schenkte, so daß sie von neuem in die Welt hinausschreiten konnten und Glück und Erfolg ernteten«, schreibt er. Bewiesen ist aber nichts.

Murphy meint sogar, Heilung könne über eine Distanz von 10 000 Kilometern bewirkt werden. Seiner Schwester, die sich in England einer Gallenblasenoperation unterziehen mußte, schickte er positive Gedanken in Form eines Gebets. »Die heilbringende Weisheit ihres Unterbewußtseins, die ihren Körper schuf, verwandelt in diesem Augenblick jede Zelle, jeden Nerv, jedes Gewebe, jeden Muskel und jeden Knochen und bringt jedes Atom ihres Organismus wieder in Übereinstimmung mit dem vollkommenen Muster und Vorbild, das in ihrem Unterbewußtsein aufbewahrt ist.« Murphys Schwester baute aber nicht auf das Gebet ihres Bruders, sondern ließ sich von Chirurgen operieren. Ihre Genesung ist alles andere als eine spirituelle Heilung.

Die Leugnung des Todes

Murphy schildert die phantastischen Fallbeispiele bewußt sachlich, um den Eindruck zu erwecken, es handle sich bei den wundersamen Phänomenen um Selbstverständlichkeiten. Mit der Zeit klingen die Beispiele so natürlich, daß man sie unbewußt verinnerlicht und glaubt. Mit den vielen Wiederholungen erzielt Murphy eine effektvolle Suggestivwirkung. Er geht sogar so weit, anklingen zu lassen, mit Hilfe seiner Methode ließe sich der Tod besiegen: »Das Tiefenbewußtsein ist jederzeit in der Lage, Suggestionen entgegenzunehmen und daraufhin tätig zu werden. In gewisser Weise läßt sich dieses Geschehnis als Auferstehung von den

Toten bezeichnen.« Diese Erweckungstheorie handelt Murphy auf lediglich sieben Zeilen ab. Als Leser wartet man vergeblich auf plausible Erklärungen oder gar Beweise – es gibt sie eben nicht.

Wie viele Spiritisten verdrängt auch Murphy den Tod. Dieser ist für ihn nur der Übergang in eine andere Dimension oder ein weiterer Entwicklungsschritt, ein freudiges Ereignis, wie das Bestehen einer Prüfung. Und der Autor beruhigt die Hinterbliebenen: »Ihre sogenannten toten Angehörigen sind überall um Sie herum, und Sie sollten daher aufhören zu glauben, sie seien tot und vergangen.« Murphys Trost für die Sterbenden: Diese könnten, sooft sie wollten, zu den Angehörigen zurückkommen und sich zu ihnen an den Mittagstisch setzen.

Der positive Denker schildert in diesem Zusammenhang eine eigene außersinnliche Wahrnehmung. Eines Tages sei seine Schwester, die in England lebte, unangemeldet in sein Haus geplatzt. Murphy fragte sie, weshalb sie ihren Besuch nicht angekündigt habe. Die Lösung des Rätsels: Sie war soeben gestorben und besuchte ihn zum Abschied in der vierdimensionalen Form. »Sie hatte einen Körper und trug ihre Ordenstracht und den Rosenkranz«, schreibt Murphy in »ASW«.

Murphy würde den Tod am liebsten aus seinem Vokabular streichen, weil er negative Assoziationen weckt. Deshalb spricht er konsequent vom »sogenannten Tod«. Er demonstriert damit einmal mehr, wie er permanent versucht, eine heile übersinnliche Welt zu schaffen und die Realität zu verdrängen. Er flieht wie viele Esoteriker in eine spirituelle Scheinwelt, in der es kein Leiden, keine Grenzen und keine Frustrationen gibt. Dort herrschen immerwährende Freude und Harmonie. Weil es dies in der realen Welt nicht gibt, wird das Bewußtsein manipuliert, bis es die Widersprüche nicht mehr wahrnimmt. Das geht so weit, daß Murphy nicht einmal den Tod als unausweichliche Tatsache des Lebens akzeptiert.

Wahrscheinlich hat Murphy das Grab seiner Schwester nie besucht, denn: »Niemand ist irgendwo begraben, weder in der Erde noch weit von der Heimat.« Begraben sei lediglich der abgelegte Körper, der der Auflösung unterworfen sei. »Moderne wissenschaftliche Denker besuchen niemals Gräber, weil einfach niemand dort ist«, schreibt Murphy, wahrscheinlich in Anspielung auf sich selbst. Welche anderen »Wissenschaftler« er meint, sagt er jedenfalls nicht.

Gräber nicht zu besuchen, hat für Murphy einen konkreten Grund: »Sich mit einem Körper im Grab zu identifizieren und das Grab zu schmücken heißt, sich mit Begrenzung und Endgültigkeit zu identifizieren, und das bewirkt letztlich Leiden und alle Arten von Verlust für denjenigen, der die Gebräuche pflegt.«

Hier geht es wieder um die Unterdrückung von Gefühlen. Lieber vermeidet Murphy den Anblick des Grabes und deutet den Tod um, als daß er sich seiner Trauer über den endgültigen Verlust stellt. Trauer darf nicht sein, denn für Murphy ist sie »negativ«. Die Bedeutung von Trauerarbeit, die auch beim Begräbnis zum Ausdruck kommt und eine wichtige Funktion bei der Verarbeitung von Todesfällen hat, erkennt er nicht. Er dreht den Spieß um, leugnet den Tod und verdrängt damit die Realität und die Gefühle. So kommt sein Bild von der ungetrübten Harmonie nicht ins Wanken.

Murphys positives Denken ist ein einziger Akt der Verdrängung und kann zu einer Konditionierung des Bewußtseins führen. Negative Gedanken dürfen einfach nicht sein und werden nicht zugelassen. Lieber wird die Wahrnehmung bestritten und die Realität geleugnet, als sich mit Angst, Trauer und Frustration auseinanderzusetzen. Daß Gefühle, die unterdrückt werden, nur um so stärker wieder hervorbrechen, will Murphy nicht wahrhaben. Wirklich frei ist aber nur, wer auch vor »negativen« Gedanken und Gefühlen keine Angst hat. Nur wer alle zum Leben gehörenden Aspekte zuläßt, kann lernen, mit ihnen umzugehen und das Bewußtsein zu erweitern.

Kapitel 7
Die Gefahren des positiven Denkens

Der Glaube an die Wunderkräfte des positiven Denkens hat seinen Preis. Positive Denker handeln sich nicht selten psychische Irritationen ein, wie der Psychotherapeut Dr. Günter Scheich aus seiner Praxis weiß. Immer häufiger meldeten sich bei ihm Klienten, die sich mit Hilfe des positiven Denkens selbst therapieren wollten und sich dabei immer tiefer in Widersprüche verstrickten. Deshalb befaßte er sich intensiv mit der Methode und hielt seine Erkenntnisse in einem Buch fest. Sein Fazit nimmt er im Titel vorweg: »Positives Denken macht krank.« Und auch der Untertitel macht deutlich, was er von der Methode hält: »Vom Schwindel mit gefährlichen Erfolgsversprechen«.

Die Anhänger des positiven Denkens gehen von falschen Grundannahmen aus. Es ist unmöglich, allein durch eine Umstellung des Denkens seine Psyche zu beeinflussen. Dem Gedanken wird unbegrenzte Macht eingeräumt. Die Gedanken sind aber nur ein Aspekt von vielen, die das psychische Befinden eines Menschen ausmachen.

Scheich wirft den Verfechtern des positiven Denkens vor, daß sie die Kriterien, an denen der Erfolg ihrer Methode meßbar wäre, nicht definieren würden. Die Wirkung ist deshalb nicht objektiv überprüfbar. Es gibt weder dokumentierte Fallbeispiele noch Langzeitbeobachtungen.

Ein Kernproblem des positiven Denkens muß in den angestrebten Zielen gesucht werden: ein vollkommen angstfreies Leben, ewige Harmonie, absolute Gesundheit und Reichtum sind unerreichbare und unreife Ziele. »Nur unreife Menschen können erwarten, solche paradiesischen Zustände wirklich erreichen zu können«, resümiert Scheich. Die komplexe Realität wird auf einfache Denkmuster reduziert, das positive Denken zur Heilslehre gemacht. Naiver Optimismus schadet mehr, als er nützt. Schon mancher hat sich psychische Probleme eingehandelt, weil er nach der Methode des positiven Denkens geglaubt hat, seine Probleme ließen sich allein mit der Kraft der Gedanken lösen. Der Psychotherapeut beurteilt das positive Denken als ausgesprochen totalitäre Methode, als Zwang, optimistisch zu denken. Es handle sich um die »Diktatur der Ideale und des Erfolgs, des Reichtums, der Schönheit und des Könnens, des Gewinnens, des Gutseinmüssens – hier haben wir eine Welt, wie George Orwell sie beschrieben hat, vor Augen«, schreibt Scheich.

Der Psychotherapeut befaßt sich auch eingehend mit Joseph Murphy. Scheich kritisiert nicht nur dessen Methode des positiven Denkens, sondern läßt auch die von Murphy propagierte Gabe des Hellsehens, Hellhörens, der Bilokation und der Astralreise nicht gelten. Seine medizinischen und neuromedizinischen Erklärungen sind für Scheich ein »gepflegtes Halbwissen«, das bestenfalls Laien zu beeindrucken vermöge, mit wissenschaftlichen Erkenntnissen aber nichts zu tun habe. Er wirft Murphy vor, er vermenge Erkenntnisse der Naturwissenschaft, der Religion, der Psychologie, der Psychotherapie und der Medizin mit Bibelexegese, um daraus seine eigene »höhere Wahrheit« zu mixen. Es stimme nachdenklich, daß ein Buch, das solche »Wahrheiten« verbreite, allein in Deutschland über zwei Millionen Leser gefunden habe.

Für weniger gefährlich hält Scheich Norman Vincent Peale (1898–1984), den zweiten US-amerikanischen Begründer des positiven Denkens (siehe Kapitel 6). Dieser relativiere die Methode und schränke die Erfolgsversprechen ein. Allerdings vermische Peale das positive Denken mit der christlichen Heilslehre. Er verknüpfe seinen Glauben auf unerträgliche, ja blasphemische Weise mit beruflichem und wirtschaftlichem Erfolg. Tatsächlich verdiente sich Pfarrer Peale mit seinen narzißtischen Ideen eine goldene Nase. Einzelne Bücher erreichten Auflagen von 25 Millionen Exemplaren. Kein anderer Guru des positiven Denkens vertritt eine so naive Kapitalismusgläubigkeit wie Peale. Große Gedanken, so eine von Peales Thesen, würden einen Mann über sich hinaus heben und zum Erfolg führen. Daß auch Männer wie Napoleon und Hitler »große Gedanken« gehabt und damit viele Menschen in den Tod getrieben haben, vergißt Peale dabei.

Scheich thematisiert in seinem Buch auch Dale Carnegie (1888–1955), doch er stellt den amerikanischen Autor nicht in eine Linie mit Murphy und Peale, weil Carnegie sich wohltuend von den missionarischen Eiferern Murphy und Peale abhebe. Allerdings ist Scheich überzeugt, daß die Denkmodelle von Carnegie ebenfalls in der Tradition des positiven Denkens stehen. Den beispiellosen Erfolg haben aber die drei amerikanischen Autoren gemeinsam. Carnegies Hauptwerk »Sorge dich nicht – lebe!« war auch in den 90er Jahren noch in den Bestsellerlisten Deutschlands, wo stolze 2,5 Millionen Exemplare verkauft wurden. Auch sein zweites Erfolgsbuch »Wie man Freunde gewinnt« brachte es auf fast zwei Millionen Exemplare allein in Deutschland. Entsprechend erfolgreich sind auch die Carnegie-Seminare und -Trainings, die vor allem von Managern und Geschäftsleuten besucht werden. Dabei lehren sie, wie man wirkungsvoll auftritt und Produkte verkauft.

Scheich betont, daß Carnegie nicht nur an die Macht der Worte und Gedanken glaube, sondern auch konkrete Handlungsanweisungen, Strategien und Techniken zur Erreichung der Ziele vermittle. Jedenfalls ist Carnegie realitätsbezogener und mit seinen Versprechen vorsichtiger. Trotzdem kommt Scheich nicht um die Aussage herum: »Carnegie verspricht letztlich eben doch Wunder.« Tatsächlich erklärt Carnegie, Krebskranke im letzten Stadium würden durch das Lesen einer Bibelstelle geheilt, Herzkranke sich auf dem Sterbebett des positiven Denkens besinnen (»Akzeptiere das Schlimmste«) und auf wundersame Weise genesen. Kritisch hinterfragt werden muß allerdings Carnegies Strategie, sich bei Problemen die schlimmsten Konsequenzen auszumalen.

Hart ins Gericht geht Scheich dann wieder mit einem weiteren positiven Denker, dem Münchner Heilpraktiker Erhard F. Freitag. Dieser mißt ebenfalls den Gedanken die alles entscheidende Kraft bei. »Gedanken sind lebendige Wesen, die nach Realisation, Materialisation streben«, behauptet Freitag in seinem Hauptwerk »Kraftzentrale Unterbewußtsein«. Dem positiven Denken wird eine geradezu unheimliche Macht zugeschrieben. »Alles Positive läßt sich verwirklichen. – Ich sagte tatsächlich: alles!« schreibt Freitag.

So verwundert es nicht, wenn Freitag auch körperliche Heilungen durch positives Denken verspricht. Er empfahl beispielsweise einem Diabetiker, sich das Zusammenspiel seiner Organe vorzustellen, in das sich die Bauchspeicheldrüse wieder eingliedern müsse. »Alle Organe bedanken sich bei der Bauchspeicheldrüse, sie gehen ganz im Miteinander auf, und ein tiefes, entspanntes Harmoniegefühl durchströmt anschließend den Körper, das der Übende als Bestätigung seiner vollen Gesundung empfindet«, schreibt er in »Kraftzentrale Unterbewußtsein«. Der Mann ist Heilpraktiker und müßte es eigentlich besser wissen. Er weckt nicht nur bei Kranken irreale Hoffnungen, denn die Chance, allein durch den eigenen Glauben geheilt zu werden, ist absolut gering. Er gaukelt auch einen medizinischen Unsinn vor, der ernsthaft kranke Diabetiker gesundheitlich gefährden kann, wenn sie deswegen ihre Medikamente absetzen.

Wie Murphy behauptet auch Freitag, niemand müsse in diesem Leben auch nur das Geringste befürchten, wenn er in sich ruhe und durch positives Denken und Handeln den Kontakt zu seiner »göttlichen Quelle« aufrechterhalte. Scheich bezeichnet ein solches Leben in ewigem Glück und Reichtum als lethargisches Dahinvegetieren. Was bei den positiven Denkern in hochtrabenden Gedanken und gedrechselten Formulierungen daherkommt, läßt sich auf eine simple Aussage reduzieren: Ersetzt die schlechten Gedanken durch gute, und ihr werdet unsterblich, reich, gesund und glücklich.

Freitag empfiehlt deshalb seinen Lesern: »Beginnen Sie sofort damit, Ihre Gedanken einer gewissen Kontrolle zu unterziehen.« Negative Überlegungen und alle Zweifel müssen verbannt werden. Solche Aussagen erinnern an Psychosekten. Freitag zitiert denn auch L. Ron Hubbard, den Begründer von Scientology, mit dem Satz: »Alles Glück, das du findest, liegt in dir.« Norman Vincent Peale verlangt die »radikale Säuberung des Geistes von veralteten, ungesunden und toten Gedanken«. Scheich kritisiert diese Kontrolle der Gedanken: »In der Konsequenz ist dies ein Versuch der Gehirnwäsche. Denn im Grunde genommen wird der Leser seiner Identität beraubt.« Aber Anhängern der Methode fällt es schwer, das zu erkennen. Ihre Sehnsucht nach Glück ist zu groß, um die esoterischen »Wahrheiten« vorurteilslos prüfen zu können: Sie müßten Abschied nehmen von ihrer Hoffnung auf ein »Paradies« und sich wieder mit der komplexen Realität auseinandersetzen. Aber Kritik oder kritisches Denken wird von den Gurus der Methode als »negativ« bewertet, weshalb sich die Anhänger abgewöhnt haben, grundsätzliche Fragen zu stellen. Zweifel und Bedenken werden einfach verdrängt – bedingungsloser optimistischer Glaube ist gefordert. Den Anhängern der Methode wird eingeredet, das positive Denken sei ein Geheimwissen für Eingeweihte und Auserwählte. Würde das positive Denken aber funktionieren, hätte sich die Methode längst durchgesetzt.

Gefährlich kann das positive Denken für Menschen mit lebensbedrohlichen Krankheiten werden, die sich selbst therapieren. Daß Menschen sterben, weil sie sich mit der Methode der Autosuggestion heilen wollen und deshalb zu spät ärztliche Hilfe in Anspruch nehmen, scheint die positiven Denker nicht zu interessieren. Aber auch psychisch belastete Menschen glauben, sie könnten sich selbst therapieren. Dabei mißachten sie die Grunderfahrung, daß sich kaum jemand selbst von Neurosen und Psychosen befreien kann.

Für positive Denker funktioniert die Psyche wie ein Computer, den man beliebig umprogrammieren kann. Doch das Unbewußte löscht keine Eindrücke, es gibt keine »Delete-Taste«. Verräterisch sind auch die materiellen Sehnsüchte, die die positiven Vordenker fördern. Als sei die materielle Bedürfnisbefriedigung das höchste Ziel menschlicher Entwicklung. Erstaunlicherweise sucht man bei positiven Denkern meist vergeblich nach ideellen oder sozialen Zielen. Sie glauben vielmehr, die Glücksmomente konservieren zu können.

Das positive Denken propagiert den Sieg der Stärkeren über die Schwächeren. Wer schwach ist, krank oder hilfsbedürftig, hat das Leben nicht richtig angepackt. Das grenzenlose Ausleben persönlicher Bedürfnisse ist sozialer Sprengstoff in einer Gesellschaft, die Effizienz, Reichtum und Macht hoch bewertet.

Die positiven Denker passen die Realität oft ihren Illusionen an und laufen Gefahr, in einer geistigen Kunstwelt zu leben, die nicht ansatzweise jener Realität entspricht, wie wir sie täglich durch unsere Sinne erfahren. Die positiven Denker laufen in ihrer geistigen Verblendung Gefahr, Realitätsverluste und Wahrnehmungsverschiebungen zu erleiden.

Besonders fatal wirkt sich aus, daß die Anhänger die Mißerfolge nicht bei der Methode suchen, sondern bei sich selbst. Sie glauben, nur bei ihnen funktioniere das Wundermittel nicht, weil ihre Gedanken und geistigen Kräfte nicht ausreichen, um auf die materielle Welt einwirken zu können. Das bricht dann auch noch ihr Selbstwertgefühl. Und genau dies bräuchten sie in dieser Situation dringend, um Murphy und Co. auf die Anklagebank zu setzen und sich von der autosuggestiven Zwangsmethode zu befreien.

Kapitel 8
Im Bann von Rückführungen und Karmaglaube

Die Idee der Wiedergeburt (Reinkarnation) und die Karmatheorie faszinieren nicht nur Esoteriker, sondern auch viele Intellektuelle. Die Reinkarnationsideen der fernöstlichen Religionen und Philosophien stießen in den 70er Jahren bei vielen spirituellen Suchern im Westen auf großes Interesse. Die Karmalehre, wie sie die Esoteriker heute interpretieren, besagt, daß wir im aktuellen Leben die »Quittung« für alle Handlungen in früheren Leben bekommen. Wer ein gutes Leben führte, wird im nächsten Leben belohnt, wer sich mit schlechten Taten karmisch belastet hat, steigt in der Hierarchie des Seins ab und muß mit Schicksalsschlägen rechnen.

Der Glaube an die Reinkarnation vermittelt die vermeintliche Gewißheit, daß der Tod nicht das Ende im Diesseits markiert, sondern es danach einen Neuanfang gibt. Die fernöstlichen Heilstheorien sind in der individualisierten abendländischen Kultur ein wirksames Mittel gegen die Angst vor dem Sterben und dem Tod. Einerseits verdrängen die radikalen Strömungen der Esoterik den körperlichen Tod, andererseits wird der »spirituelle Tod« mystifiziert, oft verbunden mit einer Todesverherrlichung.

Mit den alten Wiedergeburts- und Karmatheorien im Hinduismus und Buddhismus, auf die sich Esoteriker gern berufen, hat ihre Karmalehre nur noch wenig zu tun. Im Hinduismus ist die Wiedergeburtstheorie ein wichtiger Bestandteil des Fatalismus. Wer in Armut oder in einer tiefen Kaste lebt, akzeptiert das Schicksal mit der Überzeugung, in einem späteren Leben für Geduld und Langmut belohnt zu werden. Deshalb versuchen gläubige Hindus nicht, in eine höhere Kaste aufzusteigen.

Mit Bestrafung für böse oder Belohnung für gute Taten hat das nichts zu tun. Karma bedeutet die Vorstellung vom Nicht-Handeln. Aktivität gilt es unter allen Umständen zu vermeiden. Die Hindus müssen das Schicksal akzeptieren, das sie in diese Welt geworfen hat. In den altindischen Schriften steht nichts davon, daß wir im nächsten Leben für die guten Taten belohnt würden. Dieses moralische Versatzstück entspringt westlicher Denkweise. »Ernten« wird nach hinduistischer Denkweise im nächsten Leben vielmehr, wer das Schicksal stoisch erträgt, sich nicht gegen Armut oder Krankheit auflehnt und nicht gegen seine Bestimmung handelt. »Gutes Karma« erreicht, wer den Drang zum Handeln unterdrückt.

Die Idee von der Wiedergeburt ist nach hinduistischer Lehre eher eine Last. Die Gläubigen wollen eigentlich die körperliche Gebundenheit überwinden und nicht mehr wiedergeboren werden. Sie streben die Überwindung dieses Kreislaufes an und möchten ihre Seele, die sich seit Urzeiten körperlich gebunden auf der Erde abmüht, befreien. Das eigentliche Ziel des Lebens ist, der Wiedergeburt zu entkommen. So will denn auch das klassische Yoga die Seele vom Körper lösen und die geistige Befreiung bewirken.

Die ursprüngliche Karmatheorie bewirkt eine fatalistische Lebenseinstellung und ist ein wirksames Herrschaftsinstrument. Sie stellt sicher, daß die unterdrückten Massen ihr Schicksal widerspruchslos ertragen und nicht gegen Ungerechtigkeiten und Unterdrückung rebellieren.

Die Theosophen haben am Ende des 19. Jahrhunderts die fernöstliche Reinkarnationslehre uminterpretiert und die Idee von der karmischen Belastung, die in einem späteren Leben abgetragen werden muß, hinzugefügt (siehe Kapitel 4). Die Theorie von der Karmareinigung hat die moderne Esoterik weitgehend übernommen.

Die Auslegung der Karmalehre durch die moderne Esoterik entspricht westlicher Mentalität. Es geht meist darum, Existenzängste zu überwinden und die Hoffnung auf Verwirklichung des

»höheren Bewußtseins« und der Transformation nähren zu können. Viele Esoteriker benutzen die Reinkarnationsidee in erster Linie dazu, die Idee von der Selbstverwirklichung und der Entwicklung des »höheren Selbst« zu kultivieren. Sie glauben, das »höhere Bewußtsein« im Diesseits zu erreichen oder ihm von Leben zu Leben näher zu kommen. Für sie ist die Wiedergeburts- und Karmatheorie ein Erlösungsrezept, das gleichzeitig hilft, den Tod zu verdrängen. Die Interpretation der Theosophie und modernen Esoterik steht dem eigentlichen Karmaprinzip diametral entgegen.

Etliche Esoteriker versuchen die Verfälschung der fernöstlichen Karmalehre sogar mit der Bibel in der Hand zu rechtfertigen. Sie behaupten, die ursprüngliche christliche Heilslehre sei ebenfalls von der Wiedergeburt ausgegangen. Deshalb zitieren diese spirituellen Sucher gern den Apostel Paulus, der in Galater 6,7 sagt: »Was der Mensch sät, wird er ernten.« Esoteriker interpretieren den Bibelspruch großzügig um und behaupten, Paulus bringe damit zum Ausdruck, daß wir im nächsten Leben für die Taten belohnt oder bestraft würden, die wir im aktuellen begangen haben. Es ist bezeichnend für den fahrlässigen Umgang vieler Esoteriker mit spirituellen Fragen, daß sie solche Aussagen aus dem Zusammenhang reißen und falsch auslegen. Mit der Karmalehre hat das Zitat des Apostels nichts zu tun. Es ist auch sicherlich kein Hinweis dafür, daß sich die christliche Lehre auf die Wiedergeburtstheorie bezogen haben soll. Anhänger dieser Auslegung wollen damit eine geistige Verwandtschaft von Hinduismus und Christentum konstruieren, um Christen für das esoterische Gedankengut zu begeistern.

Die Wiedergeburtstheorie ist für viele spirituelle Sucher aus dem Westen der Türöffner in die Welt des Übersinnlichen. Verschiedene Umfragen haben ergeben, daß bis zu einem Drittel der Katholiken an die Wiedergeburt glauben, obwohl sich christliche Lehre und Reinkarnationslehre ausschließen. Sie rechtfertigen ihren religiösen Spagat mit dem simplen Argument, Jesus selbst habe an die Wiedergeburt geglaubt. Außerdem sei die Idee ursprünglich in der Bibel enthalten gewesen, vom Konzil zu Konstantinopel im 6. Jahrhundert aber aus dem Buch der Bücher gekippt worden. Dies ist ein Mythos, denn im 6. Jahrhundert existierten bereits zahlreiche Bibel-Abschriften, die teilweise heute noch erhalten sind. In ihnen findet sich kein Hinweis auf eine Wiedergeburtstheorie. Ganz abgesehen davon, daß alle Teile der Bibel keine Zweifel offenlassen, daß auf das irdische Leben ein jenseitiges folgt. Es ist zwar richtig, daß die Reinkarnation auch im frühesten Christentum ein bekanntes Phänomen war, allerdings in einer anderen Form. Damals sei es um eine religiöse Wiedergeburt im Sinne einer Übertragung des Geistes und der Kraft Jesu Christi auf die einzelnen Christen gegangen und nicht darum, mehrere Leben zu führen, erklärte dazu der Heidelberger Theologe Klaus Berger.

Für viele Esoteriker sind jedoch die eigenen spirituellen Erfahrungen der beste »Beweis« für die Wiedergeburt. Bei sogenannten Rückführungen begegnen sie ihren früheren Identitäten und sehen sich als Tempelritter im Mittelalter oder als Kleopatra. Nach solchen »Selbsterfahrungen« können sie kritische Argumente nicht mehr verunsichern. Dann deckt sich das »geheime Wissen« mit den übersinnlichen Erlebnissen, und die Hoffnung verwandelt sich in Überzeugung. Nachweisbar ist eine frühere Existenz natürlich nicht. Trotz aller angeblicher »Beweise« ist und bleibt die Vorstellung von der Reinkarnation ein Glaube.

Einer der populärsten »Forscher« auf diesem Gebiet ist Professor Ian Stevenson von der Virginia Universität in den USA. Er erklärte, niemanden von der Reinkarnation überzeugen zu wollen, doch er erhebe den Anspruch, »daß es nicht mehr länger fair ist zu sagen, es gäbe keine wissenschaftlichen Belege«. Eigenartig mutet nur schon der Umstand an, daß ein Wissenschaftler von Fairness spricht. Für Stevenson sind bei der Beweisführung zwei Fragen entscheidend:

»1. Finden wir in unserer Psyche Erfahrungen aus früheren Leben, die so aussehen, sich so anfühlen und sich so verhalten wie echte Erinnerungen?

2. Gelingt es, zumindest für einige dieser Erfahrungen, von uns unabhängige Bestätigungen beizuziehen?«

Psychische Erfahrungen als wissenschaftliche Beweise zu betrachten, ist aber sehr umstritten. Die Psyche oder das Unbewußte können auch Urheber von Sinnestäuschungen und Wahrnehmungsverschiebungen sein. Stevenson hat wie viele Verfechter der Reinkarnationstheorie Fallbeispiele von angeblichen Rückerinnerungen gesammelt und »untersucht«. Dabei stellt sich das Problem, daß er sich auf die subjektiven Wahrnehmungen und Empfindungen stützen muß. Erkenntnisse über die Wiedergeburt, die Beweiskraft besitzen, konnten bis heute nicht beigebracht werden.

Bücher mit solchen angeblichen Reinkarnationserlebnissen füllen Regale. Ein Beispiel liefert »Das Buch von der Wiedergeburt« von Christopher M. Bache.

Hauptperson in dieser Reinkarnationsgeschichte ist das 1977 geborene Mädchen Romy Rees aus Des Moins, Iowa, das seine Eltern schon als Kleinkind mit verblüffenden Erzählungen über sein früheres Leben überrascht haben soll. Romy behauptete, im letzten Leben Joe Williams gewesen zu sein und in Charles City gelebt zu haben. Seine Frau, mit der er (respektive Romy) drei Kinder gehabt haben will, hieße Sheila. Joe und Sheila kamen bei einem Motorradunfall ums Leben. Diese Geschichte aus ihrem früheren Leben als Joe erzählte die kleine Romy angeblich schon als dreijähriges Kind. Als das Mädchen vier Jahre alt war, besuchte es zusammen mit seinen Eltern und dem schwedischen Reinkarnationsspezialisten Hemendra Banerjee Charles City, um die Spuren von Romys früherem Leben aufzunehmen. Sie fanden die Mutter von Joe, respektive Romy, die angeblich bestätigte, daß ihr Sohn und die Schwiegertochter bei einem Motorradunfall 1975 ums Leben gekommen seien.

Dieses Beispiel einer Rückerinnerung klingt spektakulär, erfüllt aber ebenfalls keine wissenschaftlichen Kriterien. Unglaubwürdig ist allein schon, daß ein dreijähriges Kind solche komplizierten Sachverhalte und Verwandtschaftsbeziehungen präzise beschreiben kann. Würden sich außerdem die Seelen wie bei Romy bereits nach zwei Jahren inkarnieren und könnten sie sich an das vergangene Leben erinnern, käme es laufend zu Begegnungen mit alten Bekannten und zu Konfusionen.

Rückführungen dienen in der Esoterik vor allem »therapeutischen« Zwecken. Esoteriker wandern mit Hilfe eines Reinkarnationstherapeuten in die Vergangenheit, um herauszufinden, wer sie früher waren und was sie damals erlebt hatten. Dahinter steht der Glaube, daß Erlebnisse aus früheren Inkarnationen unser Verhalten prägen und psychische oder körperliche Probleme bewirken können. Esoteriker versprechen sich von den Rückführungen einen therapeutischen Effekt. Sie glauben, daß viele psychosomatische Beschwerden wie chronische Schmerzen, Allergien und Organschwächen Ausdruck von Belastungen aus früheren Leben sind. Auch die Ursachen psychischer Probleme wie Ängste und Schuldgefühle suchen sie in der Vergangenheit. Haben sie bei Rückführungen den angeblichen Ursprung der Schwierigkeiten erkannt, lösen sich die Krankheitssymptome sofort auf, sind Esoteriker überzeugt.

Für solche Rückführungen gibt es verschiedene Techniken. Die Therapeuten arbeiten mit trance- oder hypnoseähnlichen Methoden, oder sie fordern ihre Klienten auf, sich mit Hilfe der geistigen Versenkung oder Meditation auf frühere Leben zu konzentrieren. Der Trancezustand wird oft auch durch hyperventilierendes Atmen herbeigeführt. Allen Methoden ist gemeinsam, daß die Klienten innere Bilder und Gedanken, die sie mit früheren Leben in Zusammenhang bringen, assoziieren und mitteilen. Oft stellt der Therapeut ein Thema in den Mittelpunkt der Sitzung, oder er gibt dem Klienten ein Stichwort, das eine wichtige Rolle in seinem aktuellen Leben spielt und das versteckte Konflikte aus einem früheren Leben vermuten läßt. Nicht selten geben auch gegenwärtige psychische, spirituelle oder körperliche Probleme Anlaß für eine Reinkarnationstherapie.

Skeptiker glauben, daß die »Erlebnisse« bei Rückführungen ähnlich wie bei Wachträumen das Produkt unbewußter Prozesse sind und nichts mit früheren Leben zu tun haben. Das können Halluzinationen, Einbildungen, Wachträume oder tagtraumähnliche Bilder sein. Selbst wenn die Wiedergeburt eine Tatsache wäre, würde dies nicht automatisch bedeuten, daß wir uns an die früheren Leben erinnern können.

Die Erfahrung zeigt, daß ein Großteil der Esoteriker bei ihren Rückführungen mindestens einmal eine bedeutende Persönlichkeit »waren«. Allein die Wahrscheinlichkeitsrechnung läßt Zweifel an der Echtheit des Phänomens aufkommen. Vermutlich steht dahinter der Wunsch, sich mit einer erfolgreichen, starken Persönlichkeit zu identifizieren. Und es schmeichelt dem Ego, einst eine bedeutende Figur gewesen zu sein.

Ein Beispiel: Wer sich in esoterischen Kreisen umhört, stößt auf eine Vielzahl reinkarnierter Kleopatras. Nach der Wiedergeburtstheorie ist es allerdings unmöglich, daß gleichzeitig mehrere Inkarnationen der ägyptischen Pharaonin auf der Erde wandeln. Schließlich gibt es nur eine Seele von ihr. Bis auf eine Person erliegen also alle anderen »Kleopatras« einer Sinnestäuschung. Wer hat recht? Wer war die »echte« Kleopatra? Wer hegt einen Wunschtraum? Wahrscheinlich täuschen sich alle »Kleopatras«. Die ägyptische Pharaonin verkörpert für viele Frauen einen Idealtypus. Sie war stark, intelligent, schön, mächtig und lebte im alten Ägypten, das in esoterischen Kreisen wegen seiner angeblich hoch entwickelten Spiritualität verklärt wird. Durch die Identifikation mit berühmten Figuren aus »mystischen Hochkulturen« entsteht die Hoffnung, die eigenen mystischen Fähigkeiten seien lediglich verschüttet und ließen sich mit Hilfe der Reinkarnationstherapie wieder aktivieren. Es ist offensichtlich die Sehnsucht, ebenfalls stark, schön und erfolgreich zu sein, die so manche Frau zu einer

Ex-Kleopatra macht. Deren Anzahl verstärkt jedoch den Verdacht, daß Rückführungen nur Illusion und Selbsttäuschung sind.

Kritisch zur Wiedergeburtsidee, ja selbst zu einem Leben nach dem Tod, äußert sich auch Alan Watts in seinem Buch »Die sanfte Befreiung«. Er versteht die Wiedergeburtsidee nur als Theorie und ist nicht bereit, mystische Erkenntnisse aus der Rückführungstheorie anzuerkennen. Vorsichtig äußert er sich auch zur Existenz eines Lebens nach dem Tod. Diese könne zwar nicht ausgeschlossen werden, »aber daß dies ein spirituelleres Leben als das jetzige sein soll, ist eine völlig unvernünftige Annahme«, denn wir wüßten immer noch nicht, was nach dem Tod mit uns passiere. Genausowenig, wie wir Beweise für die Existenz »übernatürlicher« Wesen hätten. »Wenn objektiv und wissenschaftlich bewiesen werden könnte, daß es ein Leben nach dem Tode und übernatürliche Wesen gibt, würde dies etwa religiös eine solche Bedeutung haben wie die Entdeckung eines neuen Kontinents, der Existenz von Leben auf dem Mars oder des Nutzens der Elektrizität.« Wissenschaftliche Erkenntnisse und sinnliche Lebenserfahrungen sind für Watts bei der spirituellen Suche also mindestens so wichtig wie mystische Erfahrungen.

Die Reinkarnationsvorstellungen lassen sich weder mit der Sinneswahrnehmung noch mit realen Erfahrungen oder wissenschaftlichen Erkenntnissen nachweisen. Wer die biologische Evolutionslehre oder die Erkenntnisse von der genetischen Entwicklung akzeptiert, muß die Reinkarnationslehre als Mythos ablehnen. Die Karmatheorie besagt, daß der Mensch seine Charaktereigenschaften von anderen Menschen aus früheren Leben erbt, mit denen er nicht verwandt ist. Die Vererbungslehre dagegen geht davon aus, daß nicht nur biologische Strukturen, sondern auch persönlichkeitsbildende Charaktereigenschaften in den Erbanlagen gespeichert sind und verwandtschaftlich vererbt werden. Der Mensch kann also nicht gleichzeitig von Genen und vom Karma geprägt sein. Entweder man glaubt der esoterischen Lehre oder der Vererbungslehre.

Rückführungen sind in Kultgruppen ein wichtiges, gelegentlich gefährliches Ritual. Ein Beispiel dafür ist die esoterisch-theosophische Gemeinschaft der Sonnentempler. Der Orden verfiel Mitte der 90er Jahre einem apokalyptischen Wahn und vollzog in mehreren Etappen einen (selbst-)mörderischen »Transit« zum Planet Sirius. Bei den Dramen fanden 84 Kultanhänger den Tod. Wie die meisten esoterischen Gruppen glaubten auch die Sonnentempler, daß alle größeren psychischen Probleme mit der Karmabelastung aus früheren Leben zu tun haben. Templermitglied Thierry Huguenin, der nur durch Zufall im Oktober 1994 dem Massaker von Salvan im Kanton Wallis entging, beschrieb in seinem Buch »Der 54.« eine solche Rückführung.

Huguenin litt unter seiner Erfolglosigkeit: »Ich war mir ganz sicher, daß mein heutiges Leid der Preis war, den ich bezahlen mußte, um für Verbrechen und Schandtaten zu büßen, die ich in meinen früheren Leben begangen hatte.« Er glaubte die Last der Vergangenheit zu spüren und suchte einen Weg, um »gegen diese teuflische Verkettung anzukämpfen«. Huguenin glaubte, mit Hilfe einer Reinkarnationstherapeutin den Code für sein verkorkstes Leben finden zu können und dann nicht mehr »blindes Opfer« zu sein. Vor der ersten Rückführung erlebte er »die Art von Erregung, wie sie ein Kind empfindet, wenn ein Zauberer die Bühne betritt«. Ein verräterisches, aber treffendes Bild. Huguenin war überzeugt, daß seine Ängste, depressiven Verstimmungen und Frustrationen mit früheren Leben zu tun hatten und daß er sie durch die Rückführung mit einem Schlag loswürde. Allein schon die freudige Erwartung einer Linderung des seelischen Schmerzes löste ein euphorisches Gefühl aus.

Bei seiner ersten Rückführung stieg Huguenin auf Anweisung der Therapeutin tief in die Vergangenheit: »›Und jetzt, Thierry, wirst du in einen Brunnenschacht hinabsteigen‹, befahl sie. ›Schließ die Augen. Stell dir diesen Brunnen vor. Kannst du ihn sehen?'« Huguenin stieg in Gedanken in den Schacht hinunter, entdeckte zwei Gänge, wählte den linken und marschierte auf einen Lichtstrahl zu. Er kam in einen Raum und entdeckte auf einem Tisch ein altes Buch. Schritte näherten sich, ein grimmiger Mönch betrat das Zimmer. »Wir sind im Mittelalter«, berichtete Huguenin der Rückführungstherapeutin. Er selbst sah sich in einem Rittergewand und hatte ein Schwert in der Hand. Er zweifelte nicht daran, daß er als mittelalterlicher Ritter Schandtaten vollbracht hatte, die sein Karma belasteten.

Jo di Mambro, der spirituelle Führer der Sonnentempler, benutzte den Glauben an die karmische Belastung, um seine Anhänger zu indoktrinieren. Er disziplinierte die Sonnentempler, indem er ihnen mit der Reinkarnationstherapie Angst und Schuldgefühle einjagte. Einer einsamen älteren Frau, die unter Depressionen litt, offenbarte er schon bei der ersten Begegnung den (angeblichen) Grund für ihre Niedergeschlagenheit: Sie sei in einem früheren Leben der berühmte Soldat gewesen, der vor 2000 Jahren mit der Lanze die Brust von Jesus Christus durchbohrt habe. Der Guru behauptete, er habe den Schlüssel zu ihrem Schicksal in ihrer Aura abgelesen. »Nicht nur, daß sie di Mambro alles verdankte, sie mußte außerdem ihr grauenhaftes Verbrechen aus einem früheren Leben sühnen«, erklärte Huguenin.

Der Kultchef setzte den Glauben an die Reinkarnation aber auch ein, um besonders devote Anhänger zu belohnen und sie in ein emotionales Schaumbad zu werfen. Erklärte di Mambro beispielsweise vor versammelter Ordensgemeinschaft, ein Kultmitglied sei früher eine bedeutende Persönlichkeit gewesen, wuchs sein Ansehen, und es fühlte sich geschmeichelt. Und er benutzte die Wiedergeburtsidee, um seine weiblichen Anhänger sexuell auszunutzen. So machte Jo di Mambro beispielsweise der attraktivsten seiner Jüngerinnen weis, sie sei in einem früheren Leben die ägyptische Pharaonin Hatschepsut gewesen. Der damals etwa 60jährige kleine, rundliche Mann reiste Anfang der 80er Jahre mit seiner jungen Templerin nach Ägypten, um im Hatschepsut-Tempel

Deir el-Bahari drei Tage lang zu meditieren. Die beiden übten sich aber anscheinend nicht nur in der spirituellen Versenkung, denn di Mambro verkündete nach der Rückkehr, die reinkarnierte ägyptische Königin werde ein Wesen gebären, das kosmischen Ursprungs sei und einen Rang wie Jesus Christus einnehmen werde.

Gefahren von Rückführungen

Werden bei einer Rückführung Versprechungen auf Heilung abgegeben, handelt der Therapeut höchst fahrlässig. Die Idee von der Reinkarnation bleibt eine Hypothese. Der Kausalzusammenhang zwischen aktuellen Problemen und der karmischen Belastung ist reine Spekulation. Der Glaube, psychische oder körperliche Schwierigkeiten hätten mit früheren Leben zu tun, verhindert einen erwachsenen, selbstbestimmten Umgang mit seelischen Problemen. Die Psychologie sieht die Ursachen von seelischen Prägungen und Störungen ausschließlich in diesem Leben. Die Untersuchungen und Erkenntnisse der Psychologie lassen die Karmatheorie esoterischer Lesart als äußerst unwahrscheinlich erscheinen.

Moderne Esoteriker, die ihr Heil in der Rückführungstherapie suchen, laufen Gefahr, ihre psychischen Probleme noch zu verstärken. Wer beispielsweise erfährt, daß er in einem früheren Leben ein Mörder war, wird die Sitzung bedrückt verlassen. Solche belastenden »Erkenntnisse« helfen sicherlich nicht, das Leben besser zu meistern. Rückführungen als »Therapie« zu bezeichnen, ist äußerst fragwürdig. Bei Depressionen oder Psychosen können spirituelle oder okkulte Rituale reines Gift sein, weil sie mit suggestiven Methoden arbeiten und unbewußte Reaktionen auslösen können, welche die psychische Krankheit verschärfen.

Zu welchen Auswüchsen eine solche Karmatheorie entarten kann, demonstrierte Martin Frischknecht, Mitglied der Interessengemeinschaft Gesundheit und ehemaliger Politiker der Rechtsaußenpartei »Schweizer Demokraten« (nicht zu verwechseln mit dem Chefredakteur der Esoterik-Zeitschrift *Spuren*, der den gleichen Namen trägt). Frischknecht erklärte in einem Vortrag Ende März 1999: »Für den Haß, den man in einem früheren Leben empfunden hat, erntet man Krebs.« (Zitiert nach der Zeitung *Zugerbieter*) Beweise gibt es dafür keine. Aber sensible, leichtgläubige Menschen kann das zusätzlich zu ihrer Krankheit noch mit Schuldgefühlen belasten.

Die Karmatheorie mit ihrem ausgeprägten Fatalismus kann eine Gleichgültigkeit, Resignation oder emotionale Regression bewirken. Wenn alles vorbestimmt ist und man die Sünden »erntet«, die ein früherer unbekannter Träger der eigenen Seele »gesät« hat, bleibt nur die Ohnmacht. Man kann sich nicht gegen das »Schicksal« wehren, weil es dem Karmaprinzip, einer »höheren Ordnung« oder den »kosmischen Gesetzen« folgt. Wer das Los nicht akzeptiert, rebelliert gegen die »universelle Wahrheit« und wird dafür im nächsten Leben erneut büßen. Im Extremfall könnten sich Menschen beispielsweise dazu entscheiden, nichts gegen Krebs zu unternehmen, sondern zu resignieren und auf den Tod zu warten.

Spirituelle Sucher, die diese Form der Karmatheorie im Alltag umsetzen, verlieren den Gestaltungswillen. Sie müssen den »höheren Gesetzen« gehorchen, sich blind dem »Schicksal« fügen und die Selbstverantwortung abgeben. Dies kann zu geistiger Abstumpfung und zu notorischem Anpassertum führen. Die Karmalehre und der Glaube an die Vorbestimmung berauben diese Esoteriker auch des Zufalls. Damit eliminieren sie eine der wichtigsten Triebfedern für das Leben. Ein Dasein ohne Zufall ist eine kolossale Verarmung. Solche spirituellen Sucher machen sich zu reinen Funktionsträgern der »kosmischen Ordnung«. Sie merzen aus, was das Menschsein ausmacht.

Echte Spiritualität will hingegen vorurteilslos ergründen, was die wahre Bestimmung des Menschen ist, auch hier auf Erden. Die Konzentration auf geistige Werte soll den spirituellen Sucher für alle Belange dieses Lebens sensibilisieren, auch für die materiellen oder »grobstofflichen«. Er soll hellwach sein und eine kindliche Neugierde und Empfindungskraft bewahren, die ihn auch im fortgeschrittenen Alter über Kleinigkeiten staunen läßt. Über diese weltliche Offenheit ist das Fenster in die kosmischen Sphären zu finden.

Mit der Karmatheorie schaffen die Esoteriker einen Widerspruch zur Selbstverantwortung, die sie selbst postulieren. Ihrer Ansicht nach übernehmen sie Verantwortung für Taten aus früheren Leben. Doch es ist äußerst fragwürdig, für »Sünden« verantwortlich zu sein, von denen man keine genauen Kenntnisse hat und auch nie sicher sein kann, ob sie nur Produkte der eigenen Phantasie sind. Ohne Einsicht ist es unmöglich und sinnlos, Verantwortung übernehmen zu wollen.

Dorothee Sölle kritisiert in ihrem Buch »Mystik und Widerstand«, daß die Karmatheorie die soziale Verantwortung zerstört: »Jede Kritik zum Beispiel der Wiedergeburtslehre, die vielfach unter dem Titel ›Gesetze des Karma‹ dazu dient, Menschen die Schuld für ihre aussichtslose soziale Lage aufzubürden, prallt an der Einheit von Guru, Gruppe und Ritualen ab. So entsteht eine realitätsflüchtige Abhängigkeit, die mit echter Mystik nichts mehr zu tun hat. Die selbstbezogene, nur im eigenen Kreis sich drehende Grüppchenmentalität fördert Entpolitisierung und Zerstörung jeder Solidarität mit dem Anderen, vor allem den Schwächeren.«

Der Glaube, für Taten einer früheren Inkarnation büßen zu müssen, kann eine lähmende Ohnmacht bewirken. Mitverantwortlich zu sein für die Sünden früherer Seelenträger widerspricht unseren Vorstellungen von der Bewußtseinsbildung und Selbstverantwortung. Letztlich trieft die Karmatheorie der modernen Esoterik von Moral. Die Schuldfrage bekommt einen übemächtigen Stellenwert. Die Hypothese von der Karmabelastung widerspricht jener Empathie und Sensibilität, welche die Esoteriker zu kultivieren vorgeben. Anteilnahme am Schicksal anderer oder gar der Versuch, andern zu helfen, sind für sie unnötig, weil ja doch alles vorbestimmt und gerecht ist. So würde Trauer um einen Angehörigen, der beispielsweise bei einem Verkehrsunfall ums Leben gekommen ist, keinen Sinn machen, weil er eben die karmische Belastung abtragen muß.

Dahlke und Dethlefsen: Alles muß akzeptiert werden

Das fatalistische Dogma der neuen Esoterik predigen auch die bekannten deutschen Esoteriker Thorwald Dethlefsen und Rüdiger Dahlke. In ihrem Standardwerk »Krankheit als Weg« behaupten die beiden Autoren, selbst Kapitalverbrechen hätten einen »höheren Grund«: »Geschieht ein Mord, so ist er Teil der Wirklichkeit und hat seinen Sinn und seinen Grund, sonst wäre er nicht geschehen. Es hat keinen Sinn, den geschehenen Mord nicht zu akzeptieren, wollen wir uns nicht gegen die Gesamtordnung stellen ... Wirklichkeit anerkennen heißt lediglich, die Daseinsberechtigung aller Dinge zu akzeptieren.«

In seinem Buch »Das Erlebnis der Wiedergeburt« bestätigt Thorwald Dethlefsen das Karmagesetz: »Am Anfang ist es für viele hart, zu erfahren, daß es für ihr Schicksal keinen Schuldigen in der Welt gibt außer sie selbst. Zum Schluß aber führt gerade diese Einsicht zu einer erlösenden Freiheit.« Doch diese »Einsicht« ist eine Illusion, weil sich das Vorkommnis dem Bewußtsein entzieht.

Diese Einstellung kann zynische, menschenverachtende Züge annehmen. So erklärte beispielsweise Glenn Hoddle, Englands ehemaliger Trainer der Fußball-Nationalmannschaft, in einem Interview mit der Zeitung *The Times* vom 30. Januar 1999, körperlich Behinderte müßten für ihre Sünden aus einem früheren Leben büßen. Hoddle zitierte als »Beweis« sogar die Bibel. Durch England ging ein Sturm der Entrüstung. Der britische Premier Tony Blair forderte den Rücktritt des Trainers. Hoddle zeigte keine

Einsicht. Drei Tage nach seiner Äußerung wurde er trotzdem als Trainer der Nationalmannschaft entlassen.

Hoddle war bereits im Sommer 1998 unter Druck geraten, als er die Wunderheilerin Eileen Drewery als offizielle Betreuerin der Mannschaft zu den Weltmeisterschaften nach Frankreich mitnahm. Obwohl die Mannschaft bereits im Viertelfinale ausschied, behauptete Hoddle, die Handauflegerin habe die Leistung der Mannschaft um 20 Prozent steigern können. Woher er weiß, daß es genau 20 Prozent waren und warum diese auf die Wunderheilerin zurückzuführen sind, erklärte er nicht.

Noch krasser ist das Beispiel einer 34jährigen Kosmetikerin aus Hannover. Bei einer Rückführungstherapie erfuhr sie, daß sie angeblich im 15. Jahrhundert einmal vergewaltigt worden sei. Als sie den Unhold näher betrachtete, erkannte sie in ihm ihren heutigen Ehemann. Sie reichte postwendend die Scheidung ein und erklärte, sie könne nicht mit ihrem Vergewaltiger zusammenleben.

Karmatheorie und Holocaust

Die Karmalehre kann sich auch fatal auf die Weltanschauung auswirken. Wie soll man beispielsweise den Wahnsinn des Krieges »karmisch« erklären? Was sagt ein Esoteriker vergewaltigten Frauen, was der leidenden Zivilbevölkerung? Haben ausgerechnet mehrere Seelen junger Frauen eines Dorfes, in dem Soldaten wüten, in früheren Leben Kapitalverbrechen verübt, für die sie nun büßen müssen? Wie läßt es sich erklären, wenn ein Schulbus in eine Schlucht stürzt und 30 Schulkinder in den Tod reißt, weil der Fahrer eingeschlafen ist? Haben sich zufällig 30 ehemalige Verbrecher in diesen Kindern inkarniert? Und wer wagt es, den Holocaust während des Zweiten Weltkrieges nach dem Karmaprinzip zu interpretieren?

Tatsächlich ist die Ermordung der sechs Millionen Juden ein besonderer »Prüfstein« für die Karmatheorie nach esoterischer Interpretation. Die Frage, wie sich deren Massenvernichtung mit dem Karmaprinzip erklären läßt, wird in esoterischen Kreisen tatsächlich immer wieder thematisiert. Zwar wagt kaum ein spiritueller Sucher laut zu sagen, daß die Juden in den Gaskammern für frühere Verbrechen sühnen mußten, doch wenn man die Karmatheorie konsequent zu Ende denkt, bedeutet es genau dies. Der bekannte deutsche Reinkarnationstherapeut Tom Hockemeyer, der sich unter dem Pseudonym Trutz Hardo einen Namen in der Esoterikszene machte, sagt genau das in seinem Buch »Jedem das Seine«. Für ihn ist der Holocaust eine kollektive karmische Reinigung. Schon der Titel »Jedem das Seine« assoziiert bewußt den Holocaust, prangte doch dieser zynische Spruch als Inschrift am Tor des Konzentrationslagers Buchenwald.

Das Buch hat romanartige Züge, Hardo selbst tritt darin als Protagonist auf. In einer Passage fragt ein fiktiver Leser, weshalb so viele Juden vergast wurden. Hardo antwortet: »Die meisten, die vergast wurden, mußten durch diesen Gewalttod noch nicht ausgeglichenes Karma abtragen. Die hatten früher andere Menschen getötet oder zugestimmt, daß andere Erdenbewohner, meist Juden und Minderheiten, mit ihren Kindern dem mordenden Mob einer blutrünstigen Menge zum Opfer fielen.« Die vergasten Juden als frühere Antisemiten – das ist eine unglaubliche Verhöhnung der KZ-Opfer.

Besagter Leser fragt weiter, weshalb auch Kinder mitvergast wurden. »Für sie kam in vielen Fällen jenes Karmagesetz nicht in Frage. Doch hatten sie sich freiwillig zur Verfügung gestellt, um ihren Eltern und Angehörigen bei dem Ausgleich des Karmas behilflich zu sein«, schreibt Hardo. Als ob die Nazis den Kindern eine Wahl gelassen hätten. Von Freiwilligkeit kann keine Rede sein. Wer sich auch nur in Ansätzen mit der Geschichte des Dritten Reichs befaßt hat, weiß das.

Wie kommt Trutz Hardo dazu, solche Wahnideen in die Welt zu setzen? Er behauptete, er habe ein Tabu brechen und das Karmaprinzip am Beispiel des Holocausts öffentlich diskutieren wollen.

Damit sollte der »Beweis« erbracht werden, daß die Karmalehre auch einem extremen Beispiel standhält. Hardo konnte sicher sein, daß ihm der Applaus in radikalen Esoterikkreisen gewiß war. Bezeichnend ist denn auch, daß eine Esoterik-Zeitschrift das Buch als »den ›mutigsten‹ Roman unseres Jahrhunderts« bezeichnete.

Trutz Hardo wurde am 4. Mai 1998 vom Schöffengericht Neuwied wegen Volksverhetzung zu einer Geldstrafe von 4000 DM verurteilt. Ein mildes Urteil. Der Staatsanwalt hatte vergeblich ein Jahr Freiheitsentzug gefordert. Die Richter verboten auch die weitere Verbreitung des Buches. In seinem Plädoyer beteuerte Hardo immer wieder, er sei kein Rassist oder Antisemit. Trotzdem wich er nicht von seiner Karmatheorie und den Aussagen im Buch ab. In einem Schreiben an das Gericht wiederholte Hardo, der Holocaust sei der »schrecklichste Karmaausgleich in der Geschichte der Menschheit«. Es sei ein bekanntes Phänomen, daß sich die Seelen oft im Kollektiv von allen karmischen Altlasten befreien würden. Hardo wörtlich: »Dieses Buch ist ein Plädoyer für die Liebe.«

Der Autor reduziert den Mord an sechs Millionen auf den vermeintlich harmlosen Begriff des Karmaausgleichs. Einsicht zeigte der Reinkarnationstherapeut auch vor Gericht nicht: »Noch wagt sich keiner öffentlich dazu zu äußern. Aber eine Wahrheit läßt sich auf Dauer nicht unterdrücken!« Hardo ging sogar so weit, zu behaupten, Hunderttausende der in den Gaskammern umgebrachten Juden seien bereits wieder inkarniert und lebten unter uns. Da sie immer noch unter den schrecklichen Erlebnissen leiden würden, »finden viele von ihnen den Weg zu einem Reinkarnationstherapeuten«, so Hardo in seinem Plädoyer. An ihnen lasse sich das Gesetz des Karmas »ganz genau nachweisen«. Bei den Rückführungen könnten die Juden erfahren, daß sie in einem früheren Leben schwere Schuld auf sich geladen hätten. Er selbst habe Holocaustopfer mit schweren Depressionen therapiert, behauptete Hardo weiter. »Nach ihrem Tod sehen sie ihren Erdenkörper vor sich oder unter sich, schauen manchmal noch zu, wie er verbrannt oder begraben wird, und fühlen sich auf einmal ganz befreit.« Nach dem Erleben des eigenen Todes würden die Verstorbenen in ein Licht hineinschweben und dann von ihren verstorbenen Freunden und Verwandten empfangen, erklärte der Autor vor Gericht und schilderte folgendes Beispiel: »So erlebte sich eine Person im früheren Leben als KZ-Häftling, der in die Ungnade eines Lagerführers geraten war. Dieser fügte ihm nicht nur physisches Leid zu, sondern zwang ihn auch, dessen Stiefel mit der Zunge abzulecken, bis sie sauber waren. Jedoch zu der Ursache solcher Erniedrigung und Qual zurückversetzt, sah diese Person sich in einem orientalischen Leben als Mächtiger, der genau eben dieses Verhalten seinen Sklaven gegenüber an den Tag legte, sie sadistisch quälte und sich von ihnen seine Füße sauber lecken ließ. Der Anwendung dieses Karmagesetzes stehen wir Reinkarnationstherapeuten verblüfft gegenüber. Es erweist sich immer wieder in seiner rigorosen Gesetzmäßigkeit.«

Hardo ist felsenfest überzeugt, daß das Karmagesetz keine Hypothese oder Glaubensfrage sei, sondern »objektiv richtig«. Seine Reinkarnationstherapien sieht er als »Beweis«. Als seinen Zeugen ruft er ausgerechnet Jesus auf. Der Sohn Gottes habe nämlich das Karmagesetz mit den Worten zusammengefaßt: »Wer sein Schwert zieht, soll durch das Schwert umkommen.« Die Konsequenzen daraus formuliert Hardo so: »Hatten wir in einem früheren Leben jemanden verraten, vergewaltigt, belogen, bestohlen usw., dann wird uns in einem der folgenden Leben ein Gleiches geschehen.«

Der Autor versuchte sich geschickt vom Vorwurf des Antisemitismus zu befreien, indem er sich den Richtern als ehemaligen Juden präsentierte: »Ich selbst war im 17. Jahrhundert ein polnischer Jude, der dort in einem Holocaust mit mehreren Hunderttausend meinesgleichen ums Leben kam.«

Hardo stellte sich selber als Wissenden unter lauter Ideologen dar. Er drehte den Spieß um und verglich sich mit Galileo Galilei, der abschwören mußte, daß sich die Erde um die Sonne dreht. »In einer gewissen Parallele zu jenem Geschehen sehe ich auch meinen Fall«, sagte Hardo vor Gericht. »Auch ich weiß, wie eigentlich alle, um die offenen Geheimnisse der Wissenden, daß das Karmagesetz eine Konstante des menschlichen Erlebens ist. Die Reinkarnationstherapie ist mein Fernrohr. Darf ich mit solchen Wahrheiten zurückhalten? Sollen wir Menschen noch weiterhin in Unwissenheit bleiben?« Irgendwann werde die Akzeptanz des Karmagesetzes Allgemeingut sein: »Repräsentiert das Fallgesetz eine äußere Wahrheit, so gehört das Karmagesetz zu einer inneren Wahrheit.«

Er machte sich zu einem Opfer und nahm zu den sattsam bekannten Verschwörungstheorien Zuflucht: »Dürfen wir heute in Deutschland im Gegensatz zu den Vereinigten Staaten unsere Forschungsergebnisse nicht mehr mitteilen, da es gewissen einflußreichen Kreisen nicht behagt? Gibt es ein gerechtes Gericht, das Schriftsteller und Forscher vor den aufgestempelten Meinungen der großen Gedankenkartelle schützt?«

Hardo vergißt, daß er seine abstrusen Karmatheorien nur dank der Meinungsfreiheit öffentlich verbreiten kann. Seine Verschwörungsideen sind deshalb nicht nachvollziehbar. Und er denkt offenbar keinen Moment daran, daß er mit seinen Veröffentlichungen das Andenken von Millionen Menschen in den Schmutz zieht, die einen grausamen Tod gestorben sind. Im Gegensatz zu Galileo Galilei, dessen Erkenntnis nachprüfbar war, stützt sich Hardo auf seine subjektiven Wahrnehmungen und umstrittenen Rückführungstherapien. Die Karmatheorie bleibt ein Glaube, den Hardo zu einer Ideologie ausweitet. Daß er damit viel Geld verdient und große Aufmerksamkeit genießt, ist die andere Seite seines verqueren Glaubens.

Kapitel 9
Astrale Lichtarbeiter erhöhen die Schwingungen

Wer bei den mystischen Ritualen Euphorie oder gar Ekstase erlebt, sehnt sich nach weiteren Erlebnissen der übersinnlichen Art. Und wer dabei glaubt, das »kosmische Licht« gesehen und die »universellen Gesetze« erfaßt zu haben, kann wohl als »high« bezeichnet werden. Viele Rituale und Heilsvorstellungen sind mit psychischen Gefahren bis hin zum Wahn verbunden. Gerade die neueren radikalen Tendenzen sind ein gefährliches Spiel mit Illusionen, denn den Anhängern drohen Realitätsverlust und Wahrnehmungsverschiebungen.

Die extremen Entwicklungen sind vor allem auf das Phänomen der Botschaften oder »Durchsagen« der »aufgestiegenen Meister« zurückzuführen, welche die Szene elektrisieren. Spirituelle Meister werden angeblich nach dem Tod Mitglied einer »großen weißen Bruderschaft« oder einer »höheren geistigen Hierarchie« und stehen den Menschen mit Rat und Tat zur Seite. Dabei benutzen sie angeblich »Durchsagen«, die sie medial begabten Personen auf geistigem Weg zukommen lassen.

Die Zahl der »Medien«, die Botschaften von den »aufgestiegenen Meistern« zu empfangen glauben, ist in den letzten Jahren sprunghaft gestiegen. Jeder kann von sich behaupten, mediale Fähigkeiten erlangt zu haben und »Durchsagen« zu empfangen. Es läßt sich ja nicht überprüfen, ob sie »echt« oder das Produkt von Halluzinationen, Sinnestäuschungen oder übersteigerten Sehnsüchten oder einfach Betrug sind. Je spektakulärer die Botschaft, desto größer scheint der Erfolg.

So ist das zum Beispiel beim Schweizer Medium Reindjen Anselmi, eine Frau, die sich wie viele europäische Esoteriker auf bekannte amerikanische Medien stützt. Anselmis Bücher, die große

Auflagen erreichen, zeigen die neusten Tendenzen in der »Medienszene« auf. Besonders aufschlußreich ist ihr Werk »Der Lichtkörper – Ein Überblick über den globalen Transmutationsprozeß«. Darin geht es um die angebliche Entwicklung des Menschen zum »höheren Wesen« und um den globalen Paradigmawechsel, der sich momentan rasch vollziehen soll. Die Schwingungsfrequenzen würden sich in allen Bereichen erhöhen und hätten nicht nur Auswirkungen auf die geistigen, astralen und kosmischen Dimensionen, sondern auch auf die körperlichen. Anselmi prophezeit, daß die Menschen sich bald nicht mehr im herkömmlichen Sinn ernähren würden, sondern wie die Pflanzen das Licht als Energiequelle nutzen, also einen Lichtkörper bekommen könnten.

Die Botschaften, die die Medien zu empfangen glauben, sind gewichtig, wie Anselmi schreibt: »Ihr seid ein Stück von Gott ... Jeder von euch ist eine hohe Wesenheit.« Die Menschheit sei in einer entscheidenden Entwicklungsphase angelangt und müsse mental mutieren, was sie mit dem Begriff »Transmutationsprozeß« umschreibt. In der labilen Übergangszeit der Zeitenwende sei das Astralfeld der Erde sehr unruhig. Deshalb sollten alle das Channeln lernen, um »Impulse und Inspirationen aus höheren Dimensionen« zu empfangen. Channeln ist die »Kunst«, auf medialem Weg Kontakt zu den überirdischen Wesen, »aufgestiegenen Meistern« und kosmischen Instanzen aufzunehmen. Anselmi selbst beherrscht diese Kunst selbstredend. Sie sei von ihrer Seelenführung, ihren astralen Wesen oder mystischen Führern sensibilisiert worden: »Sie ließen mich üben, üben, üben – und ließen zu, daß ich in der Folge hellhörig wurde und Stimmen zu hören begann.« Dadurch sei »einfach meine alte, atlantische Astral-Hellhörigkeit wieder aktiviert« worden. Atlantisch bedeutet, daß Anselmi in einer früheren Inkarnation angeblich schon zu den höheren Wesen gehörte, die einst auf dem sagenumwobenen und mystisch hochentwickelten Kontinent Atlantis gelebt haben, der vor etwa 12 000 Jahren versunken sein soll.

Anselmi weiß auf den Tag genau, wann das neue Zeitalter begann. Stichdatum der großen Veränderung, »harmonische Konvergenz« genannt, war der 16. August 1987. Damals soll unser Planet eine neue Energiestruktur erhalten haben. »So neu, daß wir seither gleichsam auf einem neuen Planeten leben.« Die Merkmale dieser Konvergenz: Die elektrische Strahlung aus dem kosmischen Raum sei seither stark erhöht. So stark, daß elektrische Partikel aus dem Universum bei uns landen: »Wir sitzen jetzt gleichsam näher beim Feuer, näher beim spirituellen Teil der elektromagnetischen Skala«, schreibt Anselmi.

Die Strahlung nehme jährlich zu, weil wir bereits unter dem Einfluß des Photonengürtels stünden, der das planetare System der Plejaden umspanne. Der Photonengürtel ist angeblich ein Energie-Ring, eine große Lichtmasse, die Plejaden sind ein sagenumwobenes fernes Planetensystem, von dem das »kosmische Heil« ausgehen soll.

Verantwortlich für die universellen Veränderungen seien die universellen Schöpferinstanzen, so Anselmi. Diese sollen geprüft haben, ob unser Planet in seinem Gesamtbewußtsein weit genug entwickelt sei, also genug schnell vibriere, und ob es genug »reife Seelen« gebe. Das Ergebnis fiel 1987 befriedigend aus. 1989 sollen die kosmischen Fachkräfte herbeigerufen worden sein, um ein Magnetgitter zu installieren.

Das Magnetgitter werde von Experten geschaffen, die zu den kosmischen Mitschöpferstrahlen und zu den Engeln gehören sollen. Anselmi bezeichnet sie auch als »Elektroingenieure und Baumeister der Schöpfung«. Der beste Magnetexperte sei eine Engelwesenheit mit dem Schwingungsnamen Kryon. Er habe die Arbeit am 1. Januar 1989 begonnen und werde sie am 31. Dezember 2002 beenden. In dieser Zeitspanne sollen sich einschneidende gesellschaftliche und wirtschaftliche Veränderungen und Naturkatastrophen wie Vulkanausbrüche und Erdbeben ereignen. Apokalyptische Phänomene also, wie sie für die Endzeit oder Wendezeit vorhergesagt werden. Auch die Veränderungen in der

Ozonschicht seien teilweise auf die neue Energiestruktur der Erde zurückzuführen.

Weil dies ein großer Augenblick in der Geschichte der Menschheit sei, möchten »wir alle zum jetzigen Zeitpunkt inkarnieren«, behauptet das Medium. Auf der inneren Ebene würden die Seelen deshalb Schlange stehen. Außerdem seien viele Helfer und Beobachter aus dem Kosmos zur Zeit auf der Erde, um die epochale Entwicklung zu beobachten.

Ziel sei die Schaffung des spirituellen galaktischen Menschen, der durch die morphogenetischen Felder oder Hologramme erzeugt werde. Kinder, die nach 1992 geboren worden seien, müßten weniger stark »mutieren«, behauptet Anselmi. Der neue galaktische Mensch hat nicht mehr nur zwei aktive DNS-Stränge als genetische Grundlage, sondern zwölf. Unsere Zellen müßten gereinigt, umstrukturiert und in ihren Schwingungen beschleunigt werden, »damit sie in Resonanz mit dem neuen planetaren Magnetgitter kommen«, erklärt Anselmi. Weggefährte bei der Erhöhung der Schwingung sei ein Mahatma-Lehrer, der für den Rest des »kosmischen Tages, also noch während rund 1,3 Milliarden Jahren«, aktiv sei. Die Mahatma-Situation sei gegenwärtig übrigens auf 383 Planeten zu beobachten.

Die transformierten Wesen sind angeblich hellfühlig und hellsichtig, können telepathisch kommunizieren, verstehen sich auf Telekinese (griechisch *tele* = fern, und *kinein* = bewegen: die Bewegung von Gegenständen aus der Ferne oder auf Distanz durch unerklärliche Kräfte), auf Materialisation und Dematerialisation. Außerdem sollen die Menschen fähig sein, den Körper zu verjüngen und den Alterungsprozeß auszuschalten. Der neue Mensch ist also nicht nur unsterblich, er kann »das Kinderzeugen und -empfangen mit dem Bewußtsein steuern«.

Der galaktische Mensch unterliege aber auch physischen Veränderungen, verkündet Anselmi. Der Schädel werde größer, die Zirbeldrüse und die Hirnanhangdrüse wüchsen stark an. Dabei würden sie zu »multidimensionalen Organen mit vielerlei Funktionen bei der Kommunikation mit anderen Dimensionen«. Die Autorin behauptet weiter, der Körper beginne das Licht als Energieversorgung zu nutzen und werde zum Lichtkörper, weshalb er immer weniger grobstoffliche Nahrung zu sich nehmen müsse. Es habe schon immer Menschen gegeben, die ohne Nahrung und nur von der Lichtaufnahme lebten. Die Australierin Ellen Greve schrieb 1996 ein Buch über einen solchen Lichtnahrungsprozeß. Darin behauptet sie, es würden immer mehr Kinder geboren, die schlecht essen würden. Die Autorin interpretiert ihre Beobachtung mit der »Umwandlung der Erde«.

Zurück zu Anselmi: Bei der Mutation zum galaktischen Menschen müsse der Körper von Kristallisierungen gereinigt und schwingungsmäßig beschleunigt werden. Das bekommt ihm nicht sonderlich. Den Umwandlungsprozeß will Anselmi am eigenen Körper erlebt haben. Sie litt unter Schlaflosigkeit, Müdigkeit bis zur Erschöpfung, Hitzewallungen, Muskel- und Gelenkrheuma, Grippe, Fieber, Schmerzen im Herzbereich, Herzrhythmusstörungen, Nadelstichen an diversen Körperstellen, Kopfschmerzen, Schmerzen im Genick, im Gaumen, am Nacken und an den Schultern, Druck zwischen den Augen und im Schädelinnern, Übelkeit, Erbrechen, Durchfall, Verstopfung, ungewohnten Hungergefühlen, unerklärlicher Gewichtszunahme, Empfindlichkeit gegen Licht und Lärm, Schwindelgefühlen, Sehstörungen, Hautjucken, Taubheit an verschiedenen Körperstellen, Pfeiftönen in allen Höhen und Tiefen. Eine einzige Qual. Bemerkenswert sind Anselmis Wahrnehmungen. So hörte das Medium fremde Stimmen, sah in »andere Realitäten«, entdeckte unbekannte Gesichter und Gestalten, hatte Gedächtnis- und Denkstörungen, erlebte ein Gefühl von Identitätsverlust, von telepathischen Einmischungen, von astralen Fremdsuggestionen und von Umsessen- oder Besessenheit.

Die Schlafstörungen kann sie erklären: »Während des Schlafes (...) arbeiten unsere Seelenführung und die spirituellen Lehrer viel mit uns«, schreibt Anselmi. Am Morgen könne man sich deshalb sehr müde und erschöpft fühlen. Als Therapie empfiehlt sie häufiges Duschen und Baden, um die »Transmutationsschlacken« zu beseitigen.

Nicht alle Menschen hielten die Strapazen der Mutation oder der erhöhten Schwingungen aus, behauptet Anselmi. Ihre Seelen würden sich einfach aus dem Staub machen. Doch das freut die im Stau stehenden spirituell hochentwickelten Seelen, die bei der Reinkarnation nicht einen Embrio in Besitz nehmen, sondern gleich in einen erwachsenen Körper schlüpfen können. Dies habe den Vorteil, daß sie nicht erst viele Jahre darauf verwenden müßten, den kindlichen Geist zu entwickeln.

Amerikanische Mutations-Gläubige nennen diese Wesen »Walk-in-Souls«, weil sie in einen ausgereiften Körper »wandern«. Damit kein soziales Chaos entsteht, übernehmen diese Seelen »alle bisherigen Strukturen, also Partnerschaft, Eltern, Kinder, Beruf und so weiter«, behauptet Anselmi. Wir müßten, sofern man Anselmi Glauben schenkt, ständig damit rechnen, daß unsere Mutter, unser Bruder, unser Freund oder unser Lebenspartner unbemerkt dem Mutationsprozeß zum Opfer gefallen sind, aber sofort von einer neuen Seele belebt würden, also weiter existieren. Die Rückführungstherapeutin meint aber, daß solche »Walk-In-Ereignisse« der näheren Umgebung auffallen würden, denn die neue Seele bewirke bei der »verstorbenen« Person unerklärliche charakterliche Veränderungen.

Mit Folgen: »Energetische Verbindungen, will heißen Bekanntschaften mit anderen Menschen, Berufsverbindungen und dergleichen, die aus der alten Energiestruktur stammen, werden in der Regel rasch aufgelöst«, erklärt Anselmi. Im Klartext heißt das: Wer nicht zu den Eingeweihten gehört, ist unwürdig, sich im Kreis der Transmutierten zu bewegen. Tatsächlich zeigt die Erfahrung, daß Menschen, die sich einseitig auf die übersinnliche Welt konzentrieren, sich oft von ihrer Umgebung entfremden. Sie verlieren das Interesse an der realen Welt und somit auch an Freunden, die nicht auf dem galaktischen Pfad wandeln. Sich weiterhin mit ihnen abzugeben, ist für viele Esoteriker Zeitverschwendung, weil es gilt, sich auf die Entwicklung zum transmutierten Wesen zu konzentrieren. Außerdem müssen sie sich so keinen kritischen Fragen stellen.

Nicht selten brechen Ehen und Familien auseinander, weil sich einer der Partner zu Höherem berufen fühlt und in die Scheinwelt abrutscht. Solche Paare finden meist keine gemeinsame Kommunikationsebene mehr in wichtigen Lebensfragen. Außerdem führt die radikale Persönlichkeitsveränderung oft zu Konflikten. So kommt es häufig zu Scheidungen, wie Sektenberatungsstellen immer wieder erfahren. Manche Medien, Therapeuten und Heiler empfehlen ihren Anhängern sogar, sich vom Partner zu trennen, weil er das »höhere Bewußtsein« nicht besitze, das Aurafeld störe oder die Transformation verhindere.

Der Sprung ins neue spirituelle Zeitalter ist laut Anselmi eine Zeitreise zurück in die atlantische Ära, die angeblich vor etwa 12 000 Jahren endete und 100 000 Jahre dauerte. Die atlantischen Meister, die sich später im alten Ägypten um die spirituelle Entwicklung der Menschen gekümmert haben sollen, hatten angeblich Körper, in denen sie Jahrtausende leben konnten. Ein Phänomen, das sich in der Zeitenwende erneut manifestieren soll. So ist Anselmi wie viele New-Age-Anhänger überzeugt, daß uns der Lichtkörperprozeß wieder »unsterblich« macht. Die Autorin behauptet, schon im alten Ägypten zu den »Wissenden« gehört zu haben: »Wir alle, die heute die spirituelle Avantgarde des Neuen Zeitalters bilden, waren damals in den Gebrauch dieser göttlichen Macht involviert.«

Durch den Mutationsprozeß soll »ein völlig neuer Planet Erde mit einem völlig neuen galaktischen Menschen in einer völlig neuen galaktischen Zivilisation« entstehen. Die Menschen, die eine »größere Dichte« entwickelt haben, könnten laut Anselmi Kontakt zu außerirdischen Wesen aufnehmen. Schon bald sollen persönliche Begegnungen mit Außerirdischen möglich sein. »Im Neuen Zeitalter werdet ihr auf diesem Planeten mehrere Raumflughäfen haben, um von ihnen aus die vielen anderen Planeten zu besuchen«, erklärt die Autorin. »Star Trek« und »Star Wars« seien keine Phantasien von Science-fiction-Autoren, »sondern Dokumentationen dessen, was im Weltraum geschehen wird, wenn ihr euch dahin ausdehnt«, prophezeit sie. Deshalb müsse die zukünftige Menschheit »dem Bündnis der Planeten beitreten, das den interplanetaren Verkehr regelt und die interplanetaren Beziehungen zwischen Nachbarn pflegt«.

Das Medium präsentiert seine übersinnlichen Erkenntnisse, als seien es nachweisbare Tatsachen. Photonengürtel, harmonische Konvergenz, planetarisches Magnetgitter, galaktisches Kraftfeld, manasischer Ring und die Engelwesenheit Kryon sind für sie Fakten. Daß ihre »kosmischen Botschaften« Halluzinationen, Wahnvorstellungen oder gezielte Manipulation der amerikanischen Medien sein könnten, zieht sie nicht in Betracht.

Echte Mystiker würden sich nie anmaßen, solche Ideen von der Transmutation, den Lichtarbeitern und den Erhöhungen der Schwingungen so zu beschreiben, als handle es sich um gesicherte Erkenntnisse. Alan Watts warnt grundsätzlich davor, die spirituelle Suche auf übersinnliche Sphären zu konzentrieren. In seinem Buch »Die sanfte Befreiung« stellt er die Frage, ob es nicht viel wahrscheinlicher sei, das Geheimnis des Lebens im Leben selbst zu finden. Watts wörtlich: »Denn es ist merkwürdig, daß sowohl das, dem wir zu entfliehen versuchen, wie auch jenes, das wir zu finden hoffen, uns selbst innewohnt. Dies gilt mehr für den modernen Menschen als den Primitiven, denn unsere Schwierigkeit liegt mehr in uns selbst als in der äußeren Welt.« Watts warnt die spirituellen Sucher mit klaren Worten: »Daher ist es, auf die Gefahr hin, diese Binsenwahrheit nochmals zu wiederholen, offensichtlich, daß all das, dem wir uns zur Errettung zuwenden, nichts als ein weiterer Schleier ist, mit dem wir die Schwierigkeit vor unseren Augen verbergen können, solange wir uns der Schwierigkeit in uns selbst nicht bewußt werden.« Damit charakterisierte Watts schon 1939 die spirituellen Sucher von heute auf treffende Weise.

Kapitel 10
Esoteriker proben die Lichtnahrung

Die Ernährung mit »Lichtnahrung« wird von manchen Anhängern dieser Idee bereits probiert. Eine Verkünderin dieses Lebens ohne feste Nahrung ist das australische Medium Ellen Greve. Der Übergang ins neue Zeitalter biete den »spirituellen Kriegern« die Möglichkeit, ihren Körper auf Lichtnahrung umzustellen, so Greve, die sich den Geistnamen Jasmuheen (»Duft der Ewigkeit«) zulegte. Die spirituelle Elite lebe im neuen Jahrtausend vom kosmischen Licht, das die spirituellen Batterien permanent auflade und für ungeahnte Schwingungen sorge.

Greve bietet Seminare an, auf denen die Ernährung mit Licht erlernt werden könne. Drei Wochen müssen die »spirituellen Krieger«, wie Greve die Anhänger der Lichtnahrung nennt, einsetzen, um die kosmische Energie in physischen Kraftstoff umwandeln zu können. In einem 21-Tage-Prozeß vollziehen die Anwärter die angebliche Umstellung auf Lichtnahrung. Die Initiation zum »Lichtesser« ist ein gefährliches Ritual, eine Tortur am Rand des Abgrundes. Der Körper muß von heute auf morgen ohne feste Nahrung auskommen. Die Teilnehmer glauben offensichtlich, daß sie tatsächlich bis zum Ende ihrer Tage keinen Bissen mehr zu sich nehmen müssen.

Die Verfechter der Lichtnahrung wollen die körperlichen Bindungen überwinden und dem »höheren Selbst« ausschließlich geistige und kosmische Nahrung zuführen. Hinter dem Konzept von der Lichtnahrung versteckt sich der alte Menschheitstraum von der Unsterblichkeit. Die Idee ist berauschend: Statt sich mühsam mit spirituellem Training mystisch fit zu machen, übernimmt das »kosmische Licht« die Arbeit. Somit wäre der Mensch am Ziel seiner spirituellen und metaphysischen Träume:

Die Sonne sorgt für die Kalorien, die mystische Entwicklung und die Erleuchtung.

Greve propagiert das Leben ohne feste Nahrung und den 21-Tage-Prozeß in ihrem Buch »Lichtnahrung«, das in zahlreiche Sprachen übersetzt wurde und große Auflagen erreichte. Die Autorin ernährt sich angeblich seit 1993 nur von Licht. Sie jettet rund um die Welt, führt Hungerseminare durch, hält Referate und verkündet ihre Lichtnahrung in unzähligen Fernsehinterviews. Wie eine Verhungernde sieht die attraktive Frau nicht aus.

Bereits Tausende Esoteriker ließen sich weltweit von der »Lichtgestalt« bewegen, den Lichtnahrungsprozeß zu absolvieren. Laut Greve waren es bereits 1998 rund 5000, wie sie in einem Interview erklärte: »Die aufgestiegenen Meister haben mich wissen lassen, daß derzeit etwa 5000 Menschen weltweit von Prana ernährt werden.« Auch viele Esoteriker aus dem deutschsprachigen Raum haben sich inzwischen auf den Weg zur angeblich nahrungsfreien Existenz gemacht. Greve nennt ihre spirituelle Methode »Breatharianism«, also ein Luftholen, bei dem die Lebenskraft des Kosmos eingesogen werden soll.

Das kann von jedermann erlernt werden: »Dieser Zustand des Seins, der früher nur Heiligen und Weisen vorbehalten war, kann nun mit Hilfe der hier aufgeführten Praktiken von jedem erreicht werden«, behauptet ein Werbetext. Das Medium legt das Hungerrezept ganz speziell jenen Menschen ans Herz, denen es an Nahrung mangelt. Tatsächlich leistet sich Greve den Zynismus, ihre radikale Fastenkur als Patentrezept gegen den Hunger in der Welt anzupreisen. Was Hungernde der Dritten Welt davon haben, wenn übergewichtige Reiche Greves Seminare besuchen, ist eine offene Frage.

Ihre Anhänger kommen aber aus den reichen Ländern der Erde. Ihnen verspricht sie, sie könnten beim Fasten viel Geld sparen und es statt dessen zum Beispiel in Kleider investieren. Außerdem spare man eine Menge Zeit. Das Schlafbedürfnis reduziere sich auf die

Hälfte, manche Menschen bräuchten überhaupt keinen Schlaf mehr. In Zukunft müsse man nicht mehr einkaufen, nicht mehr kochen und die Küche nicht mehr putzen.

Greve behauptet, durch ihre Umstellung auf Lichtnahrung habe sich auch ihre DNA, also ihre genetische Struktur, verändert. Sie weigert sich aber, den Beweis anzutreten und eine Blutprobe abzuliefern, damit die angebliche DNA-Umwandlung überprüft werden kann. Selbst eine Belohnung von 30 000 australischen Dollar, die ihr eine Vereinigung von Skeptikern für eine Blutprobe anbot, vermochte sie nicht umzustimmen.

Wie verlaufen nun die Fastenseminare? In der ersten Woche müssen die »Lichtesser« nicht nur radikal fasten, sie dürfen auch keinen Tropfen Flüssigkeit zu sich nehmen. Eine gefährliche Übung, wie Ärzte und Ernährungswissenschaftler bestätigen. In der zweiten und dritten Woche dürfen die Lichtkünstler sparsam Fruchtsäfte und Wasser zu sich nehmen. Nach den drei Wochen soll der Körper umprogrammiert sein. Wer die simple, aber gefährliche Tortur überlebt, kann sich laut Greve bis ans Ende seiner Tage ausschließlich von Licht, Luft und Liebe ernähren.

Die Aufforderung, sieben Tage nichts zu trinken und drei Wochen nichts zu essen, ist für Leute, die nicht über eine robuste Natur verfügen, eine Gratwanderung zwischen Leben und Tod. Schon nach drei Tagen ohne Flüssigkeit kann ein Nierenversagen auftreten. Die Autorin und der Koha-Verlag, der das Buch herausgebracht hat, sichern sich rechtlich ab: »Die Absicht des Buches ist es zu informieren, zu lehren und zu unterhalten. Die Autorin und der Verlag können für keinerlei Verluste oder Schäden, die irgend jemand direkt oder indirekt durch die in diesem Buch enthaltenen Informationen entstehen könnten, verantwortlich oder schadenersatzpflichtig gemacht werden.«

Greve hat inzwischen auch eine Organisation der Lichternährer, die »Bewegung einer erwachten positiven Gesellschaft« oder MAPS (Movement of an Awakened Positive Society), gegründet. Dies könnte sich für sie aus rechtlichen Gründen als nützlich erweisen, zum Beispiel bei Schadenersatzforderungen von Angehörigen verstorbener »Lichthungerer«.

In ihrer Euphorie kümmern sich viele Anhänger nicht um die Frage, was sie ihrem Körper mit der Radikalkur zumuten. Sie sind überzeugt, daß sie keine feste Nahrung mehr brauchen, sondern sich vom Prana, also der kosmischen oder göttlichen Energie, »ernähren« können. Sie fragen sich auch nicht, wie ihr Körper diese Energie verwerten soll, was aus ihrem Verdauungsapparat wird, wie sie ohne Flüssigkeit überleben können. Es ist erstaunlich, daß Menschen die simple Theorie Greves glauben, ohne Ernährungsspezialisten oder Ärzte zu Rate zu ziehen. Wäre die »Nahrungsumstellung« möglich, müßten die Organe innerhalb von drei Wochen radikal umstrukturiert werden, um eine Art Fotokinese wie bei den Pflanzen zu bewerkstelligen. Ein Ding der Unmöglichkeit.

Die Folgen der Leichtgläubigkeit können tödlich sein, wenn Lichtnahrungs-Gläubige die sogenannte Umstellung radikal durchziehen. Eine Hungerkünstlerin aus Australien bezahlte den Glauben an den Lichtnahrungsprozeß mit dem Leben. Sie erlag am siebten Tag des Seminars einem Nierenversagen. Der Kommentar von Greve: »Der Tod eines Menschen steht von vornherein fest, ist vorgesehen; es war somit das Karma der Verstorbenen.« Außerdem sei ein Toter unter 5000 Kursabsolventen zu verschmerzen, wenn man die Chancen bedenke, den Welthunger zu überwinden. Womit Greve ein weiteres Beispiel für die fragwürdige Interpretation der Karmatheorie nach esoterischem Muster liefert.

Sogar der Arzt und bekannte Esoteriker Rüdiger Dahlke hält diese Art von fataler Fastenkur für katastrophal. Er gibt auch zu bedenken, daß sich Nierenschäden bei Flüssigkeitsmangel oft erst nach Jahren zeigen, wie er in Interviews sagte. Der Esoteriker, der selbst Fastenseminare durchführt und jährlich mehrere hundert Klienten betreut, verlangt von seinen Kursteilnehmern, daß sie täglich mindestens zwei Liter Flüssigkeit zu sich nehmen.

Viele »Lichtesser« brechen die Übung rechtzeitig ab, wenn sich körperliche Krankheitssymptome oder Mangelerscheinungen zeigen. Der 55jährigen Marlies Kurt fielen beispielsweise nach sechs Wochen »Lichtnahrung« die Haare aus, wie sie der Schweizer Esoterik-Zeitschrift *Spuren* (Nr. 4/98) erzählte. Die medizinische Untersuchung zeigte, daß sie unter Mangelerscheinungen litt. Sie begann wieder zu essen, und bald wuchsen die Haare wie früher.

Auch die Zeitschrift *esotera* befaßte sich kritisch mit Greves Theorie. Ihr Buch fuße weder auf historischen noch modernen wissenschaftlichen Thesen, geschweige denn auf Erkenntnissen, schrieb das Esoterik-Blatt. Das Buch enthalte vielmehr eine bunte Mischung aus persönlichen Ansichten, unzähligen Zitaten spiritueller Autoritäten und vielen »gechannelten Texten« von angeblich aufgestiegenen Meistern. Als abenteuerlich bezeichnet *esotera* auch die Behauptung der australischen Esoterikerin, der physische Tod beruhe einzig auf schlechtem Zeitmanagement. Tatsächlich erklärt Greve, wir müßten uns, um auf der physischen Ebene unsterblich zu werden, einfach vom Glauben lösen, daß wir sterben müssen.

esotera kritisiert auch die Behauptung der Fastenpredigerin, wir könnten die Form unseres Körpers beliebig ändern, wenn wir unseren Geist bewußt programmierten. Diese Kühnheit erinnere fatal an die Transzendentale Meditation des indischen Gurus Maharishi Mahesh Yogi, dessen Anhänger schon Anfang der 80er Jahre behaupteten, sie seien in wenigen Monaten fähig, durch die Straßen zu fliegen, schreibt die Zeitschrift. (Die TM-Mitglieder glauben, sie könnten durch eine spezielle Meditation spirituelle Kräfte entfalten und die Schwerkraft überwinden. Den Effekt nennen sie »Levitation«. Ihre Flugübungen sind ein Hüpfen am Ort.) Unfaßbar ist für *esotera*, daß sich trotz der auffallenden Ungereimtheiten der Lichtnahrungs-Theorie viele Mitteleuropäer freiwillig der Tortur unterwerfen.

Es ist zwar verdienstvoll, daß sich *esotera* und Dahlke kritisch zum Lichtnahrungsprozeß von Greve äußern. Sie wollen damit verhindern, daß sich verblendete Esoteriker einem lebensgefährlichen Experiment aussetzen. Doch die Zeitschrift und der Arzt haben mit ihren Artikeln und Büchern mitgeholfen, den Boden für fragwürdige übersinnliche Rituale und Ideen zu bereiten. Außerdem wollen sie verhindern, daß die Esoterik in Verruf und in die Schlagzeilen gerät.

Die Warnungen von *esotera* und Dahlke wirken allerdings nicht überzeugend. Gemessen an den vielen anderen phantastischen übersinnlichen Versprechen der esoterischen Medien ist der Glaube an die Lichtnahrung relativ bescheiden. Im Vergleich zu Astralreisen, der Bilokation, den Effekten des positiven Denkens, der Präkognition, Transmutation usw. erscheint die Energiegewinnung aus dem kosmischen Licht als ein einfaches Ritual. Wieso soll ein Esoteriker, der seinen Körper in die vierte Dimension verwandeln und den Astralleib an jeden beliebigen Ort im Universum schicken kann, nicht von Prana leben können?

Der Verdacht liegt nahe, daß Greve und ihre Anhänger nicht so konsequent fasten, wie sie vorgeben. Das australische Medium läßt die Esoterikszene glauben, seit 1993 nicht mehr zu essen, doch beim Interview mit *esotera* trank sie Tee mit Milch und Honig. Beim Gespräch mit einer australischen Rundfunkstation gab sie zu, Fruchtsäfte zu trinken und Käsecracker zu essen. Sie würde aus sozialen Überlegungen gelegentlich etwas zu sich nehmen, um ihre Umgebung nicht allzu stark zu irritieren. Bei anderer Gelegenheit gestand sie, zwischendurch Schokolade zu naschen. Im Oktober 1999 ging die Meldung durch die Medien, ein Journalist habe entdeckt, daß ihr Kühlschrank bis an den Rand gefüllt sei. Greve behauptete flugs, die Lebensmittel seien ausschließlich für ihren Mann. Ein anderer Journalist beobachtete, wie sie im Flughafen von London in einem Restaurant eine vegetarische Mahlzeit bestellte.

Das Nachrichtenmagazin *Focus* berichtete 1999 von drei Todesopfern und setzte sich kritisch mit der Lichtnahrung auseinander. Als Antwort auf den Artikel veröffentlichte Greve am 29. September 1999 eine Pressemitteilung und relativierte ihr Fasten. Sie habe nie erklärt, nichts mehr zu essen, behauptete sie nun. Sie habe immer gesagt, sie sei frei zu wählen, ob sie essen wolle oder nicht. Ein spätes Geständnis und ein tödliches Mißverständnis. Trotzdem absolvieren immer noch Esoteriker den Lichtnahrungsprozeß und sind überzeugt, nie mehr essen zu müssen.

Der Deutsche Arno Zopf beschrieb 1999 auf seiner Homepage, wie er mit Lichtnahrung den Hunger bekämpfte. Regelmäßig schrieb er über seine Fortschritte und körperlichen Reaktionen. Zu Beginn seiner Fastenkur erklärte er, durch die Lichtnahrung oder Pranaernährung ergebe sich ein schnellerer spiritueller Fortschritt, da der Körper nicht mehr von der lähmenden festen Nahrung abhängig sei. Der blinde Glaube daran ließ ihn in ein gefährliches Experiment steigen, ohne die Konsequenzen für seinen Körper zu bedenken.

Zopf ging radikal ans Werk. Er schluckte nicht einmal den Speichel hinunter, sondern spuckte ihn aus. Als er am dritten Tag nach nur zwei Stunden Schlaf erwachte, hatte er das Gefühl, sein spiritueller Körper habe ihn verlassen. Bald stellten sich körperliche Krankheitsreaktionen ein. Am stärksten setzten Zopf die Rückenschmerzen zu. Er glaubte, Lichtarbeiter seien dafür verantwortlich, die sich an seinem Körper zu schaffen machten. Außerdem fühlte er sich körperlich matt, registrierte einen erhöhten Puls und einen trockenen Gaumen. Zopf fror oft, manchmal überfielen ihn Schüttelfröste. Dies sei ein Zeichen dafür, daß der spirituelle Körper zurückgekommen sei, glaubte Zopf.

Nach der ersten Woche schäumte der Speichel, die Haut war sehr trocken. Zopf stellte fest, daß er eine geschwollene Nase hatte, Gesicht, Hals, Hände und Arme wurden rot. Er verlor jedes Interesse an geistiger Arbeit. Die innere Leere führte er auf die angebliche Abwesenheit seines spirituellen Körpers zurück. Nach acht Tagen hatte Zopf acht Kilo abgenommen. Obwohl er wieder besser schlafen konnte, fühlte er sich immer sehr müde. Nach zehn Tagen plagten ihn Muskelschmerzen, Arme und Hände waren permanent kalt, im Mund stellte sich ein pelziges Gefühl ein.

In der zweiten Woche trank Zopf viel Wasser. Er verweigerte aber Vitamine und Mineralstoffe. »Bislang hat sich das auch nicht negativ ausgewirkt, da ja alles, was der Körper zum Leben braucht, aus dem Prana kommt, das jetzt meinem Körper direkt zugeführt wird«, schrieb Zopf. Er ging davon aus, daß die Lichtnahrung alle lebensnotwendigen Spurenelemente und Vitamine enthält. Die Frage, ob er sich langfristig körperliche Schäden einhandelte, war ihm keine Zeile wert.

Am Ende des dreiwöchigen Lichtprozesses hatte Zopf elf Kilogramm verloren. Sein Geist sei völlig klar, die Konzentrationsfähigkeit habe spürbar zugenommen, das Schlafbedürfnis sei von 14 Stunden auf acht gesunken. Die eigentliche Fastenzeit könne beginnen, denn sein Körper habe sich nun definitiv auf Lichtnahrung eingestellt. Trotzdem mußte Zopf immer noch gelegentlich Darmspülungen vornehmen, weil er sich beim Stuhlgang Hämorrhoiden eingehandelt hatte. Der »Lichtesser« war erstaunt, daß er trotz des radikalen Fastens immer noch Stuhlgang hatte. Er wußte offenbar nicht, daß verschiedene Organe und vor allem das Blut Stoffe ausscheiden, die sich verfestigen.

In der sechsten Woche des Fastens stellte sich bei Zopf Ernüchterung ein. Er gab zu, daß er keine signifikante spirituelle Veränderung spürte: »Die Zeit nach dem Prozeß ist unspektakulär; außer der Tatsache, daß man nichts ißt, verläuft das Leben wie immer; trotz solch einer geistigen Umkrempelung sollte man also keine ›Wunder‹ erwarten«, schrieb Zopf in seinem Internet-Tagebuch. Die Erkenntnis des Hungerkünstlers ist bemerkenswert: »Essen ist eben doch bloß eine Genußsucht, wie etwa Rauchen.«

Bis zur neunten Woche hatte Zopf 18 Kilogramm weggefastet. Noch immer machten ihm die Hämorrhoiden zu schaffen. Da Abführmittel keine Wirkung zeigten, trank er drei Liter heiße Bouillon. Die Wirkung stellte sich eine Stunde später ein: »Dieser sehr dünne Durchfall spülte eine unglaubliche Menge jener harten und die Verstopfung hervorrufenden Stuhlklumpen aus mir heraus; das Klo war so ziemlich voll mit einem gewaltigen Haufen dieser hühnereiergroßen, schwarzgrünen und steinharten Kackeklumpen.«

Die Angehörigen von Zopf sorgten sich zunehmend um den Hungerkünstler. Er sehe aus wie ein Verhungernder und werde bald auf der Intensivstation landen oder sterben, erklärten sie ihm. Um die Darmtätigkeit anzuregen, trank er gelegentlich Milch. Zopf war überzeugt, daß er bald ohne Schlaf auskommen könne. In der zwölften Woche nahm sich Zopf vor, auch die Flüssigkeitszufuhr zu reduzieren. Schließlich erklärt Greve, daß jemand, der seinen Körper auf Lichtnahrung umgestellt hat, auch kein Wasser mehr zu sich nehmen müsse.

Erstaunlicherweise legte Zopf plötzlich wieder an Gewicht zu, und zwar von 66 auf 70,5 Kilogramm. Wenn man allerdings die kalorienhaltige Getränkepalette des »Lichtessers« berücksichtigt, relativiert sich das »Wunder«: Zopf trank nun erhebliche Mengen an Milch, Kakao und Eistee. Er war also auch nach fünf Monaten noch weit davon entfernt, ausschließlich von Licht zu leben. Immerhin darf man ihm attestieren, daß er physisch robust ist.

Weniger widerstandsfähig war die 53jährige Neuseeländerin Lani Roslyn Morris. Nach den ersten sieben Fastentagen erlitt sie wegen des Flüssigkeitsverlustes einen Schlaganfall. Sie wurde in die Intensivstation des Brisbane Mater Hospital in Melbourne eingeliefert und starb nach wenigen Tagen am 2. Juli 1998. Der 60jährige Spiritist, der Lani Morris zur tödlichen Fastenkur überredet und sie »begleitet« hatte, wurde wegen Körperverletzung mit Todesfolge angeklagt. Er und seine Frau wurden im November 1999 von einem Gericht in Brisbane wegen Totschlags verurteilt.

Im März 1997 starb auch der damals 31jährige Münchner Timo Degen. Das Fasten bewirkte einen Kreislaufkollaps, er fiel ins Koma und erlitt einen Hirnschaden. Timo Degen vegetierte vier Wochen im Wachkoma vor sich hin und wurde künstlich ernährt. Als er zu sich kam, wurde er von Epilepsieanfällen geschüttelt. Er verweigerte jede Nahrung. Er mußte in ein Pflegeheim eingeliefert werden. Nach sechs Wochen stürzte er bei einem epileptischen Anfall auf den Kopf und erlitt tödliche Hirnblutungen. Sein letzter Eintrag im Tagebuch über den Lichtnahrungsprozeß: »Ich habe mich noch nie in meinem Leben so schwach und elend gefühlt. Ich kann fast nichts mehr sehen.« Diesen Satz schrieb er, als er noch gesund war.

Auch die 48jährige Australierin Verity Linn überlebte die spirituelle Roßkur nicht. Im September 1999 fand ein Wanderer ihren ausgemergelten Körper am Ufer eines schottischen Sees. Aus dem Tagebuch ging hervor, daß die Hotel-Managerin den Lichtnahrungsprozeß absolviert und tagelang nichts gegessen und getrunken hatte. Greves Kommentar zum tragischen Tod ihrer Anhängerin: Durch kosmische Telepathie habe sie erfahren, daß Verity Linn »auf angenehme Weise von uns gegangen ist«. Das australische Medium wehrt sich denn auch vehement gegen den Vorwurf, Mitverantwortung am Tod der »Lichtesser« zu tragen.

Wofür haben Zopf, Morris, Degen und Tausende mit ihnen ihre Gesundheit aufs Spiel gesetzt? Für den spirituellen Kick und die Erleuchtung? Die Bilanz von Zopf ist aber ernüchternd. Auf die Frage einer Internet-Surferin, ob er irgendwie fühlen könne, daß er Prana zu sich nehme, antwortet der »Lichtesser«: »Also ich habe es noch nicht bemerkt. Es ernährt mich einfach so, vielleicht so unbewußt, wie ich atme oder wie die Haare wachsen. Ich fühle keine ›Energieströme‹ oder ähnliches.« Also keine Spur von der erhofften Transformation.

Ob Zopf tatsächlich keine feste Nahrung zu sich nimmt, wie er behauptet, ist fraglich. Ernährungsspezialisten und Ärzte, die sich mit der Unterernährung und dem Fasten beschäftigt haben, geben an, daß Normalgewichtige 50 bis 200 Tage ohne Nahrungszufuhr leben können. Leicht übergewichtige, aber gesunde Personen wie Zopf können allenfalls etwas länger als 200 Tage überstehen, allerdings nur, wenn der Körper genügend Flüssigkeit und Vitamine bekommt. Mit der Zeit wurde Zopf müde, seine Erfahrungen mit der Lichtnahrung auf der Homepage zu berichten. Pro Woche gab es noch einen Eintrag. Bis zur 53. Woche hieß es stereotyp: Kein

Essen, 0,2 Liter Wasser pro Tag. Stimmen die Angaben von Zopf, so hat er ein Jahr lang ohne feste Nahrung gelebt und am Schluß nur noch wenig Flüssigkeit zu sich genommen. Trotzdem konnte er sein Gewicht ein halbes Jahr lang halten. Es darf gezweifelt werden.

Beim Fasten stellt der Körper den Stoffwechsel darauf ein, daß keine Energie zugeführt wird. Er reduziert den Energiebedarf und zapft die Reserven an, die er in den Organen, Muskeln und im Fettgewebe findet. Dabei verbraucht er auch viel Eiweiß. Allein schon deshalb ist es heikel, in den ersten sieben Tage des Lichtnahrungsprozesses auch auf Flüssigkeit zu verzichten. Es besteht die Gefahr bleibender Leberschäden. Lebt der Körper von den Reserven, kommt es zu einem Eiweißverlust und zu Hungerödemen, also zur Wasseransammlung im Gewebe. Die Radikalkur schwächt außerdem das Immunsystem und begünstigt Infektionen. Neben vielen anderen Symptomen wie Stoffwechselstörungen, Organverkleinerungen und Gichtanfällen muß auch mit einer Veränderung des Hormonhaushaltes gerechnet werden. Oft ist die Libido beeinträchtigt. Hat der Körper zwischen 30 und 50 Prozent des eigenen Eiweißes aufgezehrt, bricht er zusammen. Meist kommt eine Infektion dem körperlichen Kollaps zuvor. Oder der Blutzuckerspiegel sinkt so tief, daß der Fastende ins Koma fällt. Manchmal streikt auch das Hirn vorzeitig; wenn es unterversorgt ist, dreht es förmlich durch: Der Fastende bekommt Angstzustände, reagiert verwirrt oder psychotisch.

Ohne Nahrung kann der Körper also nicht funktionieren. »Lichtnahrung« ist kein Ersatz, wie die tödlichen Beispiele zeigen. Die Pflanzen können Licht in Energie umwandeln. Mit dieser Photosynthese gelingt es ihnen, einfache Kohlenstoffverbindungen in komplexere Moleküle umzuwandeln, wobei das Chlorophyll eine wichtige Rolle spielt. Der menschliche Organismus ist aber nicht für die Photosynthese eingerichtet. Und ohne Flüssigkeit kann der Mensch schon gar nicht überleben. Professor Johann Steurer von der Poliklinik der Universitätsklinik Zürich sagte:

»Wer sieben Tage nichts trinkt, spielt mit dem Leben.« Wir bestehen aus rund 60 Prozent Flüssigkeit. Jede Zelle braucht Wasser. Trocknet sie aus, stirbt sie ab. Vor allem auch die Hirnzelle. Unter normalen Lebensumständen überlebt niemand zwei Wochen ohne Flüssigkeitszufuhr. Bei einer ausschließlichen Ernährung durch »Licht« müßte Energie in Wassermoleküle umgewandelt werden. Ein Kunststück, das nicht einmal die Pflanzen schaffen.

Neben den immensen gesundheitlichen Risiken der angeblichen Lichtnahrung, geht den Anhängern Greves aber auch sozial viel verloren. Kochen und Essen gehören zu den wichtigsten Ritualen, die Menschen miteinander in Verbindung bringen. Dem Essen kommt durchaus ein spiritueller Charakter zu, wenn auch nicht in einem abgehobenen Sinn. Die Versammlung der Familie am Tisch oder das Treffen von Freunden und Bekannten zum gemeinsamen Essen ist eine wichtige Handlung, Ausdruck von Gastfreundschaft und friedlichem Miteinander. Ganz abgesehen davon, daß Essenszeiten wichtige Inseln im Alltag sind und das psychische Wohl positiv beeinflussen. Wie sagte doch Hippokrates: »Nahrung ist die beste Medizin.«

Kapitel 11
Esoterik – eine passive Form des Faschismus

Die extremen Formen der neuen Esoterik prägen nicht nur das religiöse Empfinden ihrer Anhänger, sondern oft auch ihr weltanschauliches und politisches Bewußtsein. Ihre Verfechter erklären zwar immer wieder, ihre mystischen Ideen hätten nichts mit politischen Vorstellungen zu tun und stünden über weltanschaulichen Kategorien. Ein Blick in die Geschichte der Theosophie und modernen Esoterik zeigt aber, daß die radikalen Esoteriker durchaus ideologische Postulate vertreten und politische Ziele verfolgen. In alter Tradition okkulter Heilsvorstellungen beziehen sie reaktionäre Positionen und müssen zum rechtsradikalen Lager gezählt werden.

Die Grenzen zwischen weißer und schwarzer – oder eben brauner – Magie sind oft fließend. Der Glaube an das »höhere Selbst«, das All-Eins, die »höhere Ordnung« und die Vorbestimmung führt zwangsläufig zu rechtsradikalen Konzepten. Der Glaube an die Macht des (spirituell) Stärkeren begünstigt ein elitäres Menschenbild und ein Zweiklassensystem, das einen Führungsanspruch der »Eingeweihten« postuliert.

Die moderne Esoterik strebt das »höhere Bewußtsein« und die Transformation an. Die »göttlichen Aspekte« in allem Wesenhaften sollen geweckt werden. Diese übersinnliche Lehre enthält den Stoff, aus dem Allmachtsphantasien gemacht sind. Wer das »geheime Wissen« hat und die »kosmischen Gesetze« kennt, kann sich als (esoterischer) Übermensch fühlen. Es ist das Prinzip der Selbstvergötterung, die nur allzu leicht in die Selbstvergottung mündet. Tatsächlich fordern radikale Esoteriker einen umfassenden Machtanspruch für die auserwählte spirituelle Elite.

In der modernen Esoterik gibt es (vermeintlich) keine Werte. Die Losung lautet: Alles ist gut, so wie es ist, also auch das Böse. Der radikale Esoteriker muß alles annehmen, was ihm die Vorbestimmung beschert, weil alles durch die »universelle Intelligenz« und die »kosmischen Gesetze« vorgegeben ist. Der kompromißlosen Esoterik zufolge wird sich stets das Höhere und Stärkere durchsetzen. Die mystischen Radikalen huldigen einem neuen Sozialdarwinismus mit esoterischen Ausleseverfahren: Aufstieg, Prestige und Anerkennung hängen vom Grad der Transformation und dem mystischen Entwicklungsstand ab. Führungsanspruch darf erheben, wer das »höhere Bewußtsein« und das »geheime Wissen« hat. Der Glaube an die »kosmischen Gesetze« und das »geheime Wissen« kann zu elitären Erlösungsvorstellungen führen, die sich negativ auf die Persönlichkeitsentwicklung auswirken.

Auch der bekannte deutsche Esoterik-Schriftsteller und Münchener Startherapeut Thorwald Dethlefsen macht in seinem Buch »Das Leben nach dem Leben« aus der Ungleichheit der Menschen eine Ungleichwertigkeit: »Gleichmacherei hat nichts mit Gerechtigkeit zu tun – hierarchisches Denken nichts mit Diktatur. Entsprechen im Vergleich verschiedene Inkarnationen den verschiedenen Klassen einer Schule, so gehören die verschiedenen Menschen verschiedenen Lernklassen an.« Deshalb müsse jeder Mensch den ihm zugeteilten Dienst in dieser Ordnung erfüllen, damit er nicht zum Krebsgeschwür dieser Welt werde. »Verläßt er dennoch die Ordnung mutwillig, um mißverstandene Freiheit auszukosten«, so Dethlefsen, »so sollte er sich nicht wundern, wenn er eliminiert wird.« Der Wissenschaftsautor Holger Platta stellt in diesem Zusammenhang in der Fachzeitschrift *Psychologie heute* (7/97) die Frage: »Muß man erwähnen, daß dies Anschauungen sind, die bis in den Wortlaut hinein an Adolf Hitler erinnern?«

Auch der indische Guru Bhagwan (1931–1990), der sich vor seinem Tod Osho nannte, erwies Adolf Hitler seine Reverenz. An das deutsche Publikum gerichtet, bezeichnete der Gründer der riesigen Rajneesh-Bewegung Hitler als einen Heiligen, der so moralisch gewesen sei wie Mahatma Gandhi. »Der Tüchtigste überlebt, und der Tüchtigste soll die Macht haben. Und wer die Macht hat, der hat recht. Als Deutsche sollten Sie das verstehen.« Der Guru rechtfertigte auch die politischen Taten des Führers moralisch, selbst den Holocaust.

Bhagwan verstand diese Aussagen nicht ironisch, wie seine Anhänger gern behaupten. In seinem Buch »Die goldene Zukunft« verbreitet der Guru einen ganzen Strauß von reaktionären und faschistoiden Ideen. Im Vorwort wird er als »intellektueller Gigant, Mystiker, erleuchteter Wegweiser für Millionen ganz normaler Menschen rund um den Globus« gefeiert. Die Zukunftsrezepte des Gurus passen dann aber nahtlos in die elitäre Weltsicht radikaler Esoteriker. Bhagwan schlägt vor, daß in Zukunft nur noch Personen mit einem Gymnasialabschluß oder dem Abitur wählen dürfen. Wer sich für ein politisches Amt bewirbt, muß einen Hochschulabschluß vorweisen können. »Wer Bürgermeister werden will, sollte als Mindestqualifikation einen Magisterabschluß haben«, schreibt der Guru. Je höher das Amt, desto größer die Anforderungen. »Ich schlage vor: wenden wir uns völlig vom Mob ab – und den ›wenigen Auserwählten‹ zu.«

Weiter schlägt Bhagwan vor, daß alle Universitäten ein Institut für Deprogrammierung einrichten sollen: »Jeder, der ein Studium abschließt, muß erst ein Zeugnis vom Institut für Deprogrammierung vorlegen, worin steht, daß man dich jetzt als Christ, als Hindu, als Moslem, als Jude deprogrammiert hat.« Ein zweites Institut für Meditation soll quasi der Initiation dienen. Alle Studenten müssen ein Meditationsprogramm absolvieren. Eine Titelüberschrift lautet: »Die Alternative: Meditation oder Tod«. Der Guru setzt seine ganze Hoffnung für die Zukunft auf die Gentechnik. Wenn das Geheimnis der Zelle entschlüsselt sei, breche »ein Tag großer Freude« an, »denn danach können wir den Menschen – sein Leben, seinen Geist, sein Genie, sein Alter, seine Krankheit, seine Augenfarbe, seine Haarfarbe, seine Größe, sein Gewicht – programmieren«, schreibt Bhagwan.

Dann kommt er zum Kern seiner Visionen: »Geburtenkontrolle sollte als absolutes Prinzip gelten, und die Gesundheitsbehörden sollten entscheiden, wie viele neue Menschen wir brauchen.« Bhagwan schlägt die systematische künstliche Befruchtung vor, »damit es zu einer wissenschaftlichen Verbindung zwischen dem besten Mutterei und dem besten Spermium kommt«. Wer ein Kind will, muß einen Test machen lassen: »Das Labor sollte entscheiden, wer die Mutter deines Kindes sein soll«, schreibt der Guru. Es brauche nicht die eigene Frau zu sein. Und er tröstet die Eltern: »Wenn ihr ein Kind auf die Welt bringt, das verkrüppelt oder retardiert oder wahnsinnig oder stumpfsinnig ist und das dann wieder andere Kinder zeugt ... genau deshalb bleiben ja die Idioten immer in der Mehrheit auf der Welt!« Der Stolz des Vaters sollte in Zukunft sein: »Ich habe das beste Kind ausgesucht.« Bhagwan will denn auch die Familie abschaffen und die Kinder in kommunalen Häusern erziehen, »damit die Eltern nicht ihren Geist vergiften können«. Mit dieser Maßnahme will der Guru die Gesellschaft abschaffen, in der er die Ursache der meisten Fehlentwicklungen sieht.

Zum Schluß propagiert er gar die Euthanasie: »Wenn ein Kind blind oder verkrüppelt geboren wird, wenn ein Kind taub oder stumm geboren wird und wir gar nichts machen können ... Nur weil Leben nicht zerstört werden darf, wird dieses Kind leiden müssen, nur euren törichten Vorstellungen zuliebe, siebzig, achtzig Jahre lang. Warum unnötiges Leid verursachen? Wenn die Eltern willens sind, sollte das Kind in ewigen Schlaf geschickt werden. Und es ist gar kein Problem dabei: nur der Körper löst sich wieder in die Elemente auf, die Seele sucht sich einen anderen Mutterschoß. Nichts wird zerstört.« Bhagwan geht noch einen Schritt weiter und schlägt die Sterbehilfe vor, die er als Sterbekontrolle versteht. Alte Menschen sollen – auf eigenen Wunsch – von ihrem Körper befreit werden.

Auch die Esoterik geht von einer Rangordnung aus, auch wenn die Idee wesentlich moderater formuliert wird, als Bhagwan dies tut: Esoteriker sind Nichteingeweihten überlegen, die Meister den Schülern. So erklärt David Spangler, Esoterikautor und Begründer der Findhorn-Bewegung, unmißverständlich, daß spirituelle Gesellschaften nur funktionieren, wenn sie hierarchisch sind. Es sei schließlich klar, daß sich die weniger Erleuchteten an die spirituell höher Entwickelten wenden würden.

Diese Ideologie der Hierarchie läßt sich natürlich nicht in Einklang bringen mit der Demut und Gnade, die die modernen Esoteriker stets als ihr zentrales Lebensprinzip hochhalten.

Die spirituelle Entwicklung wird in der radikalen Esoterik zur Funktion der Macht. Alle Privilegien gehören den »höheren Wesen«. Die moderne, radikale Esoterik kommt mit ihren Karmavorstellungen, der Vorbestimmung, der »spirituellen Hierarchie« und der Idee von der »höheren Ordnung« teilweise zu faschistoiden oder rechtsradikalen Weltanschauungen.

Zwar erkennen die wenigsten Esoteriker diese Zusammenhänge und dürfen deshalb nicht für die ideologischen Auswüchse der radikalen Esoterik verantwortlich gemacht werden. Als Teil der komplexen Esoterikszene müssen sie sich aber hüten, die esoterische Ideologie und die reaktionären Tendenzen durch die stille Duldung zu begünstigen. Die Idee, daß alles gut ist, so wie es ist, zementiert die bestehenden sozialen und politischen Verhältnisse und leistet Machtstrukturen Vorschub, die Ungerechtigkeiten und reaktionäre Systeme fördern. Der Wissenschaftsautor Holger Platta schreibt dazu in seinem Artikel: »Von daher ist es nur folgerichtig, daß New-Age-Vertreter wie Rudolf Bahro und Rainer Langhans, Viktor Farkas und Fritjof Capra, Marilyn Ferguson und Bhagwan in vielfachen Abstufungen für den Führerkult in diesem Kult zu plädieren versuchen. Vom ›grünen Adolf‹ ist da ebenso die Rede wie von ›feuriger Unterwerfung‹. Doch auch in puncto Menschenrechte greift in der Esoterikbewegung rechtsextremistisches Denken um sich.«

Die Hinweise auf Bahro und den »grünen Adolf« sind nicht aus der Luft gegriffen. Tatsächlich müssen viele Grüne zum New-Age-Umfeld und zur Esoterikszene gezählt werden (siehe Kapitel 13). Wenn es um Sektenfragen geht, plädieren viele Grüne in Deutschland denn auch stets für ein Ausmaß an Toleranz, das schwer erklärbar ist. So legten sie sich beim Lebensbewältigungshilfe-Gesetz quer und lehnten als einzige Partei den Bericht der Enquête-Kommission »Sogenannte Sekten und Psycho-Gruppen« des Bundestages ab. Die Sektenspezialistin Ursula Caberta y Diaz von der Innenbehörde in Hamburg erklärte deshalb: »Die Grünen sind eine Esoterik-Partei. Die schützen die Täter.« Und Helga Lerchenmüller von der Aktion Bildungsinformation Stuttgart : »Die Grünen sind die Blockierer, sie wollen die eigene Klientel nicht verstimmen.« Die Nähe der Grünen zu esoterischen Ideen brachte auch der Landtagskandidat Karl-Heinz Loske bei seiner Rede auf der Düsseldorfer Landesdelegiertenkonferenz zum Ausdruck: »Wir sind die Partei der Mutter Erde«, sagte er, wie *esotera* (3/2000) berichtete.

Ihren Führungsanspruch in New-Age-Kreisen demonstrieren Gurus und mystische Meister täglich. Sie verlangen von ihren Devotees, den Jüngern, Gefolgschaft und Gehorsam. Kaschiert wird die Unterordnung, die oft zur Selbstaufgabe führt, mit dem Argument, daß nur der Meister den Weg zum »höheren Bewußtsein« kenne und die Schüler zur Erleuchtung führen müsse. Daß die Abhängigkeit oft zum Verlust der geistigen Autonomie führt, ist weder für den Guru noch die Anhänger anstößig: Führerschaft ist schließlich das Prinzip der esoterischen oder evolutionären Entwicklung, weil angeblich nur die »Eingeweihten« den Schlüssel zum »geheimen Wissen« haben.

Das elitäre Prinzip ruft nach dem vermeintlichen Recht, die Ansprüche durchzusetzen, um dem »Gesetz der Evolution« gerecht zu werden. Wer sich gegen die Vorherrschaft der »Eingeweihten« auflehnt, dem wird vorgeworfen, daß er seine »höhere Bestimmung« nicht akzeptiere und die Transformation verpassen werde.

Denn er habe nicht begriffen, daß es in der bedingungslosen Esoterik weder Gerechtigkeit noch Ungerechtigkeit gebe, daß Moral und Ethik ein Relikt der abendländischen Kultur und Aufklärung seien und daß nur zur Erleuchtung gelange, wer selbst »Schicksalsschläge« wie schwere Krankheiten dankbar als Chance annehme. Das führt direkt in den Fatalismus, der das Leben erstarren läßt. Wenn alles gut ist, so wie es ist, dann müssen auch Unterdrückung, Ausbeutung, Diktatur gut sein. Und totalitäre Regime sind gut, weil sie nach dem Prinzip »Aktion = Reaktion« eine notwendige Funktion im esoterischen Kosmos erfüllen. Radikale Esoteriker betrachten auch Kriege als vorbestimmte Ereignisse, die der »höheren Ordnung« dienen. Es ist ihrer Ansicht nach deshalb in einem übergeordneten Sinn notwendig und »gut«, wenn die Zivilbevölkerung leidet, Frauen vergewaltigt werden und Kinder umkommen. Schließlich ist ja alles nicht so schlimm, denn nicht das »grobstoffliche« Leben ist das wahre Leben, sondern das geistige. Und die Kriegsopfer haben die Chance, das Karma zu reinigen und im nächsten Leben bessere Bedingungen vorzufinden. Oder anders herum: Im »All-Eins« wird alles aufgehoben, auch die Gegensätze. Und nach dem Polaritätsprinzip gehört der Krieg zum Frieden. Also müssen wir den Krieg als Teil der Vorsehung und karmischen Läuterung akzeptieren.

So liegt es ganz auf der Linie, wenn der esoterische Vordenker Thorwald Dethlefsen aus München in seinem Buch »Das Leben nach dem Leben« das Thema pointiert aufnimmt: »Wer das Böse bekämpft, macht das gleiche wie der, der das Gute bekämpft: Beide bekämpfen die Wirklichkeit. Gut und Böse sind nichts anderes als die polare Erscheinungsform ein und derselben Sache, die wir uns als Einheit nur nicht bewußt vorstellen können.« Übersetzt bedeuten Dethlefsens Worte: Wer das Böse bekämpft, ist genauso »böse« wie jemand, der das Gute bekämpft. Ein Schlag ins Gesicht all jener, die im Elend leben, sich um Leidende kümmern oder sich um humane Lebensbedingungen bemühen.

Konsequent zu Ende gedacht, bedeutet dies, daß Friedenspolitik eine unzulässige Einmischung des Menschen in die »universellen Gesetze« ist. Diese unmenschliche These vertreten auch die positiven Denker (siehe Kapitel 6). Somit entpuppt sich die radikale Esoterik als eine Weltanschauung oder Ideologie, die sich gegen ein humanitäres Weltbild richtet.

Es paßt nahtlos ins Bild, wenn der Amerikaner Phil Laut, Begründer der spirituellen Vivations-Therapie, die esoterisch-rassistischen Ideen am Extrembeispiel der Judenfrage thematisiert. Außer Trutz Hardo (siehe Kapitel 8) wagt das kaum ein Esoteriker, weil sich die meisten vor den rechtlichen Konsequenzen fürchten und Angst vor dem Rassismusvorwurf haben. Auf den Holocaust bezogen, erklärt Phil Laut: »Es ist trotz allem wichtig, auf die positiven Auswirkungen davon zu achten. Es hätte schlimmer kommen können. Es hätten mehr als sechs Millionen Juden sterben können. Und das Ereignis erlöste die Juden von ihrer 5000 Jahre alten Opfergeschichte und läßt sie für ihre Rechte in Palästina eintreten. Oder: Sechs Millionen Juden starben, aber einige entkamen auch. Hätten die sechs Millionen wirklich entkommen wollen, wäre es ihnen geglückt.«

Ob solch barbarische Sätze eher einer rassistischen oder esoterischen Verblendung entspringen, spielt letztlich keine große Rolle. Vermutlich befruchten sich Antisemitismus und esoterischer Wahn gegenseitig in unheilvoller Weise. Respekt vor dem Leben an sich kennen Phil Laut und viele andere esoterische Vordenker nicht. In ihren Augen muß sich das Individuum den »kosmischen Bestimmungen« unterordnen. Das sind auch die ideologischen Grundpfeiler des Faschismus: Der Übermensch stellt sich in den Dienst der höheren Macht, die in absolutistischer Manier denkt und lenkt und immer recht hat.

Konsequenterweise lehnen denn auch viele Esoteriker die Menschenrechte als Errungenschaft der abendländisch-christlichen Kultur ab, weil es für sie bei der spirituellen Evolution keine Gleichheit geben kann. Wer sich nicht um die spirituelle Entwicklung bemüht, darf nicht die gleichen Rechte beanspruchen wie die

»Eingeweihten«. Für dogmatische Esoteriker gibt es keine Gleichheit der Rassen. Sie seien nicht rassistisch, beteuern sie zwar lautstark, doch es sei nun mal offensichtlich, daß nicht alle Ethnien den gleichen Stand der »höheren Entwicklung« erreicht hätten. Dieser Tatsache gelte es vorurteilslos Rechnung zu tragen, argumentieren sie. Daß diese Rassentheorie der perfekte Nährboden für völkische Ideen ist, beweisen die Neuheiden, die ein Teil der Esoterikszene sind (siehe Kapitel 12).

Faschistoides Denken wird auch von der esoterischen Idee genährt, daß in der exoterischen Welt nichts verändert werden darf. Die modernen Esoteriker träumen zwar von der Transformation, der großen Veränderung, doch der Mensch darf sich nicht in die »grobstoffliche Welt« einmischen, denn das All-Eins und die »kosmischen Gesetze« sind nach ihrer Ansicht perfekt eingerichtet. Radikal verändern muß sich hingegen das Individuum. Thorwald Dethlefsen bringt es in seinem Buch »Schicksal als Chance« auf den Punkt: »Es gibt in dieser Welt nichts zu verbessern, aber sehr viel an sich selbst.« Dahinter steckt die Illusion, daß das kollektive »höhere Bewußtsein« wachse, wenn sich der Einzelne spirituell verändere.

In Dethlefsens Denken ist innerhalb des gesetzmäßig funktionierenden Kosmos alles harmonisch organisiert. Jede Manifestation habe ihren Sinn, sonst hätte sie gar nicht entstehen können. Zusammen mit dem deutschen Esoteriker Rüdiger Dahlke schreibt Dethlefsen im Buch »Krankheit als Weg« dazu: »Die Welt läßt sich nicht aufteilen in das, was eigentlich sein darf und daher richtig und gut ist, und in das, was eigentlich nicht sein sollte und deshalb bekämpft und ausgerottet werden muß ... Es gibt gar nichts zu ändern oder zu verbessern – außer der eigenen Sichtweise.« Und an anderer Stelle erklären Dahlke und Dethlefsen, das höchste Ziel der Menschen, die Weisheit oder Erleuchtung, bestehe in der Fähigkeit, alles anschauen und erkennen zu können, daß es gut sei, wie es ist. Dies sei wahre Selbsterkenntnis. »Solange einen Menschen noch irgend etwas stört und solange er noch irgend etwas für veränderungsbedürftig hält, hat er Selbsterkenntnis noch nicht erreicht.«

Wenden wir diese Aussagen wieder auf den Holocaust an, so wird klar, welche ungeheuren Thesen Dahlke, Dethlefsen und viele andere Esoteriker vertreten. Nach ihnen dürfen sich spirituell engagierte Personen nicht in soziale oder politische Belange einmischen, selbst wenn es um ein Verbrechen gegen die Menschlichkeit geht. Es wäre allerdings eine echte spirituelle Tat gewesen, wenn sich zwischen 1933 und 1945 mehr Deutsche an der Judenvernichtung »gestört« und sich gewehrt hätten.

Nach der Vorstellung von Dahlke und Dethlefsen wäre es sinnlos gewesen, sich für die Juden einzusetzen, weil angeblich das Karma über das Schicksal entscheidet und der Tod der KZ-Häftlinge von vornherein festgeschrieben war. Mit diesem Argument stehlen sich radikale Esoteriker aus der Verantwortung. Diese abendländische Interpretation der Karmatheorie ist die Kehrseite der Alles-ist-gut-Medaille. Deutlich ausgesprochen hat diesen ungeheuren Gedanken von der kollektiven karmischen Belastung der Juden der bekannte deutsche Rückführungstherapeut Trutz Hardo in seinem Buch »Jedem das Seine«. Er bezeichnete den Holocaust als kollektive karmische Reinigung der Juden, die in den Gaskammern für frühere Gewaltverbrechen büßen mußten (siehe Kapitel 8).

Um sich dagegen zu wehren, was einen stört, braucht man Emotionen, Ärger, Wut. Doch Gefühle müssen Esoteriker oft verdrängen, wenn sie alles akzeptieren wollen, wie es ist. Ernsthafte spirituelle Sucher schauen aber nicht weg, sondern empfinden mit und mischen sich ein, weil Spiritualität nicht nur im geistigen oder kosmischen Raum stattfindet, sondern sehr wohl auch mit dem Alltag zu tun hat und auf die »grobstoffliche Welt« wirkt. Gefühle sind aber eine der wichtigsten Instanzen, um übersinnliche Erfahrungen machen zu können.

Radikale Esoterik hingegen ist eine klinisch sterile Mystik für vergeistigte Menschen. Gefühle sind ihnen oft suspekt, weshalb sie sich lieber an die »kosmischen Gesetze« halten. Empathie und moderne Esoterik sind oft unvereinbar. Nur wer die Emotionen verdrängt, kann alles als gut empfinden, wie es ist. Somit ist Esoterik im geistigen Sinn und strenggenommen nicht eine gelebte Mystik, sondern eine tote Spiritualität. Echte Mystik bedeutet die vorurteilslose und ideologiefreie Auseinandersetzung mit spirituellen Phänomenen, ohne die »grobstoffliche Realität« auszuklammern.

Formulieren wir das Dogma, »alles ist gut, so wie es ist«, noch deutlicher: Warum wehren wir uns, wenn wir bedroht werden? Für radikale Esoteriker eine sinnlose Reaktion, wenn doch angeblich alles gut und vorbestimmt ist. Jedes Schicksal ist schließlich eine Chance, wie es Dethlefsen formuliert. Wer sich wehrt, verpaßt eine Möglichkeit. Wie sagt doch der Starttherapeut: »Lernt der Mensch die erste wichtige Regel, daß alles, was ist, gut ist, weil es ist, so kehrt immer mehr Ruhe und Frieden in ihm ein.«

Diese esoterische Regel widerspricht allen philosophischen und psychologischen Erkenntnissen und Lebenserfahrungen. Die geisteswissenschaftlichen Erklärungsmuster für Aggressionen und Ungerechtigkeiten sind wesentlich hilfreicher. Sie gehen unter anderem von der strukturellen Gewalt, also den Außeneinflüssen und unbewußten Phänomenen aus. Dies sind Kategorien, die direkt mit dem Menschen zu tun haben und von ihm nachvollzogen werden können. Die menschlichen Unzulänglichkeiten und das Schicksal werden also nicht mit okkulten Hypothesen oder der karmischen Belastung aus früheren Leben erklärt, sondern auf eine menschliche Dimension reduziert. Damit wird auch das Böse »menschlich«, was ihm einen Teil des Schreckens nimmt und dem Individuum die Möglichkeit gibt, sich gegen Ungerechtigkeiten und Elend zu wehren. Es ist nicht fatalistisch ausgeliefert, sondern kann agieren. Echte Spiritualität berücksichtigt denn auch, daß die übersinnlichen Phänomene direkt mit dem Leben zu tun haben und unter anderem auch dazu dienen, den Alltag besser zu verstehen und bewältigen zu können. Abgehobene übersinnliche Konzepte hingegen degradieren die Menschen weitgehend zu Statisten, die keinen Einfluß auf das Geschehen nehmen können. Somit fordert das esoterische Gedankengut den Fatalismus und die Ohnmacht.

Um der Vorbestimmung ein sanftes Gesicht zu geben, produzieren Esoteriker oft unreife Weltbilder, die dem Schicksal den Schrecken nehmen sollen. So schreibt Dethlefsen: »Ein Mensch, der richtig und gesetzmäßig lebt, braucht sich vor nichts zu fürchten, deshalb braucht er auch keinen Staat, der ihm im Krankheitsfall eine Prämie auszahlt, ihn vor dem Verhungern schützt und vor Mördern bewahrt. Einen solchen staatlichen Schutz glauben nur die zu bedürfen, die so miserable Inhalte setzen, daß sie ständig auf der Flucht vor sich selbst sind.« Diese Vorstellung erweckt den Eindruck, der Mensch sei ein Einzelwesen und ausschließlich von astralen oder übersinnlichen Kräften bestimmt. Esoteriker übersehen dabei, daß wir soziale Wesen sind und im Alltag hauptsächlich von »grobstofflichen« Außeneinflüssen geprägt werden.

Die Frage, ob es rechtsextremes Gedankengut in der Esoterik gibt, beantwortet Platta folgendermaßen: »Es ist die Esoterik selbst, von Anfang an und in ihrem Kernbestand, die sich mit Grundauffassungen des rechtsextremistischen Denkens deckt.« Der entscheidende Unterschied besteht deshalb darin, daß reaktionäre Gruppen ihre ideologischen Dogmen mit aller Kraft politisch umsetzen wollen. Die radikalen Verfechter der neuen Esoterik hingegen postulieren lediglich rechtsradikale und teilweise faschistoide Vorstellungen, ohne sie konsequent zu verwirklichen, denn viele spirituelle Sucher wollen nicht auf die exoterische Welt einwirken.

Die bedingungslose Esoterik ist somit eine passive Variante des Rechtsextremismus. Man darf aber nicht übersehen, daß die esoterische Ideologie eine strukturelle Gewalt verkörpert. In Zeiten allgemeiner Desorientierung, die den Fundamentalismus begünstigt, kann das Phänomen eine echte Gefahr für die Gesellschaft sein. Dies zeigt sich in den neuheidnischen und völkischen Tendenzen deutlich. In einer »transformierten Gesellschaft« hätte die Demokratie ausgedient. Das Diktat würden Meister und »Erleuchtete« übernehmen.

Kapitel 12
Allianz der Esoteriker mit den Neuheiden

Der Großteil der Esoterikszene hat kein großes Interesse an politischen Fragen. Wer »erleuchtet« werden will, konzentriert seine Kräfte lieber auf die Selbstverwirklichung. Für die radikaleren Flügel der Esoterikszene trifft dies nicht zu, sie lassen sich politisch klar am rechten Rand einordnen, weil sie von naturreligiösen und teilweise völkischen Phänomenen fasziniert sind. Ein Umstand, der vielen »sanften« Esoterikern nicht bewußt ist.

Die reaktionäre Gesinnung ist überraschend, betätigen sich doch viele Intellektuelle im esoterischen Lager. Die Enttäuschung über die exoterische Welt hat sie wie viele spirituelle Sucher in esoterische Sphären getrieben. Um keine Mißverständnisse aufkommen zu lassen: Es kann durchaus spannend und sinnvoll sein, sich mit alten naturreligiösen Phänomenen zu befassen. Die meisten Esoteriker tun dies, ohne die rechtsradikalen politischen Positionen und den ideologischen Ballast von den Neuheiden zu übernehmen. Doch sie bewegen sich in einem kultischen Milieu, dessen rechter Flügel reaktionäre, völkische, neuheidnische und teilweise rassistische Positionen vertritt. Deshalb müssen sich auch gemäßigte Esoteriker vorsehen, daß sie diesen braunen Tendenzen nicht Vorschub leisten.

Um die braunen Wurzeln der radikalen Esoteriker zu verstehen, ist ein Blick in die Vergangenheit nötig. Esoterisch-okkulte Ideen spielten schon früher in Geheimbünden, Logen und theosophischen Bewegungen eine ebenso wichtige wie unheilvolle Rolle. So grassierten Okkultismus und schwarze Magie an der Schwelle zum 20. Jahrhundert wie kaum zuvor. Zentren okkulter Geheimbünde und spiritistischer Zeitschriften waren beispielsweise Wien und München. Jene Städte also, in denen Adolf Hitler aufgewachsen war und seine politische Karriere startete.

Zu den einflußreichsten okkulten Gurus gehörten damals Guido von List und Jörg Lanz von Liebenfels. Sie stützten sich auf die Theosophie von Helena Blavatsky, reicherten ihre Ideologie aber mit schwarzmagischen und völkischen Versatzstücken an. List »säuberte« die theosophische Lehre, entfernte verschiedene fernöstliche Elemente und fügte germanische Ideen ein. Er verschmolz seine arische Rassentheorie mit der Theosophie und nannte die neue Lehre »Ariosophie«, ein Begriff, der im Nationalsozialismus zur Ideologie des Schreckens wurde.

Die Ideen von List und Lanz von Liebenfels wurden von der Thule-Gesellschaft in München aufgenommen. Diese völkische Organisation gründete Rudolf Freiherr von Sebottendorf 1918 als Tarnorganisation des Germanen-Ordens. Die beiden Organisationen waren ideell und personell verflochten. Der okkulte Arm der Thule-Gesellschaft war eine Art Geheimbund, weshalb es nur wenige gesicherte Dokumente gibt. Unbestritten ist aber, daß mehrere Männer darin aktiv waren, die später eine führende Rolle im Nationalsozialismus spielten.

Mit Sicherheit gehörten der spätere Reichsleiter Alfred Rosenberg, Max Amann, Geschäftsführer der NSDAP, Hans Frank, Generalgouverneur von Polen, Bernhard Stempfle, Intimfreund und Beichtvater von Hitler, Anton Drexler, Ehrenvorsitzender der NSDAP, und Karl Harrer, Reichsvorsitzender der DAP, zur Thule-Gesellschaft. Einzelne Historiker erklären, Hitlers Stellvertreter Rudolf Heß, SS-Chef Heinrich Himmler und Hermann Göring seien ebenfalls Mitglieder der Thule-Gesellschaft gewesen, gesichert sind diese Informationen aber nicht.

Verschiedene Thule-Leute engagierten sich auch in der Deutschen Arbeiterpartei (DAP) aus der später die Nationalsozialistische Deutsche Arbeiterpartei (NSDAP) hervorging. Die völkischgermanischen Ideen, die theosophischen Vorstellungen und die arische Rassentheorie flossen unter anderem über die Thule-

Leute in den Nationalsozialismus ein. Hitler war allerdings schlau genug, die okkulte Ideologie seiner Weggefährten zurückzudrängen, nachdem er 1933 die politische Macht erkämpft hatte. Die heidnischen Riten und Traditionen des Germanentums ließ er aber im Nationalsozialismus wieder aufleben. Am deutlichsten zeigten sie sich bei den Ritualen der SS, die im Innern wie ein Geheimorden organisiert war und auf der Wewelsburg okkulte Initiationsriten pflegte. Dabei ließ der Reichsführer der SS Heinrich Himmler die Kreuzritter, Rosenkreuzer und Tempelritter wieder aufleben. Außerdem pflegte er die Gralsmystik.

Mit der Esoterikwelle erlebten das Germanentum und die heidnischen Ideen eine Renaissance. Die modernen Esoteriker verehren ebenfalls die germanischen Götter und suchen ihre spirituellen Wurzeln wie einst die Nationalsozialisten bei den heidnischen Vorfahren. Dies bedeutet natürlich nicht, daß alle spirituellen Sucher, die sich mit germanischen oder druidischen Vorstellungen und Riten auseinandersetzen, automatisch zum reaktionären oder rechtsradikalen Lager gehören. Die Neue Rechte nutzt allerdings diese Faszination gezielt für ihre politischen Zwecke und fischt mit völkischen Ködern im esoterischen Teich. Dabei lassen sich radikale Esoteriker oft – bewußt oder unbewußt – vor den braunen Karren spannen. Die neurechten Ideologen verstecken ihre politischen Absichten und täuschen die spirituellen Sucher mit dem Argument, sie seien ebenfalls nur an den germanischen Traditionen interessiert.

Um von den rechtsradikalen und faschistoiden Ideen abzulenken, stellt die Neue Rechte den Nationalsozialismus als Bewegung dar, die unsere germanischen Wurzeln, die durch die christlich-jüdische Religion zugeschüttet worden seien, wieder freilegen wolle. Zu diesem Zweck haben rechtsradikale Autoren eine ganze Reihe von Büchern auf den Markt geworfen, die den Nationalsozialismus als Hüterin des germanischen Erbes darstellen und ihn indirekt verklären. Damit versuchen die verschiedenen neurechten Bewegungen, die Esoterik- und New-Age-Szenen, die sich ebenfalls für mystisch-magische und naturreligiöse Phänomene interessieren, zu instrumentalisieren. Als gemeinsame Basis benutzen die Neuen Rechten den Glauben an die germanischen und keltischen Traditionen und Rituale – oder was sie dafür halten. Verklären die Neuen Rechten die »germanische Kultur« aus politischen Gründen, sind die modernen Esoteriker an den mystischen Fähigkeiten unserer Vorfahren interessiert. Verkauft werden die teilweise verbotenen Bücher mit dem rechtsradikalen und antisemitischen Gedankengut vor allem in Esoterikbuchläden.

Brauner Bestseller von Jan van Helsing

Die hohen Auflagen der einschlägigen Literatur zeigen den durchschlagenden propagandistischen Erfolg der rechtsradikalen Ideologen. Dies läßt sich am Beispiel des 1993 erschienenen Buches »Geheim-Gesellschaften« von Jan van Helsing exemplarisch aufzeigen. Hinter dem Pseudonym versteckt sich der rechtsradikale Jan Udo Holey. Der junge deutsche Autor wurde in esoterischen, neuheidnischen und neurechten Kreisen rasch zur Kultfigur. In der Schweiz haben Polizei und Justiz das Buch wegen seiner antisemitischen Aussagen wiederholt beschlagnahmt. 1997 wurde Emil Rahm, der Herausgeber der rechtslastigen Polit-Postille *Memo-Press*, rechtskräftig verurteilt, weil er das Buch in seinem Blatt angepriesen und an Interessenten verschickt hatte. In Deutschland wurde ein Verfahren wegen mutmaßlicher Volksverhetzung gegen Autor und Verleger des Machwerks eingestellt, weil sich die Justizbehörden über die Zuständigkeit nicht einigen konnten.

Jan van Helsing behauptet in seinem Bestseller, die Hauptstadt des ersten Kontinents, der von Ariern besiedelt worden sei, habe Ultima Thule geheißen, der Erdteil selbst Hyperborea. Ultima Thule sei älter als die beiden ebenfalls untergegangenen Kontinente Lemuria und Atlantis gewesen. Die Hyperboreaner kamen vermeintlich aus dem Sonnensystem Aldebaran. Sie waren angeblich Wesen mit einer Körpergröße von vier Metern, heller Hautfarbe, blonden Haaren und blauen Augen. Ur-Arier eben. Auf die Erde übersiedelten sie nach Ansicht von Jan van Helsing mit Ufoähnlichen »Vril-Flugkörpern«. Diese sollen Lichtgeschwindigkeit erreicht und mit einer sogenannten »Vril-Technik« die Schwerkraft für den Antrieb genutzt haben.

Die neurechten Ideologen behaupten, das Dritte Reich habe ähnliche Vril-Flugkörper gebaut. Diese hätten die Nazis an einem geheimen Ort in der Antarktis, den sie Neuschwabenland nannten, entworfen und gebaut. Die Neuen Rechten vermuten, Hitler sei nach dem Zusammenbruch des Dritten Reichs möglicherweise mit Vril-Flugkörpern zu den Ur-Ariern geflüchtet. Van Helsing und andere Exponenten der braunen Szene drücken damit die Hoffnung aus, daß Hitler den (aufgeschobenen) Endsieg aus dem All vorbereite. Auf einem Ufo-Weltkongreß in Zürich hielt beispielsweise der Österreicher Norbert J. Ratthofer am 25. Februar 1996 einen Vortrag mit dem Titel »Das Vril-Projekt: Demnächst Endkampf um die Erde?«. Aufschlußreich ist auch der Untertitel des Referats: »Geheimnis des Dritten Reichs – Ufos – das Dritte Reich schlägt zurück«.

Mit Weltverschwörungsideen Esoteriker ködern

Die neurechten Ideologen verdanken den Erfolg ihrer Bücher auch den Weltverschwörungstheorien, die ich in meinem Buch »Im Bann der Apokalypse« ausführlich beschrieben habe. Von diesen Ideen ließen sich besonders die radikalen Flügel der Esoterikszene anstecken. Neurechte und neuheidnische Kreise behaupten wie die Nationalsozialisten, es sei eine geheime Weltregierung am Werk, welche die globale Macht anstrebe. Diese Schattenregierung soll aus jüdischen Bankiers, Freimaurern und Illuminati (»Erleuchteten«) bestehen. Dies sind die gleichen antisemitischen Wahnvorstellungen, die Hitler kolportierte, um die Judenvernichtung zu rechtfertigen. Erstaunlicherweise akzeptieren weite Teile der Esoterik- und New-Age-Szene die plumpe Geschichtslüge und lassen sich ideologisieren und instrumentalisieren.

Die unheilvolle Renaissance der Verschwörungstheorie dient ebenfalls der Verklärung des NS-Regimes. Van Helsing suggeriert damit den Lesern, die geheime Weltregierung sei schon seit dem 18. Jahrhundert am Werk und habe in den sogenannten »Protokollen der Weisen von Zion« die Strategie der globalen Machtübernahme festgeschrieben. Hitler habe den Zweiten Weltkrieg inszeniert, um die zionistische Verschwörung und die geheime Weltregierung zu zerschlagen. Der Zynismus, der hinter dieser Geschichtsklitterung steckt, ist offensichtlich, war es doch Hitler, der mit dem Holocaust und dem Zweiten Weltkrieg genau jene globale Herrschaft anstrebte, vor der er die Welt zu retten vorgab.

Hitler erwähnte die Protokolle bereits 1925 in »Mein Kampf«. Und Jan van Helsing schreibt über die Protokolle: »Hier haben wir einen Plan vorliegen, der aufzeigt, wie man es anstellen muß, die Welt zu versklaven.« Der Vordenker der Neuen Rechten zählt namentlich die jüdischen Bankiers, Zionisten, Freimaurer und Illuminati auf, die angeblich zur geheimen Weltregierung gehören oder gehörten. Die Liste ist lang. François Mitterand wird als Großmeister der »Grand Orient«-Freimaurerloge »enttarnt«, George Bush als besonders eifriger Drahtzieher. Zum »Komitee der 300« sollen auch Henry Kissinger, Königin Elisabeth II., Königin Juliana, Prinzessin Beatrix, Otto von Habsburg, Olof Palme, David Rockefeller, Baron de Rothschild usw. gehören oder gehört haben. Ins Verschwörungskonstrukt preßt van Helsing auch den Club of Rome, die EU und die UNO. Auch die Loge »Grand Orient«, der Kommunismus, die Serviceclubs »Rotary« und »Lions-Club«, die Johannisgrade, die Freimaurer ohne Schurz und der Humanismus sollen an der geheimen Regierung beteiligt sein. Es kümmert die Neuen Rechten und modernen Esoteriker aber nicht, daß die Protokolle gefälscht sind, wie historisch belegt und gerichtlich bestätigt ist.

Mit solchen Ideen versuchen die Neuen Rechten den Esoterikern einzureden, daß das Dritte Reich habe eigentlich nur die germanische Tradition wiederbeleben wollen. Um die spirituellen Sucher nicht allzusehr mit rechtsextremen Vorstellungen vor den Kopf zu stoßen, geben van Helsing und andere reaktionäre Autoren zu, daß Hitler mit dem Holocaust über das Ziel hinausgeschossen sei. Seine Grundidee, uns vom Joch der abendländischen Kultur zu befreien, sei aber ehrenhaft gewesen, denn die jüdisch-christliche Lehre habe unsere germanische Religion verdrängt. Mit der Ariosophie wollte der Nationalsozialismus nur die kolonisatorische Macht der jüdisch-christlichen Allianz brechen und uns unsere ursprüngliche spirituelle Würde zurückgeben, behaupten die Neuen Rechten.

Eine wichtige Drehscheibe der rechtsradikalen Vordenker ist der Ewertverlag aus Rhede. Die Titel seiner Bücher demonstrieren das ideologische Programm: »Die geheime Regierung«, »Die Insider«, »Das wichtigste Geheimnis der Menschheit – So wird die Menschheit hinters Licht geführt«, »Die unsichtbaren Waffen der Macht«. Bezeichnend ist denn auch, daß die Bücher der Okkultisten Jörg Lanz von Liebenfels und Guido von List, die dem Thule-Orden den ideologischen Überbau für die Ariosophie lieferten, heute neu aufgelegt und vor allem in esoterischen Kreisen gelesen werden.

Die rassistischen Ideen der Universalen Kirche

Die Effizienz der Propagandamaschinerie der braunen Allianz demonstriert auch das in der Schweiz erscheinende esoterische Magazin »ZeitenSchrift«. Die Titelgeschichte der ersten Nummer aus dem Jahr 1993 befaßt sich mit den mystischen Übermenschen und ihrer unterirdischen Himalaja-Stadt Shambala. Wer allerdings weiß, daß die beiden Herausgeber Ursula und Benjamin Seiler-Spielmann Anhänger der theosophisch-esoterischen Sekte Universale Kirche, auch »Fundament für Höheres Geistiges Lernen« oder »Bruderschaft der Menschheit« genannt, sind, ist nicht überrascht. Die Anhänger des Kults verbreiten ebenfalls die Idee von der »Höheren Geistigen Hierarchie«, die ihr Reich in der unterirdischen Stadt Shambala eingerichtet haben soll.

Am Beispiel der Universalen Kirche läßt sich deutlich zeigen, daß mystisch-okkulte Visionen und rechtsradikale, rassistische Ideen in vielen Zirkeln zwei Seiten der gleichen Medaille sind. Im Rundbrief »Inner Light«, am 24. Juli 1993 an über 400 deutschsprachige Mitglieder des theosophischen Kultes verschickt, offenbarte der Guru Peter Leach-Lewis auch prompt antisemitische Vorstellungen: »Es wird Zeit, daß ihr erkennt, daß die Juden ein Krebs im Körper der Menschheit sind.« Diese Botschaft will Peter Leach-Lewis durch Lord Morya von der »Höheren Geistigen Hierarchie« empfangen haben.

Im Rundbrief vom 12. Dezember 1993 doppelte der Kultführer nach. Israel sei »der Sitz des Antichristen«, ließ er verlauten. Und in einem Dankesbrief vom 22. September 1994 an die Mitglieder griff er die Weltverschwörungstheorie auf: »Wir leben in einer Welt, in der die Protokolle der Weisen von Zion im Geheimen alles, was Du und ich für gut halten und ganz und wahr, an sich reißen und pervertieren!« Und im Rundschreiben vom 1. Juli 1995 setzte er seine rassistischen Äußerungen mit den Aussagen fort, ein bekannter polnischer Priester habe gesagt, wegen »ihrer satanischen Gier zettelten die Juden den 2. Weltkrieg an, genauso, wie sie für den Beginn des Kommunismus verantwortlich waren«. Diese Aussagen kommentierte Leach-Lewis mit den Sätzen: »Es ist vollkommen wahr. Dieser gesegnete Kirchenmann sprach die absolute Wahrheit.«

Ein Blick ins Inhaltsverzeichnis verschiedener Ausgaben der »ZeitenSchrift« läßt den Geist der Herausgeber und Mitglieder der Universalen Kirche erkennen: »Die UFOs des Nazi-Regimes und: Vom Geheimwissen zur Schwarzmagie« (Nr. 3), »Hitlers Fluchtweg nach Argentinien« (Nr. 4), »Das Spiel der Illuminati um die ›Neue Weltordnung‹«, »Juden: Ihre Rolle in der Welt von heute – ihre wahre Herkunft« (Nr. 10), »Geheimlogen: Woher sie kommen und wie sie die Menschheit prägten«, »Der Sinn der Freimaurerei und wie sie heute gelebt wird«, »Die Verschwörung der Illuminaten«, »Interview mit Jan van Helsing« (Nr. 12). Obwohl mehrere Mitglieder der Universalen Kirche in der Schweiz wegen der Verbreitung antisemitischer Aussagen zu Bußen und bedingten Gefängnisstrafen verurteilt worden waren, drückte der Guru Peter Leach-Lewis seinen Judenhaß im Rundbrief Nr. 18 vom September 1999 erneut aus, indem er Begriffe wie »jüdischer Pöbel« und »jüdisches Gezücht« verwendete.

Von Hexen, Schamanen und Druiden

Viele Esoteriker verklären das Germanentum und naturreligiöse Ideen. Sie verehren Gaia, die Mutter Erde, und befragen germanische Runenorakel. Auch Hexen und Schamanen sind Teil der neuheidnischen Naturreligion, mit der der völkische Mythos verstärkt wird. Zur Renaissance der neuheidnischen Tradition gehört auch der Kelten- und Druidenkult, mit dem unsere verschütteten übersinnlichen Kräfte geweckt werden sollen. Gegen eine seriöse historische und auch mystische Beschäftigung mit den alten schamanischen, neuheidnischen und druidischen Traditionen ist selbstverständlich nichts einzuwenden, zumal es faszinierende Phänomene sind. Es gibt allerdings innerhalb der Druiden- und Hexenszenen radikale Strömungen, die das Heidentum in fragwürdiger ideologischer Weise wiederbeleben wollen. Sie halten es für die »artgerechte« Religion, die sie mit fanatischem Eifer und Intoleranz zum alleinigen Lebens- und Glaubensprinzip machen wollen. Dabei gehen sie teilweise eine unheilvolle Allianz mit der Neuen Rechten ein und leisten reaktionärem, völkischem und rassistischem Gedankengut Vorschub.

Die Neuheiden müssen zum Umfeld der Neuen Rechten gezählt werden. Es gibt eine Vielzahl von Gruppen mit okkulten, esoterischen oder paganen (neuheidnischen) Heilsvorstellungen und apokalyptischen Visionen. Verschiedene Exponenten dieser völkisch-okkulten Gruppen spielen oder spielten eine führende Rolle in rechtsradikalen Organisationen wie der Wiking Jugend, dem Bund Heimattreuer Jugend, der (inzwischen verbotenen) Nationalistischen Front, der Freiheitlichen Deutschen Arbeiterpartei (ebenfalls verboten), der Volkssozialistischen Bewegung und der Aktion Oder Neiße. Zum Tanz um das neuheidnische Kalb versammeln sich also Anhänger völkischer, germanischer, keltischer, animistischer und neorassistischer Zirkel und Ideen. Die Neuen Heiden versuchen gezielt, das Heidentum zu redefinieren und dem Begriff einen neuen Inhalt zu verpassen. Sie wollen das Heidentum zum Synonym für Naturhaftigkeit, mystische Urkraft, geistige Unabhängigkeit und Reinheit machen. Immer mehr zivilisationsmüde und ideologisch verklärte Esoteriker sind fasziniert von diesem naturreligiösen und mystischen Heilsmix. Die ideologische Verflechtung und personelle Verquickung der neuheidnischen und neurechten Szenen führen zu einer Potenzierung des rechtsradikalen Milieus. Eine scharfe Trennung der beiden Strömungen ist nicht möglich. Die Neuheiden konzentrieren sich im Gegensatz zu den Neuen Rechten in erster Linie auf mystisch-religiöse Ideen. Die politischen Elemente der völkischen Ideologie vernachlässigen sie großzügig. In ihrem spirituellen Konzept hat alles Platz, was dem »höheren Selbst« und dem »kosmischen Bewußtsein« dient.

Zu den neuheidnischen Vordenkern gehören nicht nur neurechte Ideologen und radikale Esoteriker, sondern auch erfolgreiche Philosophen. Der bekannteste Exponent ist Alain de Benoist, Vertreter der französischen Nouvelle Droite und Autor zahlreicher politischer Werke. Benoist propagiert einen neuen europäischen Glauben nach heidnischen Prinzipien, den Ethnopluralismus. Diese Ideologie vertritt die Überzeugung, daß sich ein Volk nur innerhalb seines geographischen Umfelds und seiner religiösen und kulturellen Traditionen entwickeln darf, wenn es seine Identität bewahren will. Das neue Heidentum kennt keine Trennung zwischen dem unpersönlichen Gott und der Welt, beide bedingen und durchdringen sich angeblich gegenseitig. Die Vertreter des Ethnopluralismus beschwören teilweise biologisch-rassistische Werte, die im Erbgut verankert sein sollen.

Heute zählen aber nicht nur die Anhänger der germanischen Naturreligionen und völkischen Bewegungen zu den Neuen Heiden, auch viele Okkultisten, radikale Esoteriker, Schamanen und »feministische Hexen« bezeichnen sich als Neuheiden. Allein schon diese bunte Palette von »Gläubigen« zeigt, daß ein diffuser Mystizismus das verbindende Element ist.

Zu den neuheidnischen Erscheinungen gehört auch der Keltenkult, der in den 70er Jahren in esoterischen Kreisen populär wurde. Der Mythos von den übersinnlichen Fähigkeiten der Druiden, der keltischen Priester, begeisterte viele Esoteriker. Der Keltenkult führte zur Gründung mehrerer Druidengruppen, die im deutschen Dachverband »Altes Volk« organisiert sind. Sie zelebrieren an besonderen Kultplätzen ihre Rituale zur Sonnenwende.

Weiter zählen die Ariosophen, Gylfiliten, Armanen, die Gemeinschaft der Goden, die Heidnische Gemeinschaft, der Bund für Gotterkenntnis, die Artegemeinschaft (im Dritten Reich als Nordische Glaubensgemeinschaft bekannt), die Germanische Glaubens-Gemeinschaft (GGG), der Germanen-Orden, der Nordische Ring, Wotans Volk, die Deutsche Glaubensbewegung, die Arbeitsgemeinschaft Naturreligiöser Stammesverbände Europas (ANSE), der 1990 gegründete Dachverband neuheidnischer Zirkel usw. zu den neuheidnischen Organisationen.

Die Magie der Hexen

Manche radikale Feministinnen und Wicca-Gläubige, die vom Hexenkult fasziniert sind, zählen sich ebenfalls zum neuheidnischen Milieu. Moderne Hexen fühlen sich den Kelten verbunden und glauben, die weiblichen Göttinnen hätten bei den Kelten eine wichtige Rolle gespielt. Ihre »Religion der Weiblichkeit« trägt magische Züge. Der mystischen Intuition, ihrer Ansicht nach eine weibliche Eigenschaft, messen sie eine kosmische Bedeutung zu. Verschiedene Wicca-Zirkel verbrämen Eisprung und Menstruation übersinnlich; die Gebärfähigkeit werten sie als spirituelle Überlegenheit. Viele Neo-Hexen sehen sich in der Rolle von Schöpferinnen. Das Weibliche an sich wird zum religiösen Prinzip erhoben.

Die Wicca-Zirkel pflegen ähnliche spirituelle Rituale mit ekstatischen Effekten wie die Druiden. Dabei suchen sie den medialen Kontakt zu ihren Gottheiten. Sie verstehen die Magie als Energie, die dem Kosmos das Leben gibt. Die Meditation öffnet ihrer Ansicht nach der Seele die Pforte zum »höheren göttlichen Selbst« und zum Kosmos.

In den USA soll der Kult nach Schätzungen von Wicca-Kennern rund zwei Millionen Anhängerinnen haben. In Europa sind England, Schweden und Deutschland die Hochburgen der Wicca-Zirkel. Gemäßigte Hexengruppen gibt es auch in der Schweiz. Verschiedene neuheidnische Bewegungen vertreten auch Wicca-Interessen, wie beispielsweise die internationale heidnische Organisation Pagan Federation, der Heidenkreis, der Yggdrasil-Kreis, der Steinkreis, der Urda-Clan, Jorinx, Starhawk, Hagia Chora oder das Alte Volk. Diese Gruppen öffnen heute den spirituellen und ideologischen Fächer sehr weit, um ihr Rekrutierungspotential zu vergrößern. Dadurch wird die Vernetzung mit der Esoterikszene weiter begünstigt.

Das neuheidnische Netzwerk Steinkreis beispielsweise lockt das Publikum mit einem breiten esoterischen Angebot an, das einen Wicca-Arbeitskreis, Runen-Zirkel, Seminare in Kräutermagie, Tarot, Fernkurse in Wicca, Naturreligion und Naturmagie, Schamanismus, Fahrten zu Kult- und Kraftplätzen und Rituale zur Verehrung von Gaia, der Mutter Erde, umfaßt.

Zum neurechten und neuheidnischen Umfeld gehören auch die Verfechter des Biozentrismus und die Anhänger der radikalen Öko-Bewegung, die teilweise einen Öko-Faschismus predigen. Biozentristen sind Vertreter des Bioregionalismus, der Tiefenökologie, der Erdbefreiung und des Veganismus, des extremen Vegetarismus. Die bekannte deutsche Sachbuchautorin Jutta Ditfurth sieht in diesen Strömungen einen Code für den Antihumanismus und gegen die Selbstbestimmung und Emanzipation des Menschen.

Der Bioregionalismus ist eine Variante des Ethnopluralismus. Darunter wird nicht die Integration verschiedener Ethnien verstanden, sondern die »Entflechtung«, was letztlich rassistisch ist. Bioregionalisten beanspruchen ein Erstrecht auf die Umgebung, in der sie geboren sind. Sie kämpfen gegen die vermeintliche Zerstörung regionaler Identität, die ihrer Ansicht nach zur Nivellierung kultureller und ethnischer Unterschiede und zur »Welteinheitszivilisation« führt.

Diese Kreise wollen die Tiere den Menschen gleichsetzen. In einem Artikel vom 1. Mai 1987 in der neuheidnischen Zeitschrift »Earth First« wird tatsächlich gefordert, die Menschheit müsse zum Wohl der Natur auf 20 Prozent ihrer bisherigen Bevölkerungszahl reduziert werden. Dabei komme Aids eine wichtige Bedeutung zu.

Auch die Veganer gehören teilweise zu den Tiefenökologen. Die Mystifizierung der Natur beschränkt sich bei ihnen aber vorwiegend auf die Tiere, die auf eine Stufe mit dem Menschen gestellt werden. Inzwischen gibt es in Deutschland unzählige Veganer-Gruppen wie Animal Peace, Vegane Offensive, Anarchistische Tierrechts-Aktion, Anarchistische VeganerInnen usw. Animal Peace soll 20 000 Mitglieder haben.

Die meisten neuheidnischen Gruppen haben ein apokalyptisches Heilskonzept. Wie manche Esoteriker verkünden auch die

Neuen Heiden eine Wendezeit beim Übergang zum Wassermann-Zeitalter, begleitet von einem Polsprung (Kippen der Erdachse), von Naturkatastrophen, Seuchen, einem Börsencrash und sozialen Unruhen. Auch die Weltverschwörungstheorie gehört zu diesen Endzeitvorstellungen. Wie die New-Age-Anhänger prophezeien sie ein neues Zeitalter. Dabei spielt die Astrologie eine wichtige Rolle.

Das Gedankengut der Neuheiden breitet sich rasch aus. Wothan, Gaia und wie die Götter alle heißen, haben Eingang in die Alltagskultur gefunden. Runenorakel, Keltenriten und germanische Mythologie stoßen auf ein breites Interesse auch bei Leuten, die keine braune Gesinnung haben. Viele esoterische Bücher präsentieren diese Themen jedoch, ohne auf die rechtsradikalen, okkulten und theosophischen Zusammenhänge einzugehen. So werden diese Mythen von vielen Lesern unbewußt verinnerlicht, wodurch sie mithelfen, das kultische Milieu zu verstärken.

Mit dem wachsenden Fremdenhaß findet die Rassentheorie der Neuen Heiden auch bei verunsicherten Menschen Anklang, die mit mystisch-okkulten Ideen wenig anfangen können. Verschiedene Gruppen nutzen die Angst vor der Überfremdung als Propagandamittel für ihre völkischen Ideen. Das Gedankengut der Neuheiden und der Neuen Rechten sickert zunehmend in die Köpfe jener Leute, die offen für populistische Argumente sind.

Das Neue Heidentum verbreitet sich zwar in ganz Europa, in Deutschland ist aber der höchste Organisationsgrad zu beobachten. Die politisch motivierten Neuen Rechten gewinnen auch in der Schweiz an Boden. Wie in Deutschland verbünden sie sich mit verschiedenen Esoterik-Zirkeln und Neuheiden. So hielt beispielsweise der rechtsradikale Propagandist Roger Wüthrich am 13. Januar 1998 auf Einladung der Schweizer Vereinigung für Parapsychologie einen Vortrag zum Thema »Geschenk der Götter an die Menschen?! Wotans Lehren«. Wüthrich war Mitbegründer der Wiking-Jugend Schweiz und der völkisch-heidnischen Avalon-Gemeinschaft, wie die *WochenZeitung* vom 22. Januar 1998 schrieb. Auf dem Büchertisch entdeckte der Journalist Hans Stutz ein Buch von Hermann Wirth, dem Gründer des SS-Instituts »Deutsches Ahnenerbe«.

Es geht zwar nicht an, die Anhänger einer gemäßigten Esoterik ins Umfeld der Neuheiden oder gar der Neuen Rechten zu rücken. Sie müssen sich allerdings hüten, daß sie den radikalen Kräften der Esoterikszene keine Plattform bieten. Und sie täten gut daran, sich laut und deutlich von den Neuheiden, theosophischen Strömungen und völkischen Zirkeln zu distanzieren.

Kapitel 13
Die Illusionen der Grünen und der Netzwerke

Esoterik geht also davon aus, daß alle Dinge im Universum eine bestimmte Funktion im kosmischen Gefüge erfüllen und sich in wundersamer Weise in die »höhere Ordnung« einfügen. Die einzige Aufgabe aller Dinge und der Dinge hinter den Dingen, also der astralen Welt, bestehe darin, sich den zyklischen Prozessen und dem göttlichen Lauf des Universums anzupassen. Da sich alles in den Dienst der »kosmischen Gesetze« stellen muß, ist Gelassenheit die größte Tugend. Es geht darum, sich von der irdischen Gebundenheit zu lösen und in der geistigen oder astralen Welt aufzugehen. Wer losläßt und akzeptiert, was mit ihm passiert, ist auf dem besten Weg zur Erleuchtung, glaubt die Esoterik. So gibt es denn nach esoterischer Lesart weder Schicksal noch Zufall. Radikale Esoteriker erkennen offenbar nicht, daß man damit in Gefahr gerät, den Gestaltungswillen zu verlieren.

Diesem ausgeprägten Fatalismus huldigen die radikalen Esoteriker aber erst seit kurzer Zeit. Das Dogma, in der exoterischen Welt nichts verändern zu dürfen, kannten die Verkünder des neuen Zeitalters nicht. Marilyn Ferguson und Fritjof Capra beispielsweise hatten klare Strategien, wie sie das Wassermann-Zeitalter propagieren und ihre neue Heilslehre umsetzen wollten. Sie wollten auf die »grobstoffliche« Welt einwirken und den Paradigmawechsel aktiv umsetzen. Ihre Methoden erinnern bis hin zum Vokabular an die Propaganda radikaler politischer Bewegungen. Es ist kein Zufall, daß Marilyn Ferguson ihrem 1982 erschienenen Kultbuch über das neue Zeitalter den Titel »Die sanfte Verschwörung. Persönliche und gesellschaftliche Transformation im Zeitalter des Wassermanns« gab. Doch sie verstand ihre Botschaft nicht nur als Verschwörung: »Eine Revolution, die sich gerade zu formieren beginnt, wird anfangs – so wie eine wissenschaftliche Revolution – als verrückt angesehen. Während sich ihre Entwicklung klar abzeichnet, erscheint sie alarmierend und bedrohlich. In der Rückschau, wenn die Macht in andere Hände übergegangen ist, scheint der Verlauf vorherbestimmt gewesen zu sein.«

Ferguson prophezeite, die Verschwörer im Zeichen des Wassermanns würden ihre neuen Erkenntnisse überall zum Ausdruck bringen: in Klassenzimmern, im Fernsehen, in Filmen, in der Kunst, in der Musik, in Zeitschriften, auf Vortragsreisen, während Kaffeepausen, in Regierungsdokumenten, in der Verwaltungspolitik und in neuen Gesetzen. Das Musical »Hair« galt als Beispiel für die vielfältige und erfolgreiche Propaganda des Wassermann-Zeitalters.

Die sanfte Verschwörerin und Vordenkerin hatte durchaus revolutionäre Absichten und scheute sich nicht, offen vom Machtwechsel zu sprechen. Dieser schien eine Zeitlang im Bereich des Möglichen zu liegen. In den 80er Jahren sorgten neue politische und ökologische Bewegungen und Bürgerinitiativen für einen gesellschaftlichen und politischen Aufbruch, bei dem die Verfechter des neuen Zeitalters und der neuen Spiritualität eine wichtige Rolle spielten. Die Ökologiebewegung, die Friedensbewegung und ein Teil der Frauenbewegung ließen sich von den Vordenkern des New Age inspirieren.

So propagierte die Ökologiebewegung den sanften Umgang mit der Natur und ihren Ressourcen, kämpfte gegen Großtechnologie und Ausbeutung. Die Verfechter des neuen Bewußtseins hatten Slogans wie »small is beautiful« und »global denken, lokal handeln« auf ihre Fahne geschrieben und suchten den Weg zurück zur Natur. Die grenzenlose Mobilität wurde hinterfragt, synthetische Produkte boykottiert. Zum neuen Umweltbewußtsein gehörte Handgestricktes, Biologisches und eine vegetarische Ernährung, was durchaus Sinn machte.

Um ihre Anliegen nach außen zu tragen und umzusetzen, engagierten sich die Verkünder des neuen Zeitalters in Netzwerken und Bürgerinitiativen oder gründeten selbst Initiativgruppen. Ein wichtiger Zweig war die Friedensbewegung, die Ende der 80er Jahre Zehntausende für Friedensmärsche gewinnen konnte. Auch ein Großteil der Frauenbewegung hoffte auf den Paradigmawechsel und das sanfte Zeitalter. Manche Feministinnen träumten vom Matriarchat als der neuen Gesellschaftsform. Auf das harte »männliche« Fische-Zeitalter sollte das sanfte »weibliche« Wassermann-Zeitalter folgen. Das weibliche Prinzip wurde zum moralischen Imperativ gemacht: Nach den neuen spirituellen Werten war das Weibliche dank seiner Intuition dem männlichen Prinzip überlegen, glaubten die Verfechterinnen der neuen Spiritualität. Das Weibliche an sich wurde von konsequenten Feministinnen mit einem Hang zur Esoterik zur neuen Religion erklärt. Sie sahen ihren Gott als weibliche Figur, oft symbolisiert durch die Muttergöttin Gaia (Mutter Erde), die bei vielen Esoterikern auch heute noch eine zentrale Rolle spielt.

Die Idee vom New Age und die Vorstellung von der neuen weiblichen Spiritualität stärkten das Selbstbewußtsein feministischer Frauen. Sie prägten nicht nur die Frauenbewegung, sondern drängten in viele politische und soziale Bereiche, die bisher Männerdomänen waren. Mit ihrem (berechtigten) Kampf trugen sie dazu bei, die Stellung der Frau in der Gesellschaft zu verbessern.

Viele Netzwerke verfolgten lautstark und effizient das hohe Ziel, das ihnen Capra in seinem Standardwerk »Wendezeit« gepredigt hatte, nämlich die Neuverteilung der Macht. Sanft konnte die geplante Verschwörung nicht sein, denn die New-Age-Anhänger erwarteten nicht, daß die Machthaber ihre Privilegien kampflos abgeben würden. So wurden die grünen Parteien ein Sammelbecken für viele New-Age-Anhänger, die den Paradigmawechsel auf der politischen Ebene umsetzen wollten. Der Erfolg in Deutschland und der Schweiz in der zweiten Hälfte der 80er Jahre nährte die Hoffnungen auf einen grundlegenden Bewußtseinswandel oder Systemwechsel.

Überraschenderweise fielen die meisten Netzwerke, Bürger-initiativen und alternativen politischen Gruppen aus dem New-Age-Umfeld in den 90er Jahren rasch auseinander. Die politischen Absichten ihrer Vordenker erlitten Schiffbruch. Die »sanften Revolutionäre« machten bald Abstriche bei ihren ursprünglich ambitionierten Zielen und gaben sich mit kosmetischen Veränderungen der bestehenden Verhältnisse zufrieden. Außerdem schlug das Establishment erfolgreich zurück, als die Verschwörer erste Ermüdungserscheinungen zeigten. Viele Mitglieder der Netzwerke gaben den Kampf desillusioniert auf und zogen sich in die innere (spirituelle) Emigration zurück.

Die Netzwerke verschwanden weitgehend und gingen teilweise in der Esoterikszene auf, welche die perfekte Adaptation der neuen spirituellen Sehnsucht an die Marktwirtschaft ermöglichte. Schlug den Netzwerken und grünen Parteien von den etablierten Kreisen offene Feindschaft entgegen, wurde die Esoterikszene mit offenen Armen als Wirtschaftszweig mit ungeahntem Wachstumspotential empfangen und allenfalls belächelt. Aus den aufmüpfigen »Verschwörern« wurden angepaßte Konsumenten, die sich vor allem um die Selbstverwirklichung und die »innere Mitte« kümmerten.

Diese Anpassung an den wirtschaftlichen und sozialpolitischen Mainstream führte zu einer raschen Ausbreitung des esoterischen Gedankenguts und wurde mit kommerziellen Erfolgen belohnt. Die Medien hatten neue zugkräftige Themen, Esoterik-Zeitschriften steigerten die Auflage, Esoterik-Messen zogen Zehntausende Besucher an, der Buchmarkt und das Verlagswesen hatten neue Kassenschlager. Fergusons Traum von der Verschwörung endete im radikalen Rückzug der esoterischen »Revolutionäre« in die Privatsphäre. Die Sehnsucht nach dem individuellen spirituellen Glück hatte die kollektiven Ideale untergraben.

Kapitel 14
Die Wunderkräfte der Geistheiler

Alternative Heilmethoden sind ein wichtiger Pfeiler der Esoterik. Die Zahl der Geistheiler und alternativen Therapeuten ist in den letzten zwei Jahrzehnten rasant angestiegen. Zehntausende bieten heute in Deutschland dem esoterischen Publikum ihre Dienste gegen Honorar an. Sie gehen meist davon aus, daß die geistige oder »feinstoffliche« Welt einen starken Einfluß auf die materielle Realität ausübt oder diese gar bestimmt. Der Körper reagiert mit funktionalen Störungen, wenn der Ätherleib oder das spirituelle Gleichgewicht beeinträchtigt sind und die Energien nicht richtig fließen, glauben Heiler. Ein solches Ungleichgewicht blockiert angeblich die Energiekanäle und soll zur Schwächung des Immunsystems führen. Körperliche Probleme haben für Esoteriker und alternative Heiler immer auch somatische oder spirituelle Ursachen. Es ist gar keine Frage, daß viele Krankheiten psychosomatisch bedingt sind, die Überbetonung der spirituellen Seite wird aber dann problematisch, wenn den Methoden der Schulmedizin grundsätzlich mißtraut oder sie gar abgelehnt werden. Genau dies tun recht viele Geistheiler.

Die meisten Heiler zielen mit ihren Heilmethoden auf den Ätherkörper, auch »feinstofflicher« oder astraler Körper genannt. Für sie besteht kein Zweifel, daß dieser Zweitkörper, den viele Esoteriker als unsichtbare Hülle verstehen, real existiert. Messen oder sinnlich erfassen läßt er sich jedoch nicht.

Für die theosophische Vordenkerin Alice A. Bailey (1880–1948) ist der ätherische Körper ein genaues Abbild seines »dichteren Gegenstücks«, also des sichtbaren Körpers. Bailey bezeichnet ihn als »Organ des aktiven oder Strahlungsfeuers«. Er soll die von der Sonne empfangenen Licht- und Wärmestrahlungen aufnehmen und sie dann »durch die Milz an alle Teile des physischen Körpers« weiterleiten. Wenn der physische Feuerherd brenne und die pranischen (»göttlichen«) Strahlen, also der »Brennstoff des Körpers«, assimiliert werden, funktioniere das menschliche Körpergerüst einwandfrei, schrieb Bailey in ihrem Buch »Denk darüber nach«.

Sie behauptet in einem anderen Buch (»Telepathie und Ätherkörper«), alles im manifestierten Universum habe einen Ätherkörper, der eine feine, unberührbare, aber substanzerfüllte Energie besitze. Diese kontrolliere und beherrsche den äußeren physischen Körper. Die Kraft des Ätherkörpers werde durch die vorherrschende solare oder planetarische Energie bestimmt und gelenkt, die unaufhörlich fließe. Laut Bailey besteht der Ätherkörper aus ineinandergreifenden und umlaufenden Kraftlinien, die aus den sieben Ebenen oder Bewußtseinsbereichen unseres planetarischen Lebens strömen. Dieses eng verwobene System von Kraftlinien sei mit den sieben Zentren im Ätherkörper verbunden. Der leibliche Körper »wird durch die Energien, aus denen der Ätherkörper besteht, zusammengehalten und ist deren Ausdrucksform«.

Viele Esoteriker glauben, daß der Körper auf spirituelle Defizite oder Energieblockaden mit einer Störung reagiere. Krankheiten sind danach oft Symptome für mangelnde Harmonie in der »feinstofflichen Sphäre«. Der Astral- oder Ätherkörper korrespondiert nach Ansicht der Esoteriker mit dem »dichten Körper« und wirkt auf diesen ein. Da die Heilung sich auf die geistige Ebene konzentriert, wird die Methode Geistheilung genannt. Doch die Geistheilung steckt voller Widersprüche. Viele Heiler betonen, sie hätten eigentlich keine Heilkräfte, sondern würden lediglich als Medium wirken, das die kosmischen oder göttlichen Energien bündelt und auf den Patienten überträgt. Sie behaupten also, nicht direkt auf die Kranken einzuwirken. Es finde höchstens ein Energieaustausch zwischen ihnen und den Patienten statt. Dieses Argument schützt sie zumindest vor dem Gesetzgeber, der körperliche Heilungen weitgehend Ärzten vorbehält.

Was genau bei Geistheilungen passiert, ist nicht klar. Fast jeder Heiler erklärt das Phänomen auf seine Weise. Beim Geistheilen soll ein Austausch von Energie zwischen Heiler und Patienten stattfinden. Die meisten Heiler behaupten, sie würden ihnen Energie zuführen oder sie von negativen Energien befreien. Ein Teil der Geistheiler arbeitet mit angeblich heilendem Licht, andere mit sogenannten göttlichen oder »astralen« Heilkräften, die durch sie hindurch in die Patienten fließen. Wieder andere Heiler erklären das Phänomen pseudophysikalisch. Sie glauben, durch ihre Hände würden Magnetkräfte fließen. Andere bemühen das Resonanzgesetz, um die Heilenergie verständlich zu machen. Verschiedene Heiler sehen sich als Transformator, der die Schwingungen aus der geistigen Welt umformt. So werde eine Kommunikation zwischen dem »höheren Selbst« des Heilers und demjenigen des Patienten möglich. Manche Heiler reinigen angeblich die Aura oder den Ätherkörper der Patienten oder leiten heilendes Licht auf die Chakren (spirituelle Energiepunkte) der Patienten.

In der Regel stellen sie keine Diagnose im schulmedizinischen Sinn. Sie behaupten, die Ursachen der Krankheit zu fühlen oder im Ätherkörper respektive Aurabild zu sehen. Oder sie glauben, daß die Heilstrahlen von sich aus den Weg zum kranken Organ oder Körperteil finden.

Um keine Mißverständnisse aufkommen zu lassen, sei vorweg betont, daß nicht alle alternativen Heilmethoden unbesehen der zweifelhaften Geistheilung zugeschrieben werden können. Hier geht es deshalb nicht um Heilpraktiken, die sich nicht ausschließlich auf die geistige oder astrale Ebene konzentrieren, sondern auch körperliche Funktionen berücksichtigen. So darf beispielsweise die chinesische Medizin nicht zur Geistheilung gezählt werden. Auch die Naturheilpraktiker gehören nicht in diese Kategorie. Heilpraktiken wie Akupunktur, Homöopathie, Phytotherapie (Pflanzenheilkunde), autogenes Training, Yoga, Shiatsu usw. haben nichts mit Geistheilung zu tun.

Einen guten, wenn auch völlig unkritischen Einblick in die Methoden der Geistheilung bietet Robert Sebastian, der sich in seinem Buch »Die neuen Heiler« mit bekannten Vertretern dieser Heilzunft befaßt. Da sich der Autor selbst zur Esoterikszene zählt und an die Wunderkräfte der Geistheiler glaubt, haben sie ihm großzügig Einblick in ihre Arbeitsweise gewährt. Schwerpunkt des 1999 erschienenen Buches bilden Porträts der bekanntesten Heilerinnen und Heiler aus Deutschland, Österreich und der Schweiz.

Bei den im folgenden beschriebenen Heilerinnen und Heilern handelt es sich durchweg um bekannte Vertreter der Heilzunft, die in esoterischen Kreisen großes Ansehen genießen und als seriös gelten. Sie haben umfangreiche Kundenkarteien und leben mehrheitlich in beachtlichem Wohlstand. Dieser Hinweis ist deshalb wichtig, weil Esoteriker Kritik an Geistheilern gern mit dem Argument entkräften, es gebe leider viele Scharlatane, die die alternativen Heilmethoden in Verruf bringen würden.

Die seltsame Heilung des Schauspielers Günter Strack

Der Schamane Elie Hien, von seinen Anhängern »Papa Elie« genannt, trägt bei seinen Heilungen eine Kette aus Tigerkrallen, Adlerknochen und Muscheln. In der Hand hält der Heiler einen Ochsenschwanz-Fetisch. Für Schlagzeilen sorgte er 1996, als er den bekannten Schauspieler Günter Strack nach einem Schlaganfall kurieren und eine schwere Infektion »heilen« konnte. Wie ging der Schamane vor? Er »sprach« mit der Seele des Schauspielers, die bereits aus dem Körper getreten, aber noch durch einen Silberfaden mit ihm verbunden gewesen sei, schreibt Sebastian. Elie überredete die Seele zur Umkehr. Um ihr den Weg zurück in Stracks Körper zu ebnen, habe er ein weißes Tuch in heißes Wasser getaucht und es dem Schauspieler auf Bauchnabel und Handgelenke gelegt, sagte der Schamane. Der Bauchnabel sei nämlich ein Energiezentrum. »Die Seele suchte sich den vorbereiteten Eingang aus und kehrte durch den Bauchnabel zurück in Günters Körper. Ohne meine Hilfe wäre er gestorben. Aber er ist ein wertvoller Mensch, also holte ich seine Seele zurück, die schon fast im Jenseits gewesen war«, sagte Elie Hien.

Besonders interessant ist an diesem Fall, daß die »Erweckung von den Toten« in der Münchner Uni-Klinik passierte, wo Schauspieler Strack von Professor Roland Gärtner behandelt wurde. Der Arzt erklärte hinterher, er glaube nicht, daß der Schamane dem Schauspieler das Leben gerettet habe. Seine medizinische Erklärung für die Genesung lautete: »In unserer Not haben wir auf das Antibiotikum Teicoplanin zurückgegriffen. Und das hat schließlich geholfen.« (Auf das erste Antibiotikum hatte Strack nicht angesprochen.) Der Schamane allerdings nahm die Heilung ungeachtet der medizinischen Behandlung für sich in Anspruch. Einen Beweis für die Wirkung seiner Bauchnabel-Theorie gibt es nicht – allerdings viele Beweise, daß Antibiotika heilende Wirkung haben.

Die scheinbare Referenz, einen berühmten Schauspieler ausgerechnet in einem Krankenhaus »geheilt« und die Ärzte »blamiert« zu haben, erwies sich als wirkungsvolle PR-Aktion für den Heiler. In der Boulevardpresse wurde die wundersame Heilung als Triumph des Heilers gefeiert. Strack selbst, ein praktizierender Esoteriker, schrieb seine Genesung ebenfalls dem Heiler zu. Fragt sich allerdings, weshalb er trotzdem ins Krankenhaus ging und die Antibiotika-Tabletten einnahm.

Reta Tuselli schaut durch ihre Patienten

Reta Tuselli wurde aufgrund persönlicher Erlebnisse zur Heilerin. Sie lebt in Bremen-Obleshausen in einem »Hexenhaus«. Über der Tür hat Tuselli zwei gekreuzte Reisigbesen angebracht, um böse Geister abzuwehren. An der Stubendecke hängt eine Hexenpuppe, und ein Wagenrad ist mit Waldgeistern verziert. Die bekannte Heilerin ist stolz darauf, in der Walpurgisnacht, dem höchsten Feiertag der Hexen, geboren zu sein. Schon bei der Geburt haben angeblich mystische Signale angezeigt, daß sie etwas Besonderes sei. Über der Wiege soll ein Lichtzeichen in Rhombusform gestanden haben. Als kleines Kind habe sie bereits den Leuten die Hand aufgelegt und sie geheilt, erklärte die Heilerin Robert Sebastian.

Ihre angebliche Hellsichtigkeit setzt Reta Tuselli heute zur Diagnose ein. Sie könne durch die Menschen hindurchsehen wie durch Glas, behauptet sie. Auf diese Weise erkenne sie die kranken Organe. Bei der Heilung ziehen Patient und Heilerin die Schuhe aus, damit die Heilenergie besser fließen könne. Dann stellt sich Tuselli hinter den Kranken und legt ihm die Hände über den Kopf. Dabei werden ihre Hände angeblich glühend heiß. Wie bei vielen anderen Handauflegern bildeten sich bei der intensiven Energieübertragung an ihren Händen Blasen, behauptet Tuselli. Die Katzenliebhaberin erzählt auch, sie könne die Sprache der Tiere verstehen.

Jesus diktiert der Heilerin Heidemarie Hofmann Bücher

Die erfolgreiche und bekannte Heilpraktikerin Heidemarie Hofmann schreibt Bücher, die ihr angeblich von Jesus diktiert werden. »Auch wenn mich viele für verrückt halten: Ich habe einen direkten Draht zu Jesus«, erklärt die Heilerin. Wie soll dies funktionieren? Hofmann: »Das läßt sich schlecht in Worte fassen. Ich weiß nur, daß es Jesus ist, der direkt zu mir spricht und mir diktiert, was ich zu schreiben habe.« Inzwischen soll er ihr fünf Bücher übermittelt haben. Jesus hat ihr angeblich verraten, er sei schon mehrfach wiedergeboren worden, zweimal auch als Frau.

Die studierte Pädagogin und ehemalige Rektorin einer Schule in Frankfurt gab ihren Beruf 1993 im Alter von 47 Jahren auf und betätigt sich seither hauptberuflich als Heilerin. Sie arbeitet mit Bioenergie, die sie als Lebenskraft aus dem Kosmos bezeichnet. Sie sei hellsichtig und erkenne die Krankheiten, indem sie das Biofeld und die inneren Organe der Patienten betrachte. Immerhin gehört sie nicht zu den fundamentalistischen Heilerinnen, die die Schulmedizin grundsätzlich verdammen. Bei akuten, lebensbedrohlichen Krankheitsbildern wie Herzinfarkt oder Schlaganfall schickt sie die Patienten ins Krankenhaus.

Die Heilerin glaubt auch an außerirdische Wesen, die viel weiter entwickelt seien als wir Menschen. Die Außerirdischen sollen uns regelmäßig besuchen, doch nur wenige Menschen könnten sie sehen. Die »Hellsichtigen« würden ihre Beobachtungen und Erfahrungen mit den fremden Wesen verheimlichen, weil sie Angst hätten, für verrückt gehalten zu werden.

Stephanie Merges »heilt« Tausende aus sicherer Entfernung

Stephanie Merges, eine der bekanntesten Heilerinnen Deutschlands, hat sich auf Fernheilungen spezialisiert. Tagsüber heilt sie die Klienten in ihrer Praxis für 150 bis 200 DM pro Sitzung, abends schickt sie ihre angeblichen Heilkräfte auf medialem Weg zu den Patienten. Merges »heilt« die Patienten gleich massenweise, wie eine Aktion mit einer Zeitschrift zeigt. Diese forderte ihre Leserinnen und Leser auf, sich an einem vorgegebenen Zeitpunkt zu entspannen und sich auf ihre Krankheit zu konzentrieren. Gleichzeitig sandte Merges ihre Energien in alle Richtungen aus. Der Test habe durchschlagenden Erfolg gehabt, seien doch Hunderte von Dankesschreiben eingegangen, schrieb die Zeitschrift.

Eine Leserin erklärte in ihrem Brief, einer ihrer Wirbel habe sich in einem Auflösungsprozeß befunden, wie das Bild einer Computertomographie beweise. Sie habe sich bereits im Rollstuhl gesehen. Nach der Fernheilung jubilierte die Frau, sie sei vollständig genesen, könne wieder stundenlang wandern und vier bis sechs Stunden Holz hacken. »Es ist ein echtes Wunder«, schrieb sie.

Merges behauptet, sie würde bei ihren Heilungen von Wesen aus einer anderen Welt unterstützt. Die wichtigste Figur sei der Geist eines Indianers namens Eule. Aber auch verstorbene Ärzte, Physiker, Priester, Pädagogen und Psychologen stünden ihr zur Seite – durchweg Vertreter wissenschaftlicher Berufe.

Eine ähnliche Massenheilung wie Merges veranstaltete auch Eli Lasch im Fernsehen. Bei einem Auftritt in der Talksendung von Margarethe Schreinemakers schickte der Arzt aus Berlin seine angeblichen Heilkräfte via Bildschirm zu den Zuschauern. Auch bei diesem Versuch meldeten sich Hunderte von Zuschauern, die von wundersamen Heilungen erzählten. Anschließend rühmten ihn die Boulevard-Zeitungen als »Messias von Berlin«. Doch kurze Zeit später bezeichneten sie ihn als »großen Scharlatan«. Was war passiert? Er hatte so viele Anfragen, daß er über Nacht ein paar Freunde zu »Heilern« ausbildete, die den Patienten dann im Akkord die Hände auflegten. Einem Patienten hängte Lasch einen Zettel an die Praxistür. Darauf stand, er müsse nur dieses Papier berühren, und er werde die heilenden Kräfte rasch spüren. Außerdem begann der Heiler mit dubiosen Beratern zusammenzuarbeiten. Schließlich warfen ihm die Medien vor, es gehe ihm nur um das schnelle Geld und nicht um das Wohl der Patienten.

Die bekannte Heilerin Christel Lieber entdeckte nach dem Tod ihres Vaters ihre angeblichen Heilkräfte. Sie verkraftete den Verlust nur schwer, weil er ihrer Ansicht nach der einzige Mensch gewesen sei, der sie geliebt habe. Nach der Beerdigung saß ihr Vater angeblich zu Hause in seinem Lieblingssessel. »Du mußt keine Angst haben, ich habe dich nicht verlassen, ich bin für immer bei dir«, soll der Vater gesagt haben. Solche Erscheinungen, die oft das Produkt intensiver Suggestivkräfte oder Sehnsüchte sind, erleben vor allem sehr sensible Leute. Lieber wollte aber nicht an ein Trugbild ihrer Phantasie glauben und nahm die Erscheinung als Beweis für ihre Hellsichtigkeit. Sie begann, sich als Heilerin zu betätigen. Schon bald konnte sie diese vermeintlichen Fähigkeiten bei ihrer Tochter unter »Beweis« stellen. Diese soll ein großes Geschwür auf dem Harnleiter gehabt haben, das operiert werden sollte. Die Mutter wehrte sich dagegen und schritt selbst zur Tat: »Ich bin aus meinem physischen Körper hinausgetreten in den feinstofflichen und habe meine Tochter operiert«, erzählte sie Robert Sebastian.

Christel Lieber »behandelte« auch einen jungen Mann, der Aids im Endstadium hatte. Nachdem sie ihm drei Monate lang ihre Energie habe zufließen lassen, sei er vollständig genesen, behauptet Lieber. Drei Wochen später starb ihr »geheilter« Aids-Patient trotzdem. Die Heilerin suchte die Todesursache aber nicht in der Krankheit, sondern schob die Schuld der Ehefrau des Verstorbenen zu: Weil diese ihn verlassen habe, habe er keinen Sinn mehr im Leben gesehen und die Lebensenergie verloren.

Der in Deutschland lebende Grieche Christos Drossinakis hat prominente Namen in seiner Patientenkartei. Zu seinem Kundenstamm gehörte auch Tina Onassis. Der Heiler verlangt 150 DM für fünf Minuten Handauflegen. Für eine Fernbehandlung mußte ein Krebspatient, der nicht mehr transportfähig war, mehrere tausend Mark überweisen.

Die Österreicherin Gerlinde Hausleitner, die in Altea wirkt, läßt sich von Helfern aus einer »anderen Welt« unterstützen. Die besten Dienste erweise ihr Amor, das höchste Wesen der Liebe, behauptet die Heilerin. Amor vermittle ihr nicht nur die heilenden Kräfte, er diktiere ihr auch Gedichte. Gerlinde Hausleitner behauptet, alle Krankheiten heilen zu können. Innerhalb kurzer Zeit habe sie vier von fünf Aids-Kranken restlos geheilt. Die meisten Patienten behandelt sie mittels Fernheilungen. Dabei brauche sie weder Namen, Foto noch Wohnort der Patienten, um sie fernbehandeln zu können. »Ich setze mich einfach mit Amor in Verbindung, er sieht und weiß alles, er ist die Kraft und die Liebe, er kann jede Krankheit heilen«, so die Geistheilerin. Fragt sich nur, weshalb Amor die Patienten nicht von sich aus heilt und auf einen

Hinweis der Heilerin wartet. Bezeichnend ist auch ihr Erfolgsversprechen: »Wenn sich mir jemand anvertraut, dann kann ich in 99 Prozent aller Fälle helfen.«

Die Hamburger Heilerin Birgit Wagener erklärt, mit elektromagnetischer Energie zu heilen, deren Frequenzen sie erhöhen könne. Sie verbinde ihr höheres Selbst mit demjenigen des Klienten. Gelegentlich operiere sie in der Auraschicht der Patienten. Dabei würden ihr geistige Helfer zur Seite stehen. »Manchmal denke ich selbst, jetzt wirst du langsam gaga«, sagt sie über sich selbst.

Viktor Philippi behauptet, Gott höchstpersönlich gebe ihm Gebete ein, die seine Heilungen unterstützen. Ein Beispiel: »Alles Schwarze und Böse, das in mich hineingegangen ist, vor meiner Geburt und nach meiner Geburt, bis zum heutigen Tage, all dies muß mich verlassen und dorthin zurückgehen, woher es gekommen ist. Amen.« Vor jeder Behandlung spricht der Heiler dieses Gebet. 80 Prozent der Blockaden seiner Patienten würden sich bereits beim Beten auflösen, behauptet Philippi.

Die Heilerin Elisabeth Fehér hat eine besondere »Krebstherapie« entwickelt. Ernährung ist für sie das halbe Leben. Krebspatienten dürfen kein Fleisch und keinen Fisch essen. Dafür empfiehlt sie Tomaten und Salat. Und vor allem Papaya. »Papaya tötet die Krebszellen«, erklärt sie. Elisabeth Fehér warnt vor Milch, die reines Gift für den menschlichen Körper sei. Erstaunlich, daß so viele Babys überleben.

Die Spezialität von Lieselotte Baertz ist die Behandlung von psychischen Auffälligkeiten. Vor allem Neurosen jeder Art könne sie mit besonders hoher Erfolgsquote heilen, behauptet sie. Die Heilerin arbeitet mit Fotos oder Schriftproben der Patienten. Sie glaubt, darin seien die Energien der Menschen enthalten.

Angelika von Frankenberg heilt vor allem durch die Kraft ihrer Hände: »Ich nahm einen Kater auf meinen Schoß. Er hatte einen Tumor im Bauch, und ich spürte plötzlich, wie die Geschwulst unter meinen Händen förmlich schmolz«, erzählt sie. Doch mit bloßen Händen läßt sich ein Tumor nicht diagnostizieren. Noch unglaubwürdiger ist eine weitere Aussage der Heilerin: »Brüche heilen oft in Sekundenschnelle.« Auch einen Krebskranken, dem die Ärzte eine verbleibende Lebenszeit von acht Wochen prophezeiten, hat sie angeblich geheilt: Nach neun Lichtmeditationen sei der Tumor verschwunden gewesen. Beweise liefert die Heilerin aber keine.

Brigitte Goldbach kuriert nicht nur offene Beine und Osteoporose (Knochenschwund), sondern auch Krebs. Sie behauptet sogar, Tumore ließen sich fast am schnellsten behandeln. Sie könne allein mit ihrer Magnetkraft Gelenke und Wirbelsäulen einrenken, ohne die Patienten zu berühren.

Für Olga Kopetzky reagiert der Körper fast wie ein Computer. Die meisten Ursachen der Krankheiten sieht sie im Widerstand der Menschen gegen Gott und die Naturgesetze. Negative Eigenschaften wie Haß und Habgier würden in jeder Zelle gespeichert wie auf einer Harddisc. Beim Löschen der gefährlichen Daten helfen ihr Engel, behauptet die Heilerin.

Und Erika Petz behauptet, sie habe ein Mädchen, das neun Jahre blind gewesen sei, per Telefon geheilt. Ihre eigene Krebserkrankung ließ sie aber schulmedizinisch behandeln. Eigentlich dürften Heiler mit ihren paranormalen Fähigkeiten gar nicht an Krebs erkranken, wenn ihre Hypothese vom Ätherkörper, dem Immunsystem und der Geistheilung zutreffen würde. Um ihr widersprüchliches Verhalten zu begründen, greift Erika Petz zu einer sonderbaren Erklärung. Die Krebserkrankung sei auf ihre heilerische Tätigkeit zurückzuführen, erklärt sie. Sie falle bei ihren Behandlungen oft in Trance und sei danach jeweils derart ausgelaugt, daß ihr Körper besonders anfällig für Krankheiten sei, behauptet die Heilerin. Ganz anders erlebt übrigens Birgit Wagener das Heilen: »Je mehr ich heile, desto heiler werde ich selbst.«

Auch Benno Blassmann gibt vor, Krebs- und Aidspatienten durch Fernbehandlung geheilt zu haben. Er ist angeblich auch hellsichtig, legt Karten, führt die Klienten in frühere Leben und exorziert sie, falls seine Augendiagnose eine Besessenheit ergebe. Geistwesen sollen ihm bei der Teufelsaustreibung helfen. Verspürt der Besessene nach der Behandlung einen starken Stuhldrang, sei dies ein klares Zeichen, daß die bösen Geister Reißaus genommen hätten, behauptet der Heiler.

Die meisten der in diesem Kapitel porträtierten Heiler lassen sich nicht in die Kategorie der seriösen alternativen Heilpraktiker einreihen. Wer von Gott Gedichte zu empfangen glaubt, Tumore wie am Fließband »wegzaubert«, Aidspatienten als geheilt erklärt, obwohl sie wenige Tage danach sterben, und durch Menschen hindurchsieht wie durch Glas, muß kritisch hinterfragt werden.

Es ist zwar jeder Person unbenommen, zu glauben, zu verkünden und zu versprechen, was ihr beliebt. Geistheiler tragen jedoch eine große Verantwortung, weil sich oft schwerkranke Patienten an sie wenden und ihre ganze Hoffnung auf sie konzentrieren. Die erwähnten Heiler versprechen durchweg Wunderheilungen, die allzu phantastisch klingen. Wer behauptet, Krebs zu 99 Prozent aller Fälle heilen zu können, ist in jedem Fall ein Scharlatan. Er macht ein unmoralisches Geschäft mit der Angst der Patienten.

Der Heiler im Mittelpunkt

Obwohl die Heiler ihr großes Einfühlungsvermögen rühmen, gehen viele oft fahrlässig mit den Patienten und ihren Krankheiten um. Wer sich nicht ernsthaft mit Diagnosemethoden und körperlichen Funktionen auseinandersetzt, sondern sich auf seinen »Röntgenblick« oder die Heilstrahlen beschränkt, nimmt kranke Menschen nicht ernst. Er stellt nicht den Patienten ins Zentrum, sondern sich und seine »Wunderkräfte«. Tatsächlich haben viele Heiler kein Interesse daran, ihre Methoden ausführlich zu beschreiben, seriöse Untersuchungen anzustellen und gegenüber den Patienten Transparenz herzustellen. Auch an der Erstellung einer umfangreichen Dokumentation und der Erarbeitung von

Fallbeispielen sind sie aus naheliegenden Gründen nicht interessiert.

Heiler betonen oft das partnerschaftliche Verhältnis zu ihren Patienten. Doch die meisten Geistheiler verlangen einen uneingeschränkten Glauben. Sie behaupten, die Energie fließe nur, wenn sich die Patienten öffneten. Manche Heiler weigern sich, Patienten zu empfangen, die nicht von der Wirksamkeit des geistigen Heilens überzeugt sind. Sie verlangen zwar, daß sich die Klienten »öffnen«, bei Mißerfolgen schieben sie die Verantwortung aber auf die Patienten ab. Diese hätten nicht intensiv genug an die Heilung geglaubt oder nicht mitgeholfen, die Energieblockaden zu lösen. Die unseriösen Heiler muten den Patienten in dieser Situation in doppelter Hinsicht Unmenschliches zu: Sie müssen den Fehlschlag verkraften und dafür auch noch die Verantwortung übernehmen.

Ohne Zweifel lassen sich auch Vertreter dieser Zunft finden, die ihre Patienten ernst nehmen, keine Wunder versprechen und sie notfalls ins Krankenhaus schicken.

Gibt es aber überhaupt eine wirksame Geistheilung? Sollte beispielsweise die Vorstellung vom Äther- oder Astralkörper reine Einbildung sein, wären die Heilrituale der meisten Geistheiler reine Scheinhandlungen, die bestenfalls Placeboeffekte erzielen würden. Tatsächlich besteht die große Gefahr, daß die meisten Geistheilungen auf falschen Grundannahmen beruhen und deshalb gar nicht wirken können. Jedenfalls gibt es bis heute keine Studien, die die Wirksamkeit von Geistheilern nachweisen könnten.

Die große Popularität vieler Heilerinnen und Heiler läßt sich dadurch erklären, daß sich zahlreiche Menschen von ihnen Wunderheilungen erhoffen. Wenn die Schulmedizin nicht mehr weiterhilft, dann kann eben nur noch ein Wunder helfen – mögen die Patienten denken. Und so sind sie nur allzu bereit, an Wunder zu glauben. Der Glaube an die geistigen Heilkräfte ist eine spirituelle Versicherung gegen die Angst vor schweren Krankheiten. Außerdem bietet die Geistheilung eine Alternative zur Schulmedizin, der viele in der Esoterikszene mit großem Mißtrauen begegnen. Und schließlich demonstrieren die Heiler angeblich, daß die spirituellen Ideen der Esoterik keine Illusionen sind, sondern sich in der Praxis bewähren und sich in der »grobstofflichen« Welt manifestieren. Da die Heiler bei ihren Anhängern meist unbesehen als medial begabte Personen mit besonderen energetischen Fähigkeiten gelten, müssen sie sich weder beweisen noch bewähren und profitieren von deren Leichtgläubigkeit und Kritiklosigkeit.

Geistheiler können Krebs nicht heilen

Grundsätzlich muß vor Heilern gewarnt werden, die behaupten, sie könnten schwere Krankheiten wie Krebs, Aids, Multiple Sklerose usw. heilen. Wer solche Heilungen vorgaukelt und die Patienten bei schwerwiegenden Symptomen nicht an ärztliche Behandlung verweist, handelt fahrlässig. Ließe sich Krebs durch Handauflegen oder Geistheilung mit einer gewissen Wahrscheinlichkeit kurieren, wäre dies eine Sensation. Kein Mensch würde mehr die Tortur einer Bestrahlung oder Chemotherapie auf sich nehmen. Diese Wahrscheinlichkeit gibt es nicht. Könnte die Geistheilung bei schweren Krankheiten einen gewissen Erfolg nachweisen, wäre das Gesundheitswesen längst revolutioniert.

Wer unter Krebs leidet, läßt meist nichts unversucht, um den drohenden Tod abzuwenden. Eine Umfrage im Kantonsspital St. Gallen unter 160 Tumorpatienten ergab, daß mehr als die Hälfte neben der schulmedizinischen Behandlung auch Hilfe bei Geistheilern und Heilpraktikern suchten. Bei einer anderen Umfrage unter 1500 Patienten in der Schweiz stellte sich heraus, daß fast die Hälfte der Befragten schon Hilfe bei Geistheilern und Heilpraktikern gesucht hat.

Die rund 13 000 Schweizer Heiler bieten über 500 Heilmethoden an, die sie als »sanft«, »natürlich«, »spirituell« oder »ganzheitlich« anpreisen. Und natürlich frei von Nebenwirkungen. Allein gegen Krebs werden über 100 Methoden angeboten. Es gibt bis heute aber keine fundierten Studien oder Nachweise, welche die Wirksamkeit alternativer Heilmethoden belegen. Dies trifft selbst für die fünf Disziplinen Homöopathie, chinesische Medizin, Neuraltherapie, anthroposophische Medizin und Phytotherapie (Pflanzenheilkunde) zu, die von den Krankenkassen anerkannt werden. Lediglich in Teilbereichen dieser Methoden läßt sich eine Wirkung nachweisen. Akupunktur hilft beispielsweise bei Schmerzen (chinesische Medizin) oder Johanniskraut bei Depressionen (Phytotherapie).

In Deutschland suchen rund ein Drittel aller Krebspatienten in ihrer Verzweiflung Geistheiler oder alternative Therapeuten auf, wie Erhebungen zeigen. Würden ihre Methoden wirken, hätte die Krebsmortalität in den letzten Jahren signifikant sinken müssen, und die Heilungen könnten nach wissenschaftlichen Kriterien dokumentiert werden. Verantwortungsbewußte Heiler erklären auch offen, daß sie Krebs nicht heilen können. Sie behandeln Krebspatienten trotzdem, weil sie überzeugt sind, ihre Schmerzen ein Stück weit lindern und die Lebensqualität verbessern zu können. Werden parallel dazu medizinische Therapien durchgeführt, können sich Ärzte und (seriöse) Heiler durchaus ergänzen.

Leo Auerbacher, Arzt und Leiter der komplementärmedizinischen Ambulanz am Wiener Allgemeinen Krankenhaus, warnt vor den uneingelösten Versprechen der alternativen Krebstherapie. In einem Interview mit der österreichischen Zeitschrift *trend* (2/2000) erklärte er, die Information über die komplementären Methoden und selbsternannten Heiler sei besonders wichtig, denn es gebe eine »Reihe schwachsinniger Methoden, die nur Geldverschwendung sind«. Er kenne 400 verschiedene Therapien, »viele davon mit extrem hoher Placeborate«. Diese reichten von der Ozontherapie über Hyperthermie bis zu tibetischer Medizin und Edelsteintherapie. Auf die Frage, ob er von allen diesen Therapien abrate, sagte Auerbacher: »Nein, keinesfalls. Wenn jemand an die Kraft der Edelsteine glaubt, soll er eine Therapie machen, wenn es ihm dann besser geht. Wir arbeiten auch mit einer Homöopathin und einer Ernährungsberaterin zusammen. Aber wir wissen, daß etwa Akupunktur nur symptomatische Folgen hat und auch die Homöopathie bei Krebserkrankungen nicht heilt.« Und wie erklärt der auf komplementäre Methoden spezialisierte Arzt die vielen kursierenden Geschichten von Wunderheilungen? »Wir wissen, daß etwa ein bis drei Prozent der Krebspatienten eine spontane Selbstheilung erfahren, die aber nicht unmittelbar auf eine bestimmte Therapie zurückzuführen ist.« Auerbacher hat klare Vorstellungen von Ärzten und Heilern, die Krebspatienten behandeln: »Wer onkologisch nicht versiert ist, kann keinen Krebspatienten behandeln.«

Der alternative Gesundheitsmarkt hat sich in wenigen Jahren zu einem florierenden Wirtschaftszweig entwickelt, der nicht nur seriöse Heiler anzieht, sondern auch viele Scharlatane. Beim neunten Heilpraktikerkongreß im Juli 1999 in Karlsruhe warnte selbst Ekkehard Scharnick, Vorsitzender des Verbandes Deutscher Heilpraktiker, vor den unseriösen Kollegen. Den rund 15 000 Heilpraktikern in Deutschland stünde »eine Flut von an die 20 000 Wunderheilern« gegenüber, sagte er. Die »Scharlatane« haben mit ihren vollmundigen Versprechen oft mehr Erfolg als die zurückhaltenden Heiler, die Patienten mit schweren Krankheiten zu konventionellen Ärzten schicken.

Viele Geistheiler ködern Patienten mit unrealistischen Versprechen und warnen sie vor der Schulmedizin. Diese bewirke mit ihren Medikamenten und Therapien Energieblockaden und schwäche das Immunsystem, behaupten sie. Dies ist eine Schönwetter-Philosophie für verblendete Esoteriker, die schmerzliche Erfahrungen mit Krankheit und Tod verdrängen.

Viele Patienten lassen sich von phantastischen Erfolgsberichten blenden. Besondere Aufmerksamkeit erheischen Meldungen, wonach Geistheiler todkranke Krebspatienten geheilt hätten, die von den Ärzten längst aufgegeben worden seien. Wer sich näher mit solchen Berichten befaßt, muß die Erfolgserklärungen allerdings anzweifeln. Viele »Wunderheilungen« sind auf falsche Diagnosen zurückzuführen, wie Erfahrungsberichte von Patienten zeigen, die sich Geistheilern anvertrauten. Die Geistheiler analysieren keine Gewebeproben und machen keine Blutuntersuchung. Sie können zumindest im Anfangsstadium nicht zwischen harmlosen und bösartigen Tumoren unterscheiden. Deshalb neigen viele dazu, bei der Diagnose zu dramatisieren. Geschwollene Lymphdrüsen, Zysten oder gutartige Wucherungen werden häufig als Karzinome (gefährliche Tumore) identifiziert. Klingen die harmlosen Geschwulste durch natürliche Heilung ab, verehren die erleichterten Patienten den Heiler verständlicherweise als »Wunderdoktor«. Sie sind gern bereit, einen Referenzbrief zu schreiben und die mirakulöse »Heilung« zu bezeugen. Die Heilerin Reta Tuselli brüstet sich beispielsweise, die 43jährige Doris Gerland in nur 40 Behandlungen von fünf Gehirntumoren befreit zu haben. Tuselli erklärte, sie habe die Tumore mit ihrem »Röntgenblick« gesehen. Wahrscheinlicher dürfte sein, daß Doris Gerland gar keine Tumore hatte.

Elfriede Jahn behauptet, sie könne dank ihrer Hellsichtigkeit und Hellfühligkeit innerhalb von ein bis drei Minuten die Krankheiten auf übernatürlichem Weg wahrnehmen. Und Pamela Sommer-Dickson erklärt, sie besitze die Fähigkeit, die Diagnose aus der Aura der Patienten zu lesen. Andere Heiler geben vor, sie könnten durch ihre Patienten hindurchsehen und die Krankheiten erkennen. Elisabeth Fehér erzählte Robert Sebastian, sie sei fähig, in die Vergangenheit und Zukunft ihrer Klienten zu schauen und darin wie in einem Buch zu lesen.

Viele »Heilerfolge« betreffen harmlose Krankheiten wie Hautausschläge, vorübergehende Insuffizienz verschiedener Organe, leichte Infektionen, Magenprobleme usw. Solche Beschwerden heilen, wenn sie nicht chronisch sind, in der Regel von selbst. Somit ist nicht feststellbar, ob die natürlichen Heilkräfte des Patienten die Genesung bewirkten oder ob die Geistheilung den Ausschlag gab. Bei leichteren gesundheitlichen Problemen ist durchaus vorstellbar, daß der Geistheiler allein schon durch das Heilritual und seine Anteilnahme die Hoffnung des Patienten auf Heilung stärkt und somit die Genesung fördert.

Der Psychosomatiker Professor Arthur Jores stellt in seinem Buch »Magie und Wunder in der Medizin« die These auf, daß der Glaube an die geheimnisvollen Kräfte ausschlaggebend für Heilungen sein kann. Für ihn gibt es keinen Unterschied zwischen den Methoden der modernen Geistheiler, der Zauberer oder Schamanen bei Naturvölkern: »In beiden Fällen kommt es auf die Gläubigkeit des Patienten und seine möglichst völlige Unterwerfung unter die angewandten Methoden an. Je intensiver die Unterwerfung ist, desto plötzlicher ist die Heilung; das sind dann die Wunder, die sich in den Sprechstunden der Kurpfuscher oder Außenseiter so oft vollziehen und in unseren Krankenhäusern so selten sind. Man kann hier wirklich von der Kraft des (Aber-)Glaubens sprechen.«

Untersuchung der Geistheilung

Eine der wenigen Studien über die Wirksamkeit der Geistheilung führte die Universität Utrecht durch. Dort wurden Patienten mit Bluthochdruck auf drei verschiedene Arten »therapiert«. Der ersten Gruppe legten die Heiler ihre Hände auf, die zweite wurde durch Ferntherapie behandelt, und der dritten Patientengruppe erklärten die Wissenschaftler der Universität, hinter einer undurchsichtigen Glaswand säßen Heiler, die ihnen Heilenergie zufließen lassen würden. In Wirklichkeit war niemand hinter der Wand. Der Test zeigte verblüffende Resultate. Bei den meisten Patienten fiel der Blutdruck ein Stück. Die Handaufleger erzielten das beste Ergebnis, doch der Effekt bei den Testpersonen, die hinter der Glaswand Heiler am Werk vermuteten, war größer als bei den fernbehandelten. Offensichtlich mobilisierten die getäuschten Patienten mehr Suggestivkräfte als die fernbehandelten.

Nicht klären konnte die Untersuchung, ob die »Energieübertragung« beim Handauflegen überhaupt einen Einfluß auf die Krankheit hatte oder ob die Heilung ausschließlich auf den Glauben, den persönlichen Kontakt zum Heiler und das Ritual zurückzuführen ist? Das Resultat der Studie war jedenfalls ernüchternd.

Eine weitere Untersuchung führte der Psychologe und Esoteriker Dr. Harald Wiesendanger 1998 durch, in der die Heilkräfte von Fernheilern getestet wurden. Unter Aufsicht von acht Medizinern versuchten 50 Fernheiler fünf Monate lang 60 Schwerkranke zu behandeln. 20 Patienten wußten um das Experiment und hatten wiederholt Kontakt mit dem Heiler. Zehn trugen ein Amulett des Heilers mit sich, das dieser mit Energie geladen hatte. Die restlichen 30 Patienten kannten den sie behandelnden Heiler nicht. Die Heiler besaßen lediglich ein Foto der Teilnehmer und hatten keine Ahnung von ihrer Krankheit. Eine interessante Versuchsanlage, doch haftete ihr ein entscheidender Makel an: Sie war nicht als Doppelblindversuch angelegt. Alle Testpersonen wußten von der bevorstehenden Behandlung und konnten Suggestivkräfte entwickeln.

Bei einem Drittel der Kranken mit chronischem Leiden sei ein erhebliches Abklingen der Krankheitssymptome festzustellen gewesen, und die Hälfte habe eine bessere Lebensqualität erlebt, heißt es in der Studie. Die Gesamtbilanz fiel allerdings ernüchternd aus. Denn keine einzige Versuchsperson genas vollständig. Das Fazit des Versuchsleiters Harald Wiesendanger: Zu Euphorie gebe die Studie keinen Anlaß. Selbst bei jenen Testpersonen, die von Erfolgen berichteten, beschränkten sich die Verbesserungen lediglich auf einzelne Symptome. »Auch Fernheiler sind keine Wundertäter mit Erfolgsgarantie«, erklärte der Esoteriker Wiesendanger enttäuscht.

Ein weiterer Test bestätigt die grundsätzlichen Zweifel an den Heilkräften oder der Feinfühligkeit der Geistheiler. Die international anerkannte medizinische Fachzeitschrift *Journal of the American Medical Association* (Band 199, Seite 1005–1010) berichtete von einem Experiment, bei dem 21 Heiler und Handaufleger hinter einer undurchsichtigen Wand saßen und ihre Hände durch armdicke Löcher streckten. Emily Rosa, die den Test ersonnen hatte, wollte prüfen, ob die Heiler die Energie oder Strahlen, die vom menschlichen Körper ausgehen, wahrnehmen können. Sie hielt deshalb eine Hand acht bis zehn Zentimeter vor die linke oder rechte Hand der Heiler. Eine geworfene Münze entschied, vor welcher Hand des Handauflegers Rosa ihre Hand plazierte.

Die Heiler mußten herausfinden, vor welcher ihrer Hände sich Rosas Hand befand. Eine leichte Sache, sollte man meinen, denn es ging gar nicht um die Heilkräfte, sondern nur um die »Hellfühligkeit« oder Energiesensibilität der Heiler. Rein nach der Wahrscheinlichkeit hätten selbst Testpersonen ohne spirituelle Feinfühligkeit eine Trefferquote von 50 Prozent erreichen müssen. Die getesteten Handaufleger erzielten aber weniger als die Zufallsquote: Bei den 280 Tests tippten sie nur in 44 Prozent der Fälle richtig.

Nur 66 anerkannte Heilungen in Lourdes

Wie beschränkt die Wirkung von Kräften wie Hoffnung, Glaube und Sehnsucht trotzdem ist, zeigen die »Wunderheilungen« in Wallfahrtsorten. Obwohl beispielsweise in den letzten Jahrzehnten Zehntausende von Kranken mit der Hoffnung nach Lourdes pilgerten, von ihren Leiden erlöst zu werden, sind bisher erst 66 »Wunderheilungen« anerkannt worden. Diese geringe Erfolgsquote dürfte ungefähr der Rate der unerklärlichen Spontanheilungen entsprechen, die auch die Schulmedizin erlebt. Außerdem stehen die 66 anerkannten Fälle in krassem Widerspruch zu den Tausenden von Berichten über angebliche Heilungen in Lourdes. Dies hängt damit zusammen, daß sich viele Heilungen als kurzfristiges Abklingen der Symptome entpuppen. Die Suggestivkräfte sprechen nämlich vor allem das Nervensystem an. In ihrer Pilgereuphorie nehmen viele Kranke die Schmerzen im Moment kaum mehr wahr. Nach ein paar Stunden oder Tagen kehren die Symptome aber wieder zurück.

Ein vergleichbares Phänomen kennt auch die Schulmedizin. Bei bestimmten Krankheiten oder hypochondrischen Patienten verabreichen die Ärzte oft Scheinmedikamente ohne Wirkstoffe. Mit diesem Placeboeffekt erreichen sie bei manchen Krankheiten eine Erfolgsquote von bis zu 30 Prozent. Allein der Glaube, daß die Tabletten eine heilende Wirkung erzielen würden, fördert die Genesung. Die Schulmedizin nutzt also diese Suggestivkräfte ebenfalls. Zweifellos gehen auch viele »Heilungen« der Geistheiler auf das Konto solcher »Placebowirkungen« und haben nichts mit Energieübertragung, Handauflegen oder Magnetopathie zu tun. Bei schweren Krankheiten wirkt der Effekt allerdings selten.

Viele Erfolgsmeldungen der Geistheiler beruhen auf einer vorübergehenden Verbesserung des Gesundheitszustandes, also eines momentanen Abklingens einzelner Symptome. Der Krankheitsverlauf ist gerade bei schweren Krankheiten selten linear. So sind immer wieder Phasen der Stabilisierung zu beobachten. Geht es einem Patienten zwischenzeitlich etwas besser, verkünden unseriöse Geistheiler schnell, die Krankheit sei besiegt. Verbliebene Symptome interpretieren sie als Ausdruck der Genesung. Verständlicherweise nehmen die Patienten die rettende Botschaft gern an, ohne die »Wunderheilung« zu hinterfragen und durch eine medizinische Diagnose bestätigen zu lassen. Außerdem kann die Hoffnung auf eine wundersame Genesung eine Euphorie bewirken, die kurzzeitig von Schmerzen befreit. Verstärken sich die Symptome wieder, sind unseriöse Heiler selten um eine Ausrede verlegen. Handelt es sich beispielsweise um Krebs, können sie behaupten, die Krankheit sei besiegt gewesen, aber leider seien neue Metastasen entstanden. Oder sie machen dem Patienten weis, es sei ein neuer Tumor gewachsen.

Unheilvoll wirkt sich oft auch das monokausale Verständnis vieler Heiler über die Funktionsweise des Körpers aus. Ihre übersinnlichen oder somatischen Erklärungsversuche vernachlässigen, daß der Körper auch auf Fremdeinflüsse reagiert und sich von Krankheitserregern anstecken läßt. Es ist zwar unbestritten, daß viele Krankheiten psychosomatisch bedingt oder beeinflußt sind, die ausschließlich »feinstoffliche Interpretation« greift jedoch zu kurz. Weder die Mediziner noch die Esoteriker oder Geistheiler kennen das Zusammenspiel von Körper und Geist. Heiler und Esoteriker, die Krankheiten ausschließlich energetisch, alternativ, psychosomatisch oder spirituell erklären, schaffen laufend Widersprüche, die sie großzügig übergehen oder verdrängen. Wie lassen sich beispielsweise Epidemien erklären? Sind sie Ausdruck einer kollektiven spirituellen Depression? Warum werden Gurus, Yogis und Heiler angesteckt, deren Immunsystem eigentlich stark genug sein müßte, um Erreger abzuwehren? Bei einer übersinnlichen Interpretation dürfte es auch keine genetisch bedingten Krankheiten geben. Gerade bei schweren Krankheiten spielt die Vererbung oft eine wichtige Rolle. Diese Tatsache hat weder mit Energieblockaden noch dem Immunsystem oder dem Karma zu tun.

Die beiden bekannten deutschen Esoteriker und alternativen Therapeuten Thorwald Dethlefsen und Rüdiger Dahlke halten wie die meisten Heiler aber unbeirrt daran fest, daß die medizinischen Erklärungen falsch seien. In ihrem Bestseller »Krankheit als Weg« behaupten sie: »Es gibt keine Umwelteinflüsse, die den Menschen formen ... es gibt keine Schuldigen für das Schicksal des Einzelnen. Es gibt keine Bakterien oder Viren, die Krankheiten erzeugen.« Kaum ein vernünftiger Mensch zweifelt aber daran, daß Erreger Krankheiten auslösen. Für Dahlke und Dethlefsen sind die angeblichen medizinischen Beweise jedoch lediglich Korrelationen. Eine erstaunliche Aussage des Mediziners Dahlke.

Die spirituelle Theorie von Krankheit, Gesundheit und Heilung läßt sich auch schwer mit der Tatsache in Einklang bringen, daß der Körper ein eigenes Abwehrsystem hat. Man denke nur an die Enzyme und die roten Blutkörperchen. Diese biologische Einrichtung läßt sich nicht mit den esoterischen Vorstellungen vom »feinstofflichen« Körper, den Energieflüssen und dem Immunsystem vereinbaren. Würden die esoterischen Erklärungen zutreffen, müßten spirituelle Ignoranten laufend krank sein. Und die Esoteriker müßten stets strotzen vor Gesundheit. In Wirklichkeit dürften sie ähnlich oft erkranken wie der Durchschnitt der Bevölkerung.

Es gibt einen weiteren Widerspruch, der den Verdacht nährt, daß die Ideen der Geistheilung ein Mythos sind. Würde die Heilung ausschließlich vom Astralkörper oder einer spirituellen Energie bewirkt, dürfte die Schulmedizin, die sich vorwiegend auf den Körper konzentriert, keine Wirkung erzielen. Doch kein vernünftiger Mensch wird behaupten, die konventionelle Medizin wende wirkungslose Behandlungsmethoden an. Wäre körperliche Heilung hauptsächlich eine Frage des Immunsystems, wie radikale Geistheiler behaupten, dürften Medikamente nicht wirken.

Abtreibung nach esoterischer Art

Die meisten Heiler ignorieren medizinische Erkenntnisse. Bei esoterisch verblendeten Laien mag dies noch verständlich sein, bei Ärzten allerdings nicht. So verdrängt nicht nur Rüdiger Dahlke grundlegendes medizinisches Wissen, auch eine deutsche Ärztin wendet lieber okkulte Methoden an. Als sie ungewollt schwanger wurde, trieb sie den Fötus auf übersinnliche Weise ab. Sie legte sich neben ihren Partner auf ein Fell und setzte einen Turmalin (Edelstein) auf den Bauch. In dieser Stellung meditierte das Paar 20 Minuten lang. Die beiden Esoteriker baten die Seele des Embryos, andere Eltern auszuwählen, weil sie noch nicht bereit für diese Aufgabe seien. Das Ungeborene hatte ein Einsehen und reagierte mit einem Abort, erzählte die Ärztin. Bei einer weiteren Schwangerschaft soll die Methode erneut funktioniert haben.

Seither wendet sie den »spirituellen Schwangerschaftsabbruch« auch bei ihren Patienten an. Ihr Partner Wolf Schorat schrieb darüber eine Broschüre mit dem Titel »Meditative spirituelle Schwangerschaftslösung« (Tonstrom Verlag).

Der Psychiatrieprofessor Asmus Finzen von der Universitätsklinik Basel hält wenig von der Geistheilung: »Wenn man sich bei
einer ernsthaften Erkrankung in esoterische Behandlung begibt,
spielt man mit seiner Gesundheit und seinem Leben«, erklärte er
in einem Interview. Solche Heilmethoden bezeichnete er als reine
Suggestion. Besonders hart ins Gericht geht er mit geistheilenden
Therapeuten, die psychisch Kranke behandeln: »Jeder, der versucht, eine Depression oder Schizophrenie mit esoterischen Methoden zu bekämpfen, ist kriminell.«

Das große Geschäft mit der Geistheilung

Die Geistheilung mißt Gesundheit und Krankheit eine starke
moralische Note bei. Radikale Geistheiler behaupten, Krebs sei
vermeidbar. Krebs ist für sie kein Schicksalsschlag, sondern die
Quittung für eine falsche Lebensführung oder die Konsequenz
eines geschwächten Immunsystems. Die Krankheit ist somit nicht
in erster Linie Ausdruck einer körperlichen Fehlleistung oder
Schwäche, in ihr manifestiert sich angeblich ein geistiges Defizit.
Dies führt zum Glauben, daß selbst schwerste Krankheiten heilbar
seien. Man müsse nur in sich hineinhorchen, den Geist »heilen«,
Streß abbauen, sich gesund ernähren, keine Gifte mehr zu sich
nehmen, die Energieblockaden lösen, mit den »universellen Gesetzen« in Einklang kommen und den Lebenswillen stärken. »Du
mußt dich nur für das Leben entscheiden«, lautet die Devise vieler
Geistheiler. Wer sterbe, habe sich selbst aufgegeben.

Bei diesen Heilsvorstellungen wird der körperliche Zustand
zum moralischen Imperativ. Der Glaube, daß der Ätherleib und
die spirituellen Kräfte direkt und entscheidend auf den Körper
einwirken und ihn bestimmen, kann sich negativ auswirken. In
letzter Konsequenz bedeutet das, daß nur krank wird, wer geistig
»defekt« ist oder gegen die »höhere Ordnung« verstößt. Der
Glaube, der Mensch sei uneingeschränkt für seine Krankheiten

verantwortlich, kann zur psychischen und moralischen Belastung werden. So ist das geflügelte Wort »Krankheit als Chance« jedem Esoteriker ein Begriff.

Die Krankheit soll dem Esoteriker zeigen, daß die »spirituelle Balance« gestört und das Immunsystem beeinträchtigt ist. Es ist also kein Zufall, daß der Therapeut Thorwald Dethlefsen einem seiner Bestseller den Titel »Krankheit als Weg« gab. Heute gehört diese Interpretation zur Grundregel der Esoterik und wird in Hunderten von Büchern propagiert. Die Kernaussage ist immer die gleiche: Wer seine spirituellen Energien entwickelt und das »höhere Selbst« findet, stärkt das Immunsystem und bekommt Kräfte zur Selbstheilung. Einzelne Heiler erklären sogar, sie würden selbst gern Krebs bekommen, um ihre Heilfähigkeiten an sich beweisen zu können. So wird die körperliche Verfassung zum Seismograph für Tugend und »Sünde«. Diese reaktionäre Moral fördert Anpassung und Angst.

Schlagkräftige alternative Heilerszene

Die alternative Heilerszene ist zu einem potenten Wirtschaftszweig im Gesundheitswesen geworden. Früher befaßten sich lediglich ein paar Okkultisten mit der Geistheilung, heute schreiben sich im deutschsprachigen Raum rund 30 000 Heiler paranormale Kräfte zu, wie sich aus den Mitgliederzahlen der Verbände und Organisationen errechnen läßt. Allein in der Schweiz waren Ende 1999 13 000 Heilpraktikerinnen und Heilpraktiker registriert. Schweizer geben jedes Jahr mehr als eine Milliarde Franken für esoterische oder alternative Behandlungen, Therapien oder Produkte aus.

1983 soll es in Deutschland eine einzige Reiki-Meisterin gegeben haben, heute sind es an die 3000. (Reiki ist eine Heilmethode, bei der angeblich Heilenergie durch Handauflegen übertragen wird.) Nach einem Wochenendkurs, der lediglich 300 Mark kostet, bekommt jeder das Diplom und darf auf Patientensuche gehen. Selbst der bekannte Reiki-Meister Walter Lübeck warnt vor einer Inflation der »Meister«: »Auch der unkritischste esoterische Zeitgenosse kommt ins Grübeln, wenn sein Nachbar, der weder beruflich noch privat sein Leben auf die Reihe kriegt und soviel Ahnung von esoterischem Gedankengut hat wie eine Katze vom Eierlegen, plötzlich im Wochenendkurs-Schnellverfahren zu einer esoterischen (Schein-)Heiligkeit mit dem Titel Reiki-Meister befördert wird.«

Die Ausbildung von Heilern im Schnellverfahren ist ein lukratives Geschäft, das Kundenpotential scheint unerschöpflich. Viele Esoteriker wollen die eigenen Heilkräfte entwickeln. Die Esoterikzeitschriften sind voll von entsprechenden Angeboten.

Ein typisches Beispiel sind die Seminare von Horst Krohne, der die »Schule der Geistheilung« auf der kanarischen Insel Teneriffa führt. Im Frühling und Herbst 2000 bietet Krohne in Deutschland, Österreich und der Schweiz zahlreiche Seminare an unter dem Titel »Die Heilkraft liegt in Dir«. Krohne verspricht ein »intensives Hineinwachsen in geistiges Heilen«, außerdem sollen »Schutz-, Reinigungs- und Selbstheilungstechniken« vermittelt werden.

Zu lernen gibt es das Hellfühlen und -sehen, Visualisieren und Diagnostizieren, die Fähigkeiten, eigene und universelle Energien zu übertragen und einen Heilungsprozeß durch energetische Praktiken in Gang zu setzen. Im ersten Seminar werden die inneren Heilkräfte und medialen Fähigkeiten geweckt – »für die eigene Gesundheit und die Heilung anderer«. Das zweite Seminar behandelt das Diagnostizieren von Chakren, die Reinkarnationstherapie und das Erkennen psychosomatischer Krankheiten. Die beiden Seminare dauern je vier Tage und kosten zusammen rund 2000 DM.

Angesichts der Schwemme von Heilern findet sogar der sonst unkritische Autor Robert Sebastian warnende Töne. Die Gefahr, daß Kranke einem Scharlatan oder Betrüger aufsitzen würden, sei vor allem bei den Fernheilern groß. »Wer die Anzeigen der selbsternannten Wunderheiler in esoterischen Billigblättchen liest, dem kann es nur grausen«, schreibt Sebastian. Diese würden mit nicht nachprüfbaren Erfolgen prahlen und Heilung in jedem Fall versprechen, natürlich gegen Vorkasse. Diese Heiler nützten Kranke schamlos aus, erklärt der Autor des Buches »Die neuen Heiler«.

Der Deutsche Dachverband Geistiges Heilen (DGH) möchte hingegen, daß die Heiler mehr Handlungsspielraum bekommen. Er führt dafür finanzielle Argumente ins Feld und behauptet, in Deutschland könnten jährlich 18 bis 19 Milliarden DM eingespart werden, wenn Geistheiler legal arbeiten dürften und konsequent in das Gesundheitswesen einbezogen würden. Umfragen unter 7000 Patienten von 110 Heilern hätten ergeben, daß geistiges Heilen bei 60 Prozent der chronisch Kranken eine erhebliche Linderung bewirkt habe. Jeder zehnte Patient soll vollständig genesen sein. Genaues Untersuchungsmaterial liefert der DGH aber nicht, sondern spricht von einer Hochrechnung.

Der Schweizer Geistheiler Karl Emmenegger hat ausgerechnet, daß verschiedene Fernheiler große Summen für Inserate ausgeben. In einzelnen Monaten würden bestimmte Heiler 350 000 Franken (rund 420 000 DM) ins Heilbusineß investieren. Damit ihre Rechnung aufgeht, müßten sie mehrere tausend Patienten pro Monat und mehrere hundert täglich behandeln. Nicht alle Heiler verdienen aber das große Geld. Weniger bekannte Heiler müssen notgedrungen einem Nebenerwerb nachgehen.

Emmenegger gibt an, pro Jahr etwa 4000 Patienten zu behandeln, darunter viele Schwerkranke, die von der Schulmedizin bereits aufgegeben worden seien. Viel Zeit kann wohl auch Emmenegger nicht für seine Klienten aufbringen. Er erklärt allerdings, eine Sitzung daure 30 bis 45 Minuten. Wenn man davon ausgeht, daß die Patienten durchschnittlich viermal pro Jahr zur Behandlung kommen, ergäbe dies 16 000 Sitzungen. Bei 300 Arbeitstagen pro Jahr müßte Emmenegger täglich über 50 Patienten behandeln. Sein Arbeitstag müßte also mehr als 30 Stunden haben. Errechnet man aufgrund dieser Zahlen die Einnahmen des

Heilers – er verlangt pro Behandlung 80 Franken (ca. 100 DM) – ergäbe dies ein Jahreseinkommen von fast 1,3 Millionen Franken. Bei lediglich einer Sitzung pro Klient wären es immer noch 320 000 Franken (ca. 400 000 DM).

Der Schweizer Hellseher und Kartenleser Mike Shiva, der auch bei verschiedenen Rundfunkstationen als Wahrsager tätig ist, verlangt für Sitzungen 250 Franken (ca. 300 DM) pro Stunde. Eine Verkäuferin muß bis zu 15 Stunden arbeiten, um sich eine Sitzung leisten zu können. Ob das mit den Grundsätzen der verschiedenen Verbände der Heiler in Einklang zu bringen ist, erscheint fraglich.

Kapitel 15
Vermischung von Psychotherapie und Geistheilung

In den letzten Jahren ist eine Verwischung der Grenzen zwischen psychotherapeutischen Methoden und alternativen Praktiken zu beobachten. Viele Therapeuten aus dem esoterischen Bereich stoßen mit ihren spirituellen Erklärungsmustern oft dann an Grenzen, wenn sie mit Klienten konfrontiert sind, die mit psychischen Problemen zu ihnen kommen, die nur schwer mit der Karmabelastung erklärt werden können. In solchen Fällen kombinieren die alternativen Therapeuten gern psychologische und esoterische Ideen und Methoden. Um die Ursachen der psychischen Probleme zu erklären, wenden sie oft psychologische Erkenntnisse an. Gleichzeitig können sie die Runenorakel oder Tarot-Karten befragen. Bei der Therapie benutzen sie dann verschiedene Methoden. Das Repertoire reicht von der Gesprächs-, Körper- und Reinkarnationstherapie bis zu Ritualen zur Reinigung der Energiekanäle, zur Findung der »inneren Mitte« und zur Öffnung der Chakren.

Auf der anderen Seite schielen viele Psychotherapeuten oft auf ihre Kolleginnen und Kollegen aus dem »esoterischen Lager«, die ihren Patienten oder Klienten auf einer »höheren Ebene« helfen können. Da die Esoterikwelle auch etliche Psychologen erfaßt hat, lassen sich diese in die esoterischen oder alternativen Rituale und Methoden einführen.

Diese Vermischung der Ideen und Methoden ist allerdings fragwürdig, denn psychologische und spirituelle Lehren schließen sich über weite Strecken aus. Entweder haben psychische Störungen übersinnliche Ursachen und müssen mit alternativen Methoden behandelt werden, oder sie haben psychologische Ursachen und müssen psychotherapeutisch angegangen werden. Alternative Therapeuten, die psychologische Methoden anwenden, üben letztlich Verrat an den spirituellen Grundsätzen. Und Psychotherapeuten, die »übersinnliche Praktiken« anwenden, verlassen den Boden empirisch überprüfbarer Methoden. Ein psychisches Phänomen kann nicht zur Hälfte psychologisch und zur Hälfte übersinnlich erklärt werden.

Viele Psychotherapeuten lassen sich heute in alternative Therapieformen einführen, um die verschiedenen Praktiken kombinieren zu können. Als Schnittstelle zwischen alternativen und psychotherapeutischen Therapien dienen den esoterisch orientierten Therapeuten Verhaltens- und Gestalttherapien, Primärtherapie, das Psychodrama, Biofeedback, Hypnosetherapie oder die Transaktionsanalyse. Psychologisch geschulte Therapeuten, die alternative Methoden anwenden, benutzen gern das Rebirthing, Neurolinguistisches Programmieren (NLP), Reiki, Aromatherapie, Kinesiologie, Shiatsu, Akkupressur, Reflexzonenmassage usw.

Bei den alternativen Therapeuten bekommen die Therapien teilweise eine neue Funktion. Viele Klienten suchen ihre »Supervisoren« nicht nur bei psychischen Problemen auf, sondern streben eine spirituelle Persönlichkeitsentwicklung und ein neues Bewußtsein im Sinne der Transformation an. Dabei profitieren die Therapeuten von der Forderung der esoterischen Meister, jeder müsse sich ändern, damit das neue Bewußtsein entstehe und das neue Zeitalter anbrechen könne. So entsteht ein großer Bewußtseinsmarkt, in dem solche Therapeuten als psychologisch und spirituell operierende »Zauberer« auftreten oder die Rolle von »modernen Schamanen« übernehmen.

Die »Bewußtseinstherapeuten« wollen also nicht nur die persönlichen Probleme ihrer Klienten lösen oder verarbeiten helfen, damit sie den Alltag wieder besser meistern können, sondern auf das Bewußtsein einwirken. Die Klienten sehnen sich nach einer »spirituellen Wiedergeburt«. Es soll ein neuer Mensch entstehen. Somit nehmen die Techniken und Therapien religiösen Charakter an.

Bei allen Heilern und alternativen Therapeuten spielt die Energie eine wichtige Rolle. Es ist ein dehnbares und dankbares Phänomen, mit dem sich fast alles »erklären« läßt. So ist angeblich nicht nur der Geist reine Energie, sondern auch die Materie. Krankheit wird häufig mit einer angeblichen Energieblockade erklärt. Doch die zentrale Frage, wie diese Energie beschaffen ist und wie sie auf den Körper wirkt, vermögen Esoteriker nicht zu beantworten.

Die Idee vom Energiefluß stammt ursprünglich aus der alten Lehre des Tao, in dem zwischen den sich ergänzenden gegensätzlichen Polen Yin und Yang eine Spannung besteht, die einen Energieausgleich erfordert. Geistheiler und Naturheilärzte praktizieren Methoden wie Fußreflexzonenmassage, Akupunktur und Akupressur, bei der Akupunkturpunkte und Energiemeridiane behandelt werden, wodurch Energieströme besser fließen können.

Die Radionik, eine jüngere Form der Energielehre, und die Magnetfeldtherapie gehen von elektromagnetischen Feldern aus, die angeblich den Körper umgeben. Bei körperlichen oder seelischen Problemen soll der Energiefluß gestört und so die Krankheit ausgelöst werden.

Auch die Pendler berufen sich auf die geheimnisvollen Energien. Sie behaupten, mit Wünschelrute und Pendel Wasseradern, elektromagnetische Strahlungen oder energetische Störungen ausmachen zu können. Manche Pendler gehen mit der Rute auf die Suche nach Poltergeistern oder Geistwesen von verstorbenen Ahnen. Radikale Esoteriker gehen so weit, daß sie Nahrungsmittel, wichtige Daten, Kleider und andere Gegenstände des alltäglichen Lebens auspendeln, ehe sie sich auf etwas festlegen. Das kann schnell in die Abhängigkeit führen. Erlauben es die Umstände nicht, die Gebrauchsgüter »energetisch« zu prüfen, dann fühlen sich diese Personen nicht mehr wohl. Sie befürchten beispielsweise, die Eßwaren könnten negative Energien enthalten oder an einem bestimmten Datum könnten unliebsame Ereignisse passieren, die das Pendel angezeigt hätte.

Die englische Sachbuchautorin Rosalind Coward hat sich in ihrem Buch »Nur Natur?« intensiv mit dem Energiebegriff der Esoterik auseinandergesetzt. Sie kommt zu dem Schluß, daß die östliche Medizin die komplexen Zusammenhänge zwischen verschiedenen Energien erkenne. Die westlichen Therapien würden hingegen zu Denkmodellen neigen, die Assoziationen an die guten und bösen Mächte einer christlichen Geisterwelt hervorriefen. »Abstrakte Theorien über Energien und die Entstehung des Universums werden mit dem alten Dualismus von Gut und Böse verknüpft«, schreibt die Autorin. Es sei kein Zufall, so Coward, daß unsere Gesellschaft die Sprache der modernen Industrie benutze, wenn sie vom Körper spreche. Um immer mehr zu produzieren, brauche es immer mehr Energie. Vor allem, wenn im Zusammenhang von Gleichgewicht, Harmonie oder Vitalität die Energie bemüht werde, stehe diese ganz einfach für Leistungsfähigkeit.

Zum esoterischen Gesundheitsverständnis gehört zwingend auch der Begriff der »Natur«. Alles Naturhafte und Natürliche wird von den Verkündern des neuen Zeitalters verklärt. Viele Esoteriker glauben, die spirituellen Kräfte und »kosmischen Gesetze« in der »Natur« zu finden. Man müsse sich nur mit der »Natur« verbinden, um das »höhere Bewußtsein« zu erlangen. Dabei mystifizieren die Esoteriker die »Natur« nicht nur, sondern definieren sie neu und verbinden viel Sehnsucht und Hoffnung mit dem Begriff. »Das Wort ›Natur‹, wie es gegenwärtig gebraucht wird, ist reich an Sinn- und Glaubensvorstellungen«, schreibt Rosalind Coward. Die »neue Natur« ist zum Mythos einer heilen Welt geworden. Sie gilt als sanft, »gerecht«, mystisch perfekt.

Die Verklärung der »Natur« ist angesichts der technisierten und teilweise virtuellen Lebensweise verständlich, sie demonstriert aber auch eine vereinfachte Weltsicht. Die modernen Esoteriker nehmen alle Annehmlichkeiten dieser industrialisierten

Welt in Anspruch, doch gleichzeitig träumen sie von einem »natürlichen« Leben nach dem Vorbild von Indianern, Schamanen oder Druiden. Sie vollführen auf Kraftplätzen barfuß schamanistische Rituale, tanzen in der Walpurgisnacht um das Feuer, bauen auf Waldlichtungen Schwitzhütten und fahren anschließend mit dem Auto nach Hause.

Aus dem neuen Mythos der »Natur« leiten viele Esoteriker auch ein ökologisches Bewußtsein ab, das zu harmonischen Lebenszyklen führen und das »natürliche Gleichgewicht« wiederherstellen soll. Daraus ergibt sich die angebliche Fähigkeit des menschlichen Körpers, sich selbst zu regulieren, wenn er nicht durch zivilisatorische Einflüsse behindert wird. Für diese Aufgabe seien Instinkt und Intuition vorbestimmt, die aber durch unsere unnatürliche Lebensweise beeinträchtigt seien, erklären sie.

Das Essen als spirituelles Ritual

Das Essen ist für viele moderne Esoteriker zum spirituellen Ritual geworden. Nur wer sich »giftfrei« und »natürlich« ernährt, kann mit einem starken Immunsystem rechnen und die »innere Balance« finden. Das Essen dient oft der Suche des »höheren Selbst« und der »inneren Mitte«. Damit erfährt die Ernährung einen Kulturwandel. Es geht nicht mehr darum, den Körper mit Kalorien zu versorgen, sondern das angeblich Gesündeste aus dem reichen Angebot herauszupicken und zu einer ausgewogenen Menüpalette zusammenzustellen, die alle notwendigen Stoffe zur angeblichen Immunisierung gegen alle nur erdenklichen Krankheiten enthalten soll. Das Essen wird zum spirituellen Ritual. Eine ausgewogene Ernährung stärkt nicht nur das Immunsystem, sondern fördert auch die geistigen oder spirituellen Kräfte, glauben kompromißlose Esoteriker. Nahrungsmittel werden zum Medikament aus der Apotheke der Natur, jede Mahlzeit zum Überlebenskampf, jeder Bissen ein Wettstreit mit dem Tod.

Die esoterische Interpretation der »Natur« ist weitgehend ein Mythos. Das vielbeschworene »Gleichgewicht der Natur« beruht in Wahrheit auf dem brutalen Prinzip des Verdrängens oder Tötens. Das Naturgesetz ist auch das Gesetz des Stärkeren. Trotzdem wird das vermeintliche Gleichgewicht als mystisches Urprinzip verehrt. Die »Natur« wird zum Synonym für das Gute schlechthin, zum entscheidenden moralischen Impetus. Die Esoteriker verbannen alles aus der »Natur«, was ihrem spirituellen Idealbild widerspricht. Als ob es keine »natürlichen« Krankheitserreger, Schädlinge und Naturkatastrophen gäbe. Der Mensch wird undifferenziert zum Feind der Natur gemacht, der mit seinen technischen, chemischen und pharmazeutischen Eingriffen die Harmonie stört.

Die unkritische Verklärung der Natur ist aus kulturhistorischer Sicht naiv. Danach ist alles Natürliche gut, die von Menschen geschaffenen Güter und Werte werden hingegen als naturfeindlich gewertet. Esoteriker schaffen also einen radikalen Gegensatz von Natur und Kultur, weil sie glauben, daß die Kultur die Natur zerstöre. Denn alles, was Menschen schaffen, hat mit Kultur zu tun. Die radikale Überhöhung dessen, was Esoteriker unter dem Natürlichen verstehen, führt zur Negierung menschlicher Anliegen und Werte. Einerseits impfen radikale Esoteriker den Menschen Allmachtsphantasien ein, auf der andern Seite erklären sie den Menschen als dekadente Kreatur, die die Natur und somit auch seine spirituellen Wurzeln zerstört. Die Natur wird zum Kampfbegriff gegen die Kultur. Wer diese beiden Grundpfeiler menschlicher Existenz gegeneinander ausspielt und nicht versucht, eine Synthese anzustreben, behindert eine sinnvolle evolutionäre Entwicklung.

Kapitel 16
Uriella, Hulda Clark und Geerd Hamer heilen Krebs

Wie unseriöse Heiler ihren Anhängern oder Klienten schaden können, läßt sich am Beispiel von Erika Bertschinger alias Uriella exemplarisch aufzeigen. Die Gründerin der Sekte Fiat Lux verspricht Geistheilungen nach esoterischem Muster. Viele Kranke suchen das »Sprachrohr Gottes«, wie sich Uriella bezeichnet, in der Hoffnung auf, die Heilerin könne sie von »unheilbaren« Krankheiten befreien. Die Kultgründerin behauptet, wie andere Geistheiler, Gott stelle durch sie die Diagnose. Das Medium zelebriert ein Befreiungsritual und verschreibt Naturheilmittel, die aus der »Apotheke Gottes« stammen sollen. Der Katalog enthält mehrere hundert »Heilmittel« gegen jede erdenkliche Krankheit, selbst gegen Aids und Krebs. Die Anhänger zahlen viel Geld für die Wässerchen, Tabletten und Ampullen.

Uriella behauptet, mit Hilfe der göttlichen Kraft praktisch alle Leiden heilen zu können. Auch Ferndiagnosen und Fernheilungen gehören zum Repertoire. Sie ist deshalb auch immer wieder mit dem Gesetz in Konflikt gekommen. Tatsächlich ist die Geschichte von Fiat Lux auch eine Geschichte von Strafanzeigen, Klagen, Hausdurchsuchungen und Prozessen.

Die Heilerin wirkte ursprünglich im Schweizer Kanton Zürich. Als sie von den Behörden gerichtlich verfolgt wurde, eröffnete sie 1980 in Schwellbrunn, Kanton Appenzell-Außerrhoden, eine naturärztlich-mediale Praxis. In diesem Kanton sind solche Praxen zugelassen. Bald darauf eröffneten aber verschiedene Untersuchungsbehörden Strafverfahren gegen Uriella wegen illegaler Abgabe von Heilmitteln. Anfang der 80er Jahre wurde sie im Kanton Zürich erstmals mit einer Geldstrafe belegt. Uriella vertrieb Zehntausende von sogenannten »Äetherampullen«, die sie unter anderem gegen Multiple Sklerose, Drogensucht und Depression verordnete. Analysen beschlagnahmter Mittel zeigten, daß diese teilweise eine gewöhnliche Kochsalzlösung enthielten. Uriella behauptete allerdings, sie habe die Lösungen mit Hilfe der göttlichen Kraft molekularenergetisch aufgeladen.

1985 gründete Uriella in Strittmatt im südlichen Schwarzwald die Bethanien-Stiftung. Auch hier geriet sie bald in Konflikt mit den deutschen Behörden. Anfang der 90er Jahre verbot ihr das Landratsamt Waldshut, sich als Heilpraktikerin auszugeben. Uriella sei »eine Gefahr für die Volksgesundheit«. Die Behörden stützten sich dabei unter anderem auf den Fall einer damals 68jährigen Schweizerin, der von einem Sektenmitglied eingeredet worden war, sie leide an Krebs im Zwölffingerdarm. Die »Patientin« schickte Uriella ein Foto, damit die Geistheilerin eine Ferndiagnose stellen konnte.

Uriella ließ der Frau mehrere Heilmittel zukommen. Rund 20 verschiedene Ampullen und Pillen mußte sie täglich einnehmen. Doch die Bauchschmerzen wurden immer stärker. Ihre Tochter mißtraute der Diagnose und rief Uriella an. Ihre Mutter leide unter Nierenkrebs im Endstadium, lautete die neue, überraschende Ferndiagnose. Doch keine Angst, beruhigte die Sektenchefin, sie könne den Krebs heilen. Als die »Patientin« völlig abgemagert und entkräftet war, warf die Tochter alle Heilmittel in den Abfall. Bald darauf kehrte der Appetit ihrer Mutter zurück, und sie erholte sich rasch. Ein Arzt kam bei einer Untersuchung zum Befund, die Frau habe nie unter Krebs gelitten.

Im Januar 1992 durchsuchten 50 Polizisten zwölf Häuser von Fiat Lux im Südschwarzwald, im Februar 1993 ließ die Staatsanwaltschaft Waldshut über 200 Wohnungen der Mitglieder überprüfen. Auch die Schweizer Behörden wurden aktiv. Im März 1994 verurteilte das Obergericht des Kantons Appenzell-Außerrhoden Uriella zu einer Geldstrafe von 15 000 Franken (ca. 18 500 DM), weil sie wiederholt gegen das Gesundheitsgesetz verstoßen hatte. Außerdem mußte sie 50 000 Franken (rund 61 500 DM) dem Staat abliefern, die als unrechtmäßige Gewinne eingestuft worden waren. Das Gericht sah aber von einem Praxisverbot ab.

Auch wegen Steuerhinterziehung wurde gegen Uriella ermittelt. Dabei ergaben Schätzungen, daß Uriella allein zwischen 1988 und 1993 »Heilmittel« im Betrag von mehreren Millionen Mark umgesetzt hatte. Auch gegen Uriellas Ehemann Icordo wurden Untersuchungen wegen illegaler Einfuhr von »Heilmitteln« nach Deutschland eingeleitet.

Im Mai 1996 stand Uriella in Waldshut vor dem Landgericht. Die Anklage warf der Geistheilerin vor, sie sei mitverantwortlich für den Tod von mindestens zwei ihrer Anhängerinnen. Ursprünglich hatte der Staatsanwalt in rund einem Dutzend Todesfälle ermittelt. Da sich die Beweisführung als schwierig erwies, beschränkte er sich auf zwei Fälle.

Anfang 1988 erkrankte eine hochschwangere 24jährige deutsche Literaturwissenschaftlerin an einer Mittelohrentzündung. Uriella schickte ihr per Telefon »heilendes Licht« und verordnete ihr fernmündlich eine Schwedenkräuter-Kur. Der Glaube der Frau an die Heilkräfte von Uriella war unerschütterlich, auch als die Schmerzen unerträglich wurden. Die Infektion löste eine Hirnhautentzündung aus. Erst als die junge Frau ins Koma gefallen war, rief ihr Mann einen Arzt. Zu spät. Selbst eine Notoperation konnte die Frau nicht mehr retten. Sie starb am 6. März 1988. Immerhin gelang es den Ärzten im letzten Moment, das Kind mit einem Kaiserschnitt zu retten. Der Oberstaatsanwalt ließ ein medizinisches Gutachten erstellen. Rechtzeitige Hilfe hätte die Frau rasch genesen lassen, erklärten die Sachverständigen. Uriella hingegen behauptete, die junge Frau sei gestorben, weil sie in der Klinik »zu viele Gifte in Form von Medikamenten erhalten hatte«.

Der zweite Fall betraf eine 48jährige Anhängerin von Fiat Lux. Die Mutter von zwei Kindern litt im Herbst 1988 an einer Blutvergiftung. Uriella sandte ihr »heilendes Licht« und verordnete der Patientin Umschläge, Entgiftungs- und Kreislaufampullen, Notfalltropfen, Engelwurz, Ringelblumen und Tartarus. Bis zu zehn Uriella-Anhänger versammelten sich regelmäßig am Krankenbett. Bei Kerzenschein knieten sie nieder und zelebrierten ein mystisches Ritual. Mit den Daumen und Zeigefingern bildeten sie ein Dreieck, eine sogenannte Gemme, um angeblich das heilende Licht zu bündeln. Vergeblich. Der Gesundheitszustand der Frau verschlechterte sich rasch. Nach zehn Tagen erschien Uriella persönlich am Krankenbett. Mit ihren Händen leitete sie den »Heilstrom« in den Körper der Patientin. Doch weder die »Apotheke Gottes« noch ihre geistigen Heilkräfte vermochten die Frau zu heilen. Sie starb am 5. Oktober 1988 nach großen Qualen.

Uriella wusch ihre Hände in Unschuld. Sie habe beiden Frauen geraten, ärztliche Hilfe in Anspruch zu nehmen, erklärte sie vor Gericht. Die Staatsanwältin hielt dies für eine Schutzbehauptung. Die Befragung von 26 Zeugen ergab jedoch, daß Uriella ihren Patienten bei schweren Krankheiten stets rate, einen Arzt zu konsultieren oder ein Spital aufzusuchen. Auch Angehörige bezeugten, die beiden Verstorbenen hätten den Rat zum Arztbesuch freiwillig ausgeschlagen.

Der Nachweis sei nicht erbracht worden, daß Uriella die Frauen an einem Arztbesuch gehindert habe, erklärte das Gericht und sprach Uriella mangels Beweisen frei. Die Richter hegten zwar Zweifel an der Rolle der Heilerin, aus rechtlichen Gründen hatten sie aber keine andere Wahl, als Uriella freizusprechen. Das Urteil löste bei den rund 50 weißgekleideten Anhängern im Gerichtssaal einen Jubelsturm aus. Auf den Stufen des Gerichts huldigten sie Uriella mit einem Chor, begleitet von Geigen.

Uriellas Heilslehre weist neben christlichen Versatzstücken fast alle klassischen Ingredienzen der radikalen Esoterik auf, bis hin zu den Weltverschwörungsideen. Uriella demonstriert deutlich, daß Geistheiler ihren geistigen Überbau aus dem Okkultismus beziehen, um ihre Heilmethoden zu legitimieren. Wie viele andere Medien, die behaupten, mit den aufgestiegenen Meistern kommunizieren zu können, so ist auch Uriella überzeugt, daß sie mit Jesus sprechen könne.

Phantastische Heilungsversprechungen macht auch die amerikanische Heilerin Hulda Clark. Sie behauptet, Krebs, Aids und viele andere schwere Krankheiten in wenigen Minuten kurieren zu können. Die Chemikerin stützt sich aber nicht auf paranormale Fähigkeiten, sondern hat abenteuerliche pseudowissenschaftliche Theorien entwickelt, die vor allem in der Esoterikszene und bei Verfechtern der alternativen Heilmethoden für Furore sorgen.

Clark will auf wissenschaftlicher Basis herausgefunden haben, daß die meisten schweren Krankheiten von bisher unbekannten Erregern, den sogenannten Egeln, erzeugt werden. Die Amerikanerin liefert auch gleich die »todsichere« Therapie: Mit Hilfe eines Elektrogerätes, das in fataler Weise an das Scientology-Elektrometer – eine Art Lügendetektor – erinnert, sollen die Parasiten rasch abgetötet werden. Es ist denn auch kein Zufall, daß in der Schweiz der Scientologe David P. Amrein die teuren und dubiosen Clark-Methoden vermarktet. Selbst ein paar Ärzte lassen sich blenden und verordnen die umstrittenen Kuren.

Die abenteuerliche Theorie von den Krebs erzeugenden Egeln widerspricht allen medizinischen Erkenntnissen. Nach bekannter Verschwörungstheorie behaupten die Anhänger der Clark-Methode, die Pharmaindustrie und Ärzteschaft würden der Menschheit die wahren Krebsursachen bewußt verschweigen, um auf Kosten der Patienten weiterhin die teuren Bestrahlungen, Chemotherapien und Operationen durchführen zu können.

Hulda Clark behauptet, alle Krebspatienten würden zwei signifikante Merkmale zeigen: In der Leber lasse sich ein Darmegel nachweisen, und in verschiedenen Organen finde sich das giftige Lösungsmittel Isopropyl-Alkohol. Die abenteuerliche Therapie beschreibt Hulda Clark in ihrem Buch »Heilung ist möglich«: »Es ist nunmehr möglich, mit Hilfe von elektrischem Strom Bakterien, Viren und Parasiten innerhalb von Minuten abzutöten.« Dieses »Wunder« schafft angeblich der »Zapper«, ein Elektrogerät, das Hulda Clark zusammen mit ihrem Sohn entwickelt hat. Die Patienten halten zwei Metallstäbe in den Händen, die an den »Zapper« angeschlossen sind. Ein schwacher Strom fließt in bestimmten Frequenzen auf die Haut. Je nach Schwingung sterben einzelne Krankheitserreger ab, behauptet Clark. »Zappen tötet keine geschützten Organismen ab wie zum Beispiel solche, die sich in der Mitte des Magens oder Darms befinden. Die Elektrizität fließt über die Wand des Magens bzw. der Eingeweide, nicht durch deren Inhalt«, schreibt die Heilerin. Wie dies geschieht oder weshalb sich die Erreger ausschließlich in den Magen- oder Darmwänden aufhalten sollen, erklärt Clark nicht.

In ihrer Verblendung animiert Clark die Krebspatienten, sich nicht der Schulmedizin anzuvertrauen. Im Buch »Heilverfahren aller Krebsarten« schreibt sie dazu: »Bedeutet das, daß Sie den Termin für Operation, Strahlentherapie oder Chemotherapie absagen können? Ja, nachdem Sie den Krebs mit diesem Rezept geheilt haben, kann er nicht wiederkommen. Dies ist keine Behandlung gegen Krebs: Es ist eine Heilung! Aber wenn Sie Ihren Arzt nicht verärgern wollen, können Sie ebenso seinen Wünschen folgen. Seien Sie jedoch vorsichtig, daß Sie keine lebenswichtigen Körperteile durch Operation verlieren, weil Sie diese später noch brauchen, wenn Sie wieder gesund sind.« Somit läuft die Heilerin Gefahr, sich mitschuldig am Tod ihrer Patienten zu machen. Verweigern sie tatsächlich schulmedizinische Behandlungen, kann die Clark-Methode zum tödlichen Irrtum werden. Denn der krebsauslösende Egel ist ein medizinisches Phantom. So paßt denn auch der pathetische Ausspruch von Clark nahtlos ins Bild: »Dieses Buch ist als Gabe an die Menschheit gedacht.«

Mit dem »Zapper« rückt Clark angeblich dem Egel zu Leibe, doch um sicherzugehen, daß die Patienten den tödlichen Parasiten definitiv lossind, müssen sie noch ein aufwendiges Sanierungsprogramm über sich ergehen lassen. Damit würden die Giftstoffe eliminiert, die ein gutes Biotop für die Erreger bieten, behauptet Clark. Bei diesen Kuren kommt ein ganzes Arsenal von Naturheil-

mitteln zum Einsatz, die Tausende von Franken kosten. David P.
Amrein, Präsident des »Vereins zur Förderung der medizinischen
Forschung nach Dr. Clark«, erklärt, daß die Clark-Methode eine
Heilungsrate von über 90 Prozent bei Patienten im Endstadium
aufweise. Der 26jährige Scientologe hat in Münchenbuchsee
(Kanton Bern, Schweiz) ein Clark-Zentrum eröffnet, das The-
rapien anbietet und Heilmittel verkauft. Zwei Therapeuten füh-
ren die Clark-Behandlungen durch. Der eine ist Mitglied des
Naturärzteverbandes, der andere beim Verband für natürliches
Heilen.

Es gibt bereits auch einzelne Ärzte und alternativmedizinische
Kliniken, die die Clark-Kuren anwenden. Auch verschiedene Apo-
theken bieten Heilmittel an, mit denen Parasiten-, Nieren-, Darm-
und Leberreinigungsprogramme durchgeführt werden können.

In den USA bläst der Chemikerin Hulda Clark ein steifer Wind
ins Gesicht. Bereits 1993 wurde ein Verfahren in Indiana gegen
sie eröffnet, weil sie unerlaubte medizinische Handlungen vor-
nahm. Die Heilerin übersiedelte nach San Diego, wurde aber im
September 1999 festgenommen und vorübergehend in Untersu-
chungshaft gesetzt. Nun soll ihr der Prozeß gemacht werden. Sie
kam gegen Kaution frei und betreibt nun in Mexiko eine Klinik.
Eine zweiwöchige Kur kostet fast 5000 Dollar (rund 8000 Franken), ohne Unterkunft und Verpflegung. Verschiedene Untersuchungen müssen zusätzlich bezahlt werden.

Geerd Hamers Schockerlebnis und die »Neue Medizin«

Mit sensationellen Erkenntnissen warten auch die Verfechter der
»Neuen Medizin« auf. »Leukämie ist eine wunderbare Botschaft«
und »daß Rauchen Krebs verursacht, können Sie vergessen«, verkünden sie auf öffentlichen Veranstaltungen und geißeln die
Schulmedizin als kriminelle Methode. Die militanten Anhänger
der »Neuen Medizin« behaupten wie die Vertreter der Clark-Me-

thode, Ärzte und Pharmaindustrie seien mit ihren Chemotherapien auf dem Holzweg. Sie erklären sogar, daß die konventionellen
Behandlungsmethoden den Krebs begünstigen würden.

Der Guru der »Neuen Medizin«, der deutsche Arzt Ryke Geerd
Hamer, sieht hinter dem Gesundheitssystem ein Komplott, das
seine angeblich bahnbrechenden Erkenntnisse unterdrücke. Diese
fatale Strategie koste »Millionen von Menschen das Leben«. Ha-
mer scheut sich in seiner Verblendung nicht, einen irrwitzigen
Vergleich anzustellen: »Es ist der größte Holocaust der Weltge-
schichte.« Die Krebspatienten würden »auf brutalste Art und
Weise in unseren seelenlosen Krankenfabriken umgebracht – mit
Verstümmelungsoperationen, Kobaltbestrahlung, Chemo und
Morphium oder gar Zyankali«.

Hamer entdeckte das »Geheimnis« der »Neuen Medizin« nach
einem persönlichen Drama, das am 18. August 1978 begann. An
diesem Tag wurde sein Sohn Dirk vom Sohn des letzten italieni-
schen Königs Umberto II. angeschossen. Vier Monate später starb
er in den Armen seines Vaters. Der Tod von Dirk traumatisierte
den Vater: »Jede Nacht stirbst Du aufs neue in meinen Armen, 730
Nächte bist Du seither bei mir gestorben, und immer wollte ich
Dich nicht loslassen aus meinen Armen«, schrieb Hamer zwei
Jahre später in seinem Buch »Krebs«. Hamer glaubte, die Ärzte
hätten seinen Sohn retten können. Zu allem Überfluß bekam Hamer Hodenkrebs. Er war überzeugt, daß der Verlustschock diese
Krankheit ausgelöst hatte. Dieses Erlebnis brachte Hamer auf die
Idee der »Eisernen Regel des Krebses«. Sie besagt, daß Krebs ausschließlich psychosomatisch bedingt sei und von biologisch-see-
lischen Schockerlebnissen ausgelöst werde. Hamer nannte denn
auch das kuriose Phänomen »Dirk-Hamer-Syndrom«. Obwohl
seine Krebstheorie allen medizinischen Erkenntnissen radikal widerspricht, hält er unbeirrt an seiner Hypothese fest und entwickelte unzählige Ideen, die seine Theorie stützen sollten.

Hamers umstrittene Krebsthese sorgte in Esoterikkreisen für
Aufsehen und fand bald viele Anhänger. Auch Mitglieder von Fiat

Lux und der Universalen Kirche propagierten die »Neue Medizin«. Bald entstanden Bewegungen von Hamburg bis Madrid, die für die Hamer-Theorie die Trommel rührten.

Die Diagnose erfolgt durch ein Computer-Tomogramm (CT) des Gehirns. Innerhalb von Sekunden entstünde nach dem Schockerlebnis ein sogenannter Hamerscher Herd im Gehirn, also eine Art Tumor, behauptet Hamer. Dieser lasse exakt darauf schließen, wo der Krebs im Körper angesiedelt sei. Die Krebstherapie ist laut Hamer einfach. Die Patienten müßten lediglich den seelischen Konflikt lösen, und der Krebs sei besiegt.

Im Sommer 1995 sorgte das krebskranke österreichische Mädchen Olivia Pilhar für internationale Schlagzeilen. Die Eltern, fanatische Anhänger von Hamer, weigerten sich, ihre Tochter medizinisch behandeln zu lassen. Als ein Gericht die Zwangstherapie beschloß, tauchten die Eltern mit ihrer Tochter unter. Der Wilmstumor im Bauch des Mädchens wuchs unaufhaltsam weiter, das Geschwür ließ den Bauch von Olivia zu einem Ballon von sechs Kilogramm anschwellen. Begleitet von einem riesigen Medienwirbel starteten die Behörden eine fieberhafte Suche nach dem Mädchen. Ein Journalist stöberte Hamer und die Familie Pilhar im spanischen Málaga auf. Nun begann ein gerichtlicher Wettlauf gegen den Tod. Als Olivia endlich in einem Wiener Spital eintraf, war die Operation viel zu riskant. Erst nach einer längeren Chemotherapie, die den Tumor stark schrumpfen ließ, konnte das Mädchen erfolgreich operiert werden. Heute ist das Mädchen frei von Krebs, was laut »Neuer Medizin« nicht sein dürfte. Trotzdem attackieren die Eltern Pilhar die Ärzte auch heute noch als Mafia und kämpfen weiterhin für die Anerkennung der »Neuen Medizin«.

Gefährlich ist die »Neue Medizin« vor allem, weil sie von den Krebspatienten verlangt, die schulmedizinische Therapie abzubrechen. Konventionelle Medikamente, Bestrahlungen und Chemotherapie seien tödliche Keulen und würden eine Heilung nach den Methoden der »Neuen Medizin« verhindern. Wer Antibiotika nehme, unterbreche die Heilung, behaupten beispielsweise die Verfechter der »Neuen Medizin«.

Die Konsequenzen der Hamerschen Theorie sind kurios. In Vorträgen verkünden die Vertreter der »Neuen Medizin« zum Beispiel, Ultraschall löse bei Föten einen vorgeburtlichen Schock aus, der zu einem Wasserkopf führen könne. Außerdem sei es völlig falsch zu glauben, Rauchen bewirke Lungenkrebs. Und Metastasen seien eine Erfindung der Schulmedizin.

Hamer mußte schon verschiedene Gerichtsverfahren über sich ergehen lassen. Obwohl ihm in Deutschland die Approbation (ärztliche Zulassung) entzogen worden war, »heilte« er weiterhin Krebspatienten. Nach mehreren Todesfällen schritten die Justizbehörden ein. Hamer wurde mehrmals in Haft gesetzt. Im September 1997 verurteilte ihn ein Kölner Gericht zu 19 Monaten Gefängnis. Dies hinderte Hamer nicht, nach der Haftentlassung weiterhin seine Methode anzuwenden. Seither laufen weitere Verfahren gegen ihn und einige seiner Anhänger, die ebenfalls die »Neue Medizin« propagieren.

Kapitel 17
Spirituelle Superpower für Manager

Immer häufiger lassen sich auch Manager vom esoterischen Fieber anstecken. Viele Manager brauchen im rauhen Wind des Turbokapitalismus eine Seelenmassage. In wenigen Jahren entstand eine ganze Branche, die teilweise für viel Geld Motivationsseminare, Persönlichkeitstrainings oder Entspannungstherapien anbietet, wobei Trainer und Coachs vor allem auf Versatzstücke aus dem reichen Angebot der Esoterik zurückgreifen. Manager lassen sich heute gern in mystische Sphären entführen, um sich vom Streß zu erholen und die »innere Balance« oder das »höhere Selbst« zu finden. Management und esoterische Ansprüche müssen kein Widerspruch sein, wie das positive Denken mit der Visualisierung unrealistischer materieller Wünsche beweist.

Einheitlich charakterisieren lassen sich Methoden des Coachings und der Persönlichkeitsseminare nicht. Jeder Trainer hat seine eigenen Rezepte und Rituale, mit denen er das Publikum für die Leistungssteigerung im Arbeitsalltag motivieren will. So mischen die Trainer alle Ingredienzen zusammen, die besondere Gruppenerlebnisse versprechen. Es geht bei den Veranstaltungen meist nicht um Fachwissen, sondern um die Persönlichkeitsentwicklung. Wichtig ist vor allem, daß das Selbstwertgefühl der Manager gestärkt und die Motivation gefördert wird. So sitzen denn die Führungskräfte in meditativer Haltung im Kreis, hauchen ein »Om« in den Raum und lassen die spirituelle Energie fließen. Oder der Motivationstrainer führt mit ihnen Visualisierungsübungen durch, damit sie ihr Bewußtsein auf die wirtschaftlichen Ziele hin programmieren lernen. Oder sie halten sich an den Händen und brüllen im Chor: »We are the champions.« Manche Trainer haben einen eigenen Schlachtruf, mit dem das Gruppengefühl gesteigert werden soll. Oft handelt es sich um ein klangstarkes Kunstwort, das auf ein Handzeichen des Trainers hin in kurzen Abständen wiederholt wird. Nicht selten hört man den Schlachtruf noch nach Wochen in den Chefetagen, mit dem sich die »Eingeweihten« den »Geheimcode« in Erinnerung bringen. Der Kampfruf des holländischen Motivationstrainers Emile Ratelband lautet beispielsweise »Tsjakkaa«.

Angewendet werden auch Rollenspiele, die an die Therapieformen des Psychodramas oder der Primärtherapie erinnern. Beliebt ist beispielsweise das »Eselspiel«. Ein Eseltreiber muß ein störrisches Grautier zu einer besseren Leistung antreiben. Dabei geht es darum, sich mit List, Autorität und guten Argumenten gegen das Tier, sprich die Untergebenen, durchzusetzen. So werden das Rollenverhalten geübt und Hierarchien demonstriert und verinnerlicht.

Ein wichtiger Faktor vieler Motivationstrainings sind Mutproben. Gemeinsam über eine wackelige Hängebrücke zu marschieren, einander über eine Felswand abzuseilen oder unter dem gruppendynamischen Druck der Belegschaft mit dem Gummiseil an den Füßen von einer Brücke zu springen, soll den Teilnehmern das Gefühl vermitteln, daß man in der Gemeinschaft die Angst überwinden und über sich hinauswachsen kann. Wer dies schafft, erlebt einen besonderen Motivationskick.

Eine beliebte spirituelle Mutprobe ist das sogenannte Feuerlaufen, das bei vielen Motivationstrainings zu den unverzichtbaren Ritualen gehört. So marschieren denn die Manager und Direktoren über glühende Kohlen. Viele Coachs machen den Seminarteilnehmern weis, ihr Wille oder die mystischen Kräfte seien durch das Training derart gestählt worden, daß ihnen selbst glühende Kohlen nichts mehr anhaben können. Dies ist zwar ein reiner Mythos, aber er stärkt das Selbstwertgefühl und die Motivation. Jedermann kann nämlich über glühende Kohlen marschieren, ohne sich die Füße zu verbrennen, denn es bildet sich immer eine dünne Ascheschicht, die genügend isoliert. Würden die Feuerläufer nur eine Sekunde stehenbleiben, hätten sie sofort Verbrennungen – auch die Absolventen von Motivationstrainings. Eine andere Spielform solcher Mutproben ist der Gang über Glasscherben.

Nicht alle Manager lieben die gruppendynamischen Übungen und Spiele, weshalb sich manche lieber an alternative Therapeuten, Wahrsager oder Medien wenden, die sich darauf spezialisiert haben, Führungskräfte individuell zu betreuen. Obwohl die Therapeutinnen – es sind mehrheitlich Frauen – zu den Spitzenverdienerinnen der Branche gehören, sind sie kaum namentlich bekannt, denn Diskretion gehört in Managerkreisen zum obersten Grundsatz. Schließlich haben sie die Funktion von Supervisorinnen und besprechen mit den Klienten auch geschäftliche Probleme.

Viele dieser auf Manager spezialisierten Medien sind Wahrsager, Astrologen oder Handaufleger. Andere wenden Meditationen, autogenes Training und verschiedene Formen der Energiearbeit oder alternative Methoden wie das Neurolinguistische Programmieren (NLP), Rückführungen oder Rebirthing an. Manche legen Tarotkarten, machen Runenorakel oder behaupten, mit ihrer Hellsichtigkeit in die Zukunft schauen und die Probleme vorhersehen zu können. Da ihnen die ganze Palette der esoterischen Disziplinen zur Verfügung steht, können sie auch auf die Wünsche und Bedürfnisse der Manager eingehen und verschiedene Praktiken kombinieren.

Seelenmassage für Manager

Die Medien und Coachs sollen die Manager mental aufbauen, damit sie dem Druck besser standhalten und Streß abbauen können. Im Mittelpunkt stehen Entspannungsübungen aller Art. Ihre »spirituellen Lehrer« sollen sie befähigen, selbst schwierige Entscheide nach übersinnlichen Prinzipien intuitiv zu fällen und dabei die »innere Gewißheit« zu erlangen. Bis es ihnen beispielsweise gelingt, einem Mitarbeiter ganz entspannt die Entlassung mitzuteilen und die Maßnahme als Chance für den Betroffenen darzustellen. Oder die Manager sollen mental und spirituell darauf getrimmt werden, der Belegschaft und den Medien gelassen die Schließung einer Tochterfirma als sinnvolle Restrukturierung zur Erhaltung der übrigen Arbeitsplätze zu erklären.

In den Trainings wird den Managern solche »spirituelle Überlegenheit« oft als Ausdruck mystischer Reife gepriesen. Eso-Training und Management vertragen sich also bestens. Der Esoterikmarkt funktioniert nach ähnlichen marktwirtschaftlichen Prinzipien wie weite Teile der Ökonomie. Und das in Esoterikkreisen praktizierte positive Denken ist ein Musterbeispiel für das egozentrische Anstreben materieller Vorteile. Radikale Esoteriker waren sich auch nie zu schade, ihre spirituellen Fähigkeiten und Erkenntnisse in den Dienst materieller Bedürfnisse zu stellen. Außerdem funktioniert die moderne Esoterik nach dem Prinzip des Sozialdarwinismus und des Ausleseverfahrens: Dem Stärkeren gehört die Macht. Und Recht hat, wer die Macht besitzt. Dies gilt für wirtschaftliche Belange genauso wie für spirituelle.

Coaching und mentales Training werden heute professionell vermarktet. Der *Spiegel* (1/2000) fand heraus, daß die Deutschen respektive ihre Arbeitgeber jährlich rund zehn Milliarden Mark für Motivationskurse, Persönlichkeitstrainings, Karriereberatung und entsprechende Bücher ausgeben. Viele Angebote sind durchaus seriös und sinnvoll, der Anteil der fragwürdigen Seminare und Veranstaltungen ist allerdings beträchtlich.

Massenveranstaltungen für Manager

Vom Coaching-Fieber profitieren in erster Linie die rhetorischen Talente unter den Trainern. In Deutschland ist wohl Jürgen Höller der Spitzenverdiener. Immerhin behauptet er selbst, die Nummer eins zu sein. Großbetriebe zahlen dem ehemaligen Fitneßstudio-Berater ein Tageshonorar bis zu 30 000 DM. »Für ein paar windige Durchhalteparolen und Sprüche wie ›Steig vom Pferd ab, wenn es tot ist‹«, kommentiert der *Spiegel* Höllers Motivationstraining. Zu seinen noch lukrativeren Powertrainings in großen Hallen strömen manchmal mehrere tausend Manager und Geschäftsleute zusammen. Höllers Botschaft ist einfach: Alles ist möglich, man muß nur wollen und aus der Opferrolle herausfinden.

Die Seminare von Höller sind eine Mischung aus charismatischem Gottesdienst, Disco, Popkonzert und Sportveranstaltung. Der Trainer garniert seine Show mit blitzenden Scheinwerfern und Nebelschwaden und hüpft wie ein Rockstar auf der Bühne herum. Höller schreit sich förmlich in Ekstase und reißt die Teilnehmer von den Stühlen. Sie tanzen im Gleichschritt zur lauten Musik, werfen die Arme Richtung Bühne und feiern den Coach mit lauten Schlachtrufen, der sie wie ein Fußballtrainer anfeuert. Unterstützt von lauten Rhythmen ruft ihnen Höller durch das Mikrophon zu, sie sollen die Hemmungen ablegen und die eingesperrten Gefühle befreien.

Kurze Zeit später schlüpft Höller in die Rolle des Predigers, der das große Publikum auffordert, die Augen zu schließen und sich geistig zu versenken. Und so stehen die Teilnehmer wie im Gottesdienst einer christlich-fundamentalistischen Sekte da, halten die Arme in die Höhe und beten den Erfolgskanon. Sie werden durch ein Wechselbad der Gefühle gepeitscht, das sie in unbekannte emotionale Grenzbereiche führt. Die unerwartete Heftigkeit der Emotionen macht sie glauben, sie hätten im Powertraining den Schlüssel für das Energiereservoir gefunden, aus dem in Zukunft grenzenlose Kraft strömen werde. Immer wieder beschwört Höller den Erfolg, den er als Grundrecht bezeichnet. Und so steigern sich zum Beispiel in der Dortmunder Westfalenhalle 10 000 Teilnehmer gleichzeitig in eine Euphorie hinein, die stundenlang anhält.

Im Februar 2000 geriet Höller in die Sportschlagzeilen. Christoph Daum, Fußballtrainer des Spitzenclubs Leverkusen, engagierte ihn als Motivationstrainer für seine Spieler. Höller ließ die hochdotierten Profis über Glasscherben laufen und vor dem Spiel gegen Bayern München in der Kabine mit Musik volldröhnen, die ihnen angeblich Energie verleihen sollte. Höller nutzte sein prestigeträchtiges Engagement für eine PR-Aktion in eigener Sache und attackierte die Bayern-Mannschaft verbal. Manager Uli Hoeneß sei ein Weißwurstkönig, der FC Bayern München ein »blöder, arroganter Millionärsclub«, sagte Höller. Trainer Daum war nicht glücklich über die öffentliche Schelte des Gegners durch den Motivationscoach und disqualifizierte Höllers Arbeit mit der Aussage: »Generell halte ich nach wie vor viel von mentaler Nachhilfe. Doch von Jürgen Höller fühle ich mich mißbraucht.«

Anthony Robbins, der erfolgreichste Coach

Der weltweit erfolgreichste Motivationstrainer ist der Amerikaner Anthony Robbins. Er versteht es wie kein zweiter, die Massen mitzureißen. Der Coach füllt Hallen mit 15 000 Seminarteilnehmern. Sein Standardprogramm ist das Seminar »Befreie die innere Kraft« und dauert dreieinhalb Tage. Die Veranstaltung kostet 1685 DM (ca. 1400 Franken), Spätbucher zahlen 1952 DM. An einem verlängerten Wochenende fließen also drei bis fünf Millionen DM in seine Kassen. Insgesamt haben bereits 1,5 Millionen Personen das Seminar absolviert. Robbins generiert also Milliardenumsätze.

Der Trainer bezeichnet das Seminar selbst als »Mega-Ereignis im amerikanischen Seminar-Show-Stil«. Robbins arbeitet vor allem mit Elementen des Neurolinguistischen Programmierens (NLP), »das es erlaubt, Denkprozesse bewußt umzuprogrammieren und nach Wunsch auf Erfolg und erfülltes Leben auszurichten«. Die Teilnehmer werden darauf getrimmt, Gesprächspartner zu durchschauen, nonverbale Kommunikation gezielt einzusetzen und ungeahnte Kraftreserven zu mobilisieren, wie Robbins verspricht. Beim Feuerlaufen sollen die Teilnehmer lernen, ihre Angst in Mut, Energie und Entscheidungskraft umzuwandeln.

Die Seminare sind nicht Robbins' einzige Einnahmequellen. Der Trainer hat ein Unternehmen mit 200 Mitarbeitern aufgebaut. Heute gehören ihm neun Firmen. Wer sich beispielsweise an der Mastery University auf den Fidschiinseln weiterbilden will, zahlt rund 10 000 Dollar. Die Insel gehört Robbins. Für hohe Umsätze sorgen auch seine Bücher und Kassetten. Die Schriften »Grenzenlose Energie« und »Das Power Prinzip« erreichten Auflagen von rund einer Million, die Tonband- und Video-Kassetten von 25 Millionen.

Robbins vertraut auf das positive Denken und das »Neuro-Associative Conditioning« (NAC). Dabei handelt es sich um eine Technik, die ähnlich wie das Neurolinguistische Programmieren (NLP) funktioniert. Der Erfolgstrainer ließ sich aber auch vom Kurs »Forum« des Coaching-Unternehmens Landmark inspirieren. Nach eigenen Angaben ist Robbins Berater von Großunternehmen wie IBM, AT&T, American Express, McDonald Douglas, Minolta und der US-Army. Außerdem coacht er angeblich Spitzensportler wie den Tennisprofi Andre Agassi und Politiker wie Michael Gorbatschow, Nelson Mandela und Bill Clinton.

Psychotherapeuten warnen vor den Motivationstrainern, die Massenveranstaltungen durchführen. Bisher fehle jede wissenschaftliche Bestätigung für die Wirksamkeit dieser Seminare, erklärte die deutsche Gesellschaft für wissenschaftliche Gesprächstherapie (GwG). »Die Psychogurus machen Versprechungen, die einfach nicht haltbar sind«, sagte der Bundesgeschäftsführer Karl-Otto Kentze im Februar 2000 in Köln. Die Motivationsseminare glichen einem psychologischen Fast Food und seien »nicht weit von einer Massenpsychose entfernt«. Bei einzelnen Teilnehmern seien negative Folgen, zum Beispiel Depressionen, nicht auszuschließen, erklärte Kentze.

Persönlichkeitstrainings in Großgruppen sind eigentlich ein Widerspruch in sich. Die Persönlichkeit läßt sich nur individuell fördern, weil die »Therapeuten« zwingend auf die konkreten Lebensumstände des einzelnen Klienten eingehen müssen. Großveranstaltungen sind Massenkonfektion und stereotype Proklamationen, die nicht über den Charakter eines Happenings hinausgehen. Um die psychologischen und gruppendynamischen Defizite zu überdecken, werden die Teilnehmer auf der emotionalen Ebene angesprochen. Nach dem Muster des positiven Denkens werden sie in eine virtuelle geistige Welt entführt, in der angebliche Wunder zum (Geschäfts-)Alltag gehören. Bärbel Schwertfeger schreibt dazu in ihrem Buch »Der Griff nach der Psyche«: »Gerade für Manager ist das Zulassen und Ausleben von Gefühlen oft eine völlig neue und überwältigende Erfahrung.« Die Beraterin Gertrud Höhler bescheinigt denn auch vielen Managern eine »emotionale Magersucht«.

Mit echter Mystik haben die meisten Manager-Seminare nichts zu tun, dafür um so mehr mit moderner Esoterik. Mystik bedeutet Stille, Versenkung, ein Horchen nach Innen, Gotteserfahrung. Das Ego soll überwunden, der Narzißmus zurückgedrängt werden. Angestrebt wird die Ichlosigkeit, um zum Selbst vordringen zu können. Wer hingegen seine Sinne darauf konzentriert, größer, schneller und besser zu sein, versteht kaum, was echte Mystik bedeutet. Spirituelle Erfahrung sucht nicht nach praktischem Nutzen.

Die materielle Welt ist der Feind spiritueller Entwicklung. Luxus fixiert den Menschen auf »grobstoffliche Kategorien«, die einseitige Konzentration auf Besitzvermehrung betäubt den Geist. Wer sich auf den Weg zum »höheren Bewußtsein« macht, muß versuchen, sich von der Bindung an die Materie zu befreien. Moderne Manager, deren Credo Profitmaximierung, Effizienz und Rationalisierung ist, werden sich immer schwertun mit wahrer Mystik. Sie sind permanent verhaftet in abstrakten Kategorien, ihr Denken und ihr Bewußtsein wird dominiert von virtuellen und materiellen Erfordernissen. Wenn sie in der knappen Freizeit und im Streßzustand esoterische Workshops und spirituelle Seminare besuchen, suchen sie den mentalen Kick.

Die Manager-Seminare nehmen Rücksicht auf die geistige Befindlichkeit ihrer Klientel. Sie bieten vielfach Klamauk, »Action« und laute Rituale, damit Tempo und Rhythmus der Arbeitskadenz gleichen. Würden die Coachs die gestreßten Klienten auffordern, intensiv zu meditieren und »loszulassen«, hätten sie kaum Erfolg.

Kapitel 18
René Egli schafft den Tod ab

Eine »Gebrauchsanleitung für das Leben« hat der Schweizer Erfolgsautor René Egli geschrieben – und damit bombastischen Erfolg. Sein 1994 erschienenes Buch »Das LOL²A-Prinzip oder die Vollkommenheit der Welt« befand sich bis 1999 in der Schweizer Bestseller-Liste, meist auf Platz eins. Auch in Deutschland und Österreich war es ein großer Erfolg. Die Zeitung Brückenbauer brachte es im Titel ihres Artikels auf den Punkt: »Die Schweiz im Lola-Fieber«. Im LOLA-Prinzip manifestieren sich in ausgeprägter Weise Hoffnungen und Sehnsüchte der Esoterikszene.

LOL²A bedeutet »Loslassen«, »Liebe hoch zwei« und »Aktion gleich Reaktion«. Mit Botschaften wie aus der Waschmittel-Werbung wiederholt er gebetsmühlenhaft die simplen Prinzipien, bis sie auch dem letzten Leser als »kosmische Wahrheit« erscheinen.

Egli vergleicht in seiner »Gebrauchsanleitung für das Leben« tatsächlich den Menschen und das Leben mit Maschinen oder physikalischen Gesetzen, für die man nur die richtigen Anleitungen brauche. »Es könnte sein, daß das LOLA-Prinzip tatsächlich den Weg zur Lösung aller Probleme weist«, behauptet Egli. Und dies, ohne sich anzustrengen. Denn der Mensch verfüge über unbegrenzte Macht: »Wenn Sie sich ändern, dann verändert sich die Welt!« Dies sei der radikalste Grundsatz. Alle müßten sich ändern. Wie sich der Mensch ändern soll und warum, erklärt Egli nicht. Er argumentiert fast ausschließlich auf der Metaebene. Das klingt zwar berauschend, seine Rezepte sind aber meist nur Worthülsen.

Eglis Logik: Der freie Wille des Menschen bedeute, daß er denken könne, was er wolle. »Das gibt Ihnen nämlich totale Freiheit. Und diese totale Freiheit gibt Ihnen auch Macht«, schreibt Egli.

Warum sich aus freiem Willen und totaler Freiheit Macht ergibt, erklärt er nicht. Auch nicht, wie dies in die Praxis umzusetzen ist. Der Zusammenhang ist vage, und darauf stützt sich Eglis ganze Argumentation. Die Machtfrage betrifft die meisten Menschen nicht nur in der geistigen Welt, sondern vor allem in der materiellen oder alltäglichen. Und da sind die Möglichkeiten des freien Willens beschränkt.

Als nächstes Glied in seiner Argumentationskette führt Egli die universelle Intelligenz ein, über die grundsätzlich jeder Mensch verfüge. Womit er den Menschen über den Umweg dieser »universellen Intelligenz« göttlich machen will. Eine Kapitelüberschrift seines Buches drückt das auch deutlich aus: »Ihr werdet sein wie Gott«. Egli interessiert letztlich »nur noch eine einzige Frage«: »Wie höre ich auf den Gott in mir? Das LOLA-Prinzip gibt darauf eine einfache Antwort«, behauptet er. Somit arbeitet er mit Allmachtsphantasien, die jenseits jeder logischen und rationalen Vernunft stehen.

Aber er muß auch nichts erklären, denn für ihn gibt es eine »zweite Wirklichkeit«, die unbegrenzt sei: »Es ist der Bereich des Nicht-Erklärbaren«. Eine Wirklichkeit, in der nicht der Verstand, sondern das Herz »denkt«: »Ich nenne diese zweite Wirklichkeit Herzdenken. Hier spricht das Herz, das Gefühl, die Intuition; und die ist grenzenlos.« Das hat Egli schlau berechnet: Die Sehnsucht vieler Menschen nach Herzenswärme und daß eine diffuse »Intuition« das Denken ersetze, ist groß.

Auch Egli macht seinen Lesern weis, daß nicht die Materie die eigentliche Realität sei, sondern Schwingungen oder Energie. Alles ist laut Egli Energie, bis hin zu den Gedanken. Und weil alles am Menschen Energie ist, so Eglis Schlußfolgerung, sei er »beliebig entwicklungsfähig und unsterblich«. Das sagt ihm die Physik: »Energie kann nicht zum Verschwinden gebracht werden.« Und wenn der Mensch tatsächlich stirbt? Die Physik habe die Antwort, behauptet Egli. Wenn einem Körper Energie zugefügt werde, erhöhe sich die Schwingung oder Frequenz, und der Zustand des

Körpers verändere sich: »Aus einem Eisklumpen wird Wasser. Fügen wir weiter Energie hinzu, dann wird aus dem Wasser Dampf – und obwohl wir mit unseren Augen nichts mehr sehen, ist doch immer noch alles da, nichts ist einfach verschwunden.« Die gleiche irreführende Logik hat schon Murphy angeführt (Kapitel 6), wahrscheinlich hat Egli dort Anleihe genommen. In welcher Form einem toten Menschen Energie zugeführt wird, erklärt Egli nicht. Ganz abgesehen davon, daß Eglis Grundhypothese – der Körper bestehe nur aus Energie – wohl so nicht stimmt. Doch Egli baut auf das Unwissen und die Leichtgläubigkeit seiner Leser und zieht physikalisch völlig falsche Vergleiche: »Was für Eis und Wasser gilt, das gilt folglich auch für den Menschen. Wenn es einem Menschen gelingt, seine Schwingung beträchtlich zu erhöhen, dann kommt logischerweise der Moment, wo er unsichtbar wird.« Laut Egli gibt es deshalb keinen Tod, sondern nur die Verwandlung von einem materiellen in einen energetischen Körper.

Der LOLA-Autor findet noch einen weiteren Kniff, um den Tod »abzuschaffen«. Diesmal soll es die Kraft der Gedanken richten: »Was nicht in unserem Bewußtsein als Möglichkeit vorhanden ist, das kann nicht eintreten. Stellen Sie sich das einmal vor! Wenn in unserem Bewußtsein die Idee des Alterns nicht vorhanden wäre, dann würden wir nicht altern!« Als ob die Zellen oder Organe keinem biologischen Alterungsprozeß unterliegen würden. Auch Tiere sind sich ihres Alterns nicht bewußt und altern und sterben trotzdem. Warum nicht eintreten soll, was nicht in unserem Bewußtsein latent vorhanden ist, erklärt Egli auch nicht – er behauptet es einfach. Offensichtlich entspricht er damit so sehr einem Bedürfnis seiner Leser, daß sie es ihm frag- und kritiklos glauben.

Egli warnt denn auch seine Leser, sein Buch auf keinen Fall »aus einer psychologischen Sicht zu betrachten, sondern aus einer physikalischen«, denn das Leben sei ein physikalisches »Problem«.

Er treibt den unlogischen Gedanken noch weiter. Die Welt, also auch der Kosmos, seien unvorstellbar ökonomisch organisiert, nur der Mensch mache mit seinen Analysen alles so kompliziert, daß das Überleben in Gefahr sei. »Sollten wir hier nicht überleben, dann ist es auch kein Unglück, da wir wissen, daß der Tod nicht existiert.«

Egli spielt aber auch mit den Ängsten und Hoffnungen kranker Menschen. Er behauptet, auch Krankheiten unterlägen der Macht des Bewußtseins: »Es ist somit nichts anderes als Logik und Physik, daß Krankheiten durch Gedanken geheilt werden können.« Wer an Krebs, Aids, Hirnhautentzündung, Multiple Sklerose oder anderen Krankheiten stirbt, ist selber schuld. Er hat die falschen Gedanken. Welches die richtigen Gedanken sind, erläutert Egli natürlich nicht, sonst wären seine Behauptungen ja überprüfbar und würden schnell entlarvt werden. Seine Technik besteht nicht im Erklären und Transparentmachen seiner Ideen, sondern reinen Behauptungen: »Alles ist Schwingung – und somit veränderbar. Auch Beton ist Schwingung – und somit veränderbar. Auch der fürchterliche Mitarbeiter Meier ist Schwingung – und somit veränderbar. Auch das autistische Kind ist Schwingung – und somit veränderbar.«

Und wieder nährt Egli Allmachtsphantasien: »Sie ganz allein bestimmen Ihre Welt. Sie entscheiden, ob Ihre Welt gut oder schlecht ist. Ist das nicht fair? Ist das nicht gewaltig? Spüren Sie die Macht, die Sie dadurch plötzlich bekommen? Nicht Sie sind der Welt ausgeliefert, nein, die Welt ist Ihnen ausgeliefert. Die Welt ist genau das, was Sie von ihr denken! Und das gibt Ihnen Macht, Macht über die ganze Welt, über Ihre Welt.«

Natürlich kann der Mensch sein Leben in Teilen selbst bestimmen. Was teilweise wahr ist, verallgemeinert Egli zu einer pauschalen Behauptung. Und er blendet all das aus, was den Menschen in seiner Selbstbestimmung auch immer wieder einschränkt – körperliche Behinderungen, psychische Probleme, soziale Benachteiligungen. Daß diese nicht verschwunden sind, nur weil man sie »wegdenkt«, entspricht nicht nur der Logik, sondern auch der Erfahrung.

Seine Behauptungen sind suggestive Demagogie. Zwischen der »ganzen Welt« und der »eigenen Welt« liegen Welten. Tatsächlich gaukelt Egli seinen Lesern eine Scheinwelt vor. Daß jeder unbegrenzte Macht haben kann, ist ein Widerspruch in sich. Warum gerade »Macht« das erstrebenswerte Ziel ist, erklärt Egli auch nicht. Das ist höchstens psychologisch erklärbar: Je hilfloser und machtloser sich seine Leser empfinden, desto empfänglicher sind sie für seine Botschaft.

Wer diese nicht glaubt, hat sie nicht verdient: »Wenn Sie jetzt denken, das sei Theorie, dann haben Sie recht: die Welt ist das, was Sie von ihr denken!« Wer glaube, seine Ausführungen seien Theorie, mache sich selbst zu »einem total schwachen Menschen, zu einem Opfer des eigenen Denkens«, behauptet Egli. Wer will schon »schwach« sein? Lieber glaubt man den größten »Schwachsinn«.

Was wollen die Menschen gerne hören? Genau: daß sie Erfolg haben können, und das, ohne sich besonders anstrengen zu müssen. Egli bietet auch diese Illusion an: »Der Mensch ist mit Sicherheit nicht geboren, um im Schweiße seines Angesichts und im Kampf mit seinen Mitmenschen sein tägliches Brot zu verdienen. Er ist geboren, um sich zu entfalten, um zu siegen, um glücklich und erfolgreich zu sein.« Glücklich wird, wer erfolgreich ist und siegt. Das LOLA-Prinzip entpuppt sich als Anleitung, ein Egoist zu werden. Eine Pervertierung spiritueller Werte. Menschen, die unter schwierigen Bedingungen und großem Einsatz arbeiten, müssen sich wie Versager vorkommen.

Eglis Erfolgsrezept: Wenn 1000 Mitarbeiter mit positiven Gedanken das Energiepotential steigern, sei der Erfolg ihres Betriebs sicher: »Ein Unternehmen kann tatsächlich zum Erfolg gedacht werden«, behauptet er. Das sei reine Physik. »Letztlich ist Management nichts anderes als Energiemanagement.« Eine eigenartige Theorie für einen Ökonomen und Betriebswirtschafter mit Erfahrungen als Manager.

Eine weitere Zauberformel Eglis lautet »Aktion = Reaktion«: »Und das heißt: Jeder Gedanke kehrt zum Sender zurück«. Warum eigentlich? Mit Begründungen hält sich Egli aber nicht auf. Er behauptet weiter: »Was immer Sie denken, das heißt hinaussenden, kehrt zu Ihnen zurück.«

Ein Beispiel dieses Denkens erzählt Egli aus seinem eigenen Leben. An seiner ersten Arbeitsstelle nach dem Studium kritisierte er seinen Chef, der ihn schon bald wieder vor die Tür setzte. Doch er habe dann eingesehen, daß die negative Energie, die er ausgesendet habe, auf ihn zurückgefallen sei. »Das nenne ich Gerechtigkeit«, schreibt er. Wenn also künftig wieder Massenentlassungen anstehen, dann betrifft dies nach Eglis Theorie all die Mitarbeiter, die »negative Energie« aussendeten. Kurz: Sie sind selbst schuld. Wieder zieht Egli aus einem Fall Schlußfolgerungen, die, verallgemeinernd und vereinfachend, einfach absurd sind. Da wird er zynisch und in höchstem Maß ungerecht. Egli versteigt sich sogar zur Behauptung, »niemand wird zufällig umgebracht«. Schuld ist also das Opfer, nicht der Täter.

Verhängnisvoll bei dieser Denkart ist, daß es keine Zufälle und Ereignisse gibt, die der Mensch nicht selbst verursacht. Man ist gezwungen, Ursachen auch noch so banaler Ereignisse bei sich selbst zu ergründen und ihnen eine höhere Bedeutung zuzumessen. Das schürt oft irrationale Ängste und führt bei den Anhängern von Eglis Ideen zu Schuldgefühlen und einer verzerrten Wahrnehmung der Wirklichkeit. Und es legitimiert Gewalt: Der Täter kann sich immer darauf hinausreden, das Opfer habe es ja »gewollt« oder »verdient«, sonst wäre der Gewaltakt gescheitert.

Über Probleme, Konflikte oder Verbrechen muß nach Eglis Theorie einfach geschwiegen werden – denn dann hören sie auf zu existieren. Das zeige das Beispiel der Drogenpolitik. Obwohl die Schweizer Regierung Millionen in die Drogenprävention stecke, sei die Zahl der Drogenkonsumenten angewachsen, schreibt er.

Sein Argument: Durch die Anti-Drogenkampagne werde dem Drogenproblem laufend Energie zugeführt. »Auf diese Weise ist weder das Drogenproblem noch ein anderes Problem lösbar«, glaubt Egli. Auch hier zieht er wieder einen völlig untauglichen Vergleich: »Kein einigermaßen vernünftiger Mensch kommt auf die Idee, ein Feuer zu löschen, indem er dem Feuer laufend Sauerstoff hinzufügt.«

Das gleiche Prinzip wendet Egli auf die Arbeitslosigkeit an. Die staatlichen Programme dagegen gäben dieser nur zusätzliche Energie und würden sie anheizen. Er propagiert Sozialdarwinismus der gnadenlosen Art: »Auch die Tatsache, daß Reichtum bestraft (durch höhere Steuern) und Armut belohnt (durch Sozialhilfe) wird, trägt nicht gerade zur Förderung des Reichtums und somit zur Reduktion der Arbeitslosigkeit bei.«

In gleicher Weise betrachtet er die Armut der Entwicklungsländer, die er auf deren Armutsbewußtsein zurückführt. In Afrika herrsche bitterste Armut, weil es »diese Menschen geschafft haben, die Verantwortung für ihren ›Wohlstand‹ den reichen Industrienationen zu übertragen«. Daß die Armut der afrikanischen Länder auch damit zu tun hat, daß sie von den europäischen Ländern kolonisiert worden sind und teilweise heute noch ausgebeutet werden, interessiert Egli nicht. Analyse der Fakten und Zusammenhänge paßt nicht in sein Weltbild.

Würden wir unser Leben nach den Vorstellungen Eglis gestalten, wäre dies das Ende der humanen Zivilisation. Es gäbe keine soziale Verantwortung mehr, Probleme würden totgeschwiegen, Arme, Kranke oder Behinderte ganz einfach als »Versager« betrachtet. Die Staaten müßten ihre politischen Aktivitäten aufgeben, denn Politik bedeutet, die Zukunft zu gestalten, das Gemeinwohl zu fördern und für Gerechtigkeit und Freiheit zu sorgen. Ziele, die nur erreicht werden können, wenn wir die Probleme offen diskutieren.

Die egozentrische Weltsicht des positiven Denkens führt – konsequent zu Ende gedacht – zu dem fatalen Schluß: Wer sich mit Problemen beschäftigt, kommt darin um.

Am besten ist es nach Egli, überhaupt nicht zu urteilen. Denn: »Urteilen heißt, etwas Ganzes teilen; und wenn ich zwei Teile habe, dann habe ich Konflikt.« Kritiker würden nur ihre inneren Probleme nach außen tragen, so Egli: »Ein Mensch, der völlig ganz ist, der eins ist mit sich und der Welt, der kritisiert nicht. Weshalb auch? Es gibt ja wirklich keinen Grund dazu.«

Was daraus folgt, ist klar. Man soll auch Egli nicht kritisieren. Den Anhängern, die durch kritische Artikel über Eglis »Philosophie« verunsichert sind, rät er: »Sie können diese Kritik als etwas wahrnehmen, was nichts mit Ihnen zu tun hat.« Was ihn nicht davon abhält, in seinen Büchern laufend zu kritisieren und zu urteilen. Seine Forderung gilt wohl nur für die Leser. Die sollen nicht nur nicht kritisieren und urteilen, sondern auch nicht zweifeln und nicht vergleichen.

Wer die »universelle Intelligenz« entdeckt habe, dürfe nicht mehr zweifeln: »Zweifel ist das Gegenteil von Vertrauen; und ohne Vertrauen läßt sich unsere Intelligenz nicht aktivieren.« Daß, wer nicht zweifelt, vergleicht und Urteile fällt, letztlich keinen Gebrauch von seinem Verstand und seiner Vernunft macht, sagt Egli nicht. Er möchte unkritische, gläubige Leser. Ohne Vergleiche ist ein Überleben praktisch nicht möglich. Deshalb stellt sie das Unbewußte automatisch an.

Wer tatsächlich versucht, nicht mehr zu zweifeln oder zu vergleichen, muß sich massiv selbst beeinflussen. Im Extremfall kann das Unterdrücken des Vergleichens zu Abspaltungen führen und Neurosen oder Psychosen begünstigen. Nicht vergleichen zu dürfen heißt auch, die Erinnerungen zu verdrängen. Wer dies auch nur ansatzweise schafft, muß mit emotionaler Verarmung und Regression rechnen. Ohne Erinnerung gibt es keine Erfahrung, kein Lernen und schon gar keinen Bewußtseinsprozeß, wie ihn die Esoteriker anstreben. Erinnerungen sind auch ein Lebensmotor: schöne Erlebnisse erzeugen auch in der Erinnerung Lebensfreude und motivieren zu neuen Taten.

Fazit von Eglis Heilslehre: »Wir sind eins mit Gott. (...) Also:

wir werden nicht sein wie Gott, wir sind Gott! (…) Entweder wir sind hier und jetzt Gott – oder wir werden es niemals sein. Wir sind Gott. Jetzt. Wir haben lediglich vergessen, daß wir Gott sind.« Ein Gott, der vergessen hat, daß er Gott ist? Das widerspricht Eglis eigenen Allmachtsansprüchen.

Es überrascht nicht, daß sein Buch in Deutschland vom umstrittenen Ewert Verlag angepriesen und vertrieben wird. Ein Verlag, der eine ganze Reihe von rechtsradikalen und teilweise faschistischen Büchern herausgibt, in denen der Nationalsozialismus verklärt und Weltverschwörungstheorien verbreitet werden, wie sie Hitler benutzte, um den Holocaust zu rechtfertigen.

Egli hat auch bereits ein zweites Buch zum gleichen Thema geschrieben »Das LOL^{2}A-Prinzip: Die Formel für Reichtum«. In einem Werbetext schreibt der Ewert Verlag: »Wo immer Sie jetzt in Ihrem Leben stehen, wie viel oder wenig Sie auch verdienen, wenn Sie die in diesem Büchlein empfohlenen Grundsätze sofort konsequent in Ihrem Leben (Tag für Tag!) umsetzen, dann kann es nicht anders sein, als daß Sie zu Reichtum gelangen.« Egli rät denn den Lesern auch, ihrem Bankkonto Liebe zu schicken, denn Reichtum beginne im Kopf und könne leicht herbeimeditiert werden.

Egli vermarktet seine esoterischen Ideen inzwischen professionell und hat ein LOLA-Unternehmen gegründet. Er initiierte LOLA-Vereinigungen, die in mehreren Ländern aktiv waren und Vorträge und Seminare organisierten. Kritische Teilnehmer waren nicht erwünscht: »LOLA-Workshops sind nicht geeignet für Menschen, die im herkömmlichen Denken verhaftet sind«, heißt es auf einem Werbezettel. Die regionalen Vereinigungen, die sich bis Ende der 90er Jahre regelmäßig trafen, hat Egli aber inzwischen wieder aufgelöst. Er wollte die Vorwürfe entkräften, er baue eine europaweite Sekte auf.

Heute sorgt die LOLA-Zeitung LOLA-Impulse für die Propaganda der LOLA-Produkte. Das vierseitige Faltblatt kostet zehn Franken. Für einen zweitägigen Lehrgang zahlt der LOLA-Kunde

900 Franken (etwa 1100 DM). Wer das LOLA-Prinzip zum Beruf machen will, kann sich zum LOLA-Berater ausbilden lassen.

Ende 1999 brachten René Egli und seine Frau Françoise ein weiteres Buch mit dem Titel »Illusion oder Realität?« heraus. Bei den LOLA-Seminaren in Deutschland, Österreich und der Schweiz seien immer wieder Fragen zur praktischen Umsetzung des LOLA-Prinzips aufgetaucht, erklären die Autoren. Die Antworten hielten sie im jüngsten 236 Seiten starken Buch fest. Es kostet 77 Franken (etwa 95 DM). Mindestens bei ihm funktioniert das LOLA-Prinzip: Er setzte in den letzten Jahren mehrere Millionen Franken um.

Kapitel 19
Außerirdische unter uns

Für übersinnliche Sucher mit der vermeintlichen Gabe der Bilokation und »außersinnlichen Wahrnehmung« ist die Erde zu klein
geworden. Unser Planet ist für sie ausgereizt, sie orientieren sich
am Universum. So sind immer mehr Esoteriker an außerirdischen
Phänomenen interessiert. Viele glauben an die Möglichkeit, den
Astralkörper in den Kosmos schicken und beispielsweise dem Ju-
piter oder Mars einen Besuch abstatten zu können. Omnec Onec
ist den umgekehrten Weg gegangen. Die Amerikanerin mit den
katzenartig geschminkten Augen und dem hellblonden Pagen-
schnitt behauptet nämlich, ursprünglich von der Venus zu stammen. Eigentlich ist die Frau eine wissenschaftliche Sensation. Was
sie erzählt, straft alle astronomischen und physikalischen Erkenntnisse Lügen. Doch die Wissenschaftler nehmen kaum Notiz
von der Venusfrau. Dafür viele Esoteriker um so mehr. Zu Tausenden kaufen sie ihre Bücher »Ich kam von der Venus« und »Handbuch Venusischer Spiritualität« und pilgern zu ihren Vorträgen.
Und sie erfahren, wie sich das Leben auf der Venus angeblich
abspielt und wie man heil von der Venus auf die Erde gelangt.

Onec behauptet, sie müsse auf der Erde eine Mission erfüllen.
Sie habe ihr paradiesisches Leben auf der Venus (vorübergehend)
aufgegeben, um uns erdgebundenen Wesen spirituell auf die
Sprünge zu helfen. Obwohl Onec angeblich ein astrales Wesen ist
und sich beliebig von Planet zu Planet bewegen kann, kam sie nach
ihren Aussagen als siebenjähriges Mädchen ganz »gewöhnlich«
mit einem Raumschiff auf die Erde. Die ersten Jahre verbrachte sie
in einem Kloster im Himalajagebiet, um sich an das Leben auf der
Erde zu gewöhnen. Dann nahm sie den Platz eines amerikanischen Mädchens ein, das tödlich verunglückte. Weil das Venus-

mädchen exakt dem verstorbenen Kind glich oder sich angleichen konnte, bemerkte niemand den »Menschentausch«, erklärt Onec. All dies sollen die Venusier natürlich dank ihrer Gabe der Präkognition im voraus gewußt und geplant haben.

Wie lebt sich's auf der Venus? Sauerstoff gibt es nach wissenschaftlichen Erkenntnissen dort keinen. Und heiß ist es auch. Zu heiß für menschliche, tierische oder pflanzliche Lebewesen. Dafür soll es auf der Venus so richtig mystisch und kosmisch spirituell sein. Laut Onec hausen die Venusier in einer Stadt unter einer klimatisierten Glocke. Notfalls könnten sie sich auf eine höhere Schwingungsebene bringen und in der astralen Dimension leben. Dies ist das gleiche Strickmuster, das sich auch Esoteriker und Spiritisten für ihre astralen Reisen ausgedacht haben. Natürlich können auch die Venusier visualisieren. Was sie sich in Gedanken wünschen, entsteht sofort materiell. Und zwar alles, sogar ganze Städte.

Onec hat leider ihre übersinnlichen oder astralen Fähigkeiten weitgehend verloren, wie sie erklärt. Deshalb kann sie ihre Behauptungen nicht kraft ihrer Person beweisen. Wie immer bei spirituell angehauchten »Raumfahrern« oder »Astralreisenden«: man muß ihnen glauben, Beweise liefern sie keine.

Onec heißt eigentlich Sheila Gibson und verbrachte die Kindheit in Tennessee. Sheila war eine schlechte Schülerin und lernte auch keinen Beruf. Sie jobbte als Hilfskraft in verschiedenen Berufen, heiratete, wurde auf irdische Weise schwanger, ließ sich zweimal scheiden und bekam insgesamt vier Kinder. Ein ganz normales Leben. Aber das peppte sie durch ihre Venusstories enorm auf, finanziell und was ihre Popularität betrifft. Seit sie Onec ist, ist sie keine amerikanische Durchschnittsfrau mehr.

Onec hat die amerikanische Traumkarriere von der Serviererin zur Erfolgsfrau geschafft. Ihr Einkommen hat sich vervielfacht, sie ist ein Medienstar geworden, und sogar der *Spiegel* (50/98) berichtete auf zweieinhalb Seiten über sie. Man kann ihre Kreativität bewundern – und staunen, mit was alles Geld zu verdienen ist und wofür Esoteriker ihr Geld ausgeben. Immerhin schadet Onec niemandem wissentlich, sondern erzählt nur moderne Märchen.

Der esoterische Himmel ist voller Engel

Auch Engel erlebten dank der Esoterikwelle in den letzten Jahren eine überraschende Renaissance. Was sie sind und wie sie aussehen, liegt in der Phantasie ihrer menschlichen Schöpfer. Definieren lassen sich die Engel nicht genau. Aber wer seinen Engel nicht selbst ersinnen kann, besucht Engelseminare, hört Engelsbotschaften und besucht Engelshops, die von Engelkerzen über Engelfiguren bis zu Engelkalendern alles verkaufen, was die modernen Engelverehrer wünschen. Für manche ist das Spielerei, sie sammeln Engelmotive wie andere Briefmarken. Spirituell Interessierte suchen bei Engeln Hilfe, um mit ihrem Leben besser zurechtzukommen. Mit zweifelhaftem Erfolg.

Die Engel sollen helfen, einen Teil der kosmischen Harmonie ins Diesseits zu holen und die Paradiesvorstellungen schon zu Lebzeiten auf der Erde zu verwirklichen. Engelgläubige Esoteriker rufen die kosmischen Wesen immer dann herbei, wenn sie mit den unlösbaren Widersprüchen der Alltagsrealität konfrontiert sind. Dann werden Engel zum Synonym für Wunder aller Art, sie dürfen auch mal menschliche Gestalt annehmen, um Menschen in Not beizustehen. Mit ihrer Hilfe gelingt manchen Menschen die Flucht in eine Welt voll Zauber.

Das behauptet auch H. C. Moolenburgh, der ein Buch mit dem Titel »Engel – Helfer auf leisen Sohlen« geschrieben hat. Der Autor ist Arzt. Vielleicht hat ihn gerade die gelegentliche Ohnmacht gegenüber schwerkranken, leidenden Menschen auf die Engel gebracht.

Zwei Beispiele aus seinem Buch sollen stellvertretend zeigen, welche Vorstellungen Esoteriker von Engeln haben. Ein junges

Ehepaar genießt in Limburg in einem Straßencafé die Maisonne. Plötzlich ist die einjährige Tochter weg. Von der Terrasse aus sehen Vater und Mutter, wie das Mädchen auf die dichtbefahrene Straße rennt. Sie eilen hinunter, aber das Kind ist schon fast auf der Fahrbahn. »Dann plötzlich, gerade bevor Anna auf die Straße läuft, kommt ein sehr schönes, liebes, blondes Mädchen von ungefähr vier Jahren angelaufen. Sie steht jetzt zwischen der Kleinen und der Straße, breitet ihre Ärmchen aus und hält Anna zurück«, schreibt Moolenburgh. Als die Eltern dem Mädchen für die wundersame Rettung danken möchten, ist es spurlos verschwunden.

Moolenburghs Engel sind auch gut für übersinnliche Wunder. Eine 50jährige Frau fährt mit ihrem Auto über eine Kreuzung. Unerwartet rast von links ein großer Lastwagen auf sie zu. »Dann geschah plötzlich etwas Unglaubliches. Der Lastwagen wurde durchsichtig, fuhr geräuschlos durch ihr Auto hindurch, erschien dann wieder in seiner ganzen Schwere an der andern Seite ihres Autos und fuhr einfach weiter. Man könnte fast von einer Dematerialisierung und einer Rematerialisierung sprechen.« Für den Arzt besteht nicht der geringste Zweifel, daß das »Wunder« von einem Engel vollbracht wurde.

Moolenburgh hat Hunderte von Engelgeschichten gesammelt, die ihm seine Leser schilderten. Er behauptet, daß sie authentisch seien und weist die Möglichkeit von Wachträumen, Halluzinationen oder Einbildungen der Engelfans von sich. Er könne klar erkennen, ob eine Engelgeschichte stimmig und damit wahr sei.

Auch Kurse und Seminare versprechen Engelkontakte und »Engelbewußtsein«. Die Lichtkörper-Akademie Schweiz zum Beispiel bietet ein dreitägiges Seminar mit dem Titel »Ein Engel fürs Leben« an. Angepriesen wird der Kurs mit dem Hinweis auf die bevorstehende Zeitenwende: »Wir befinden uns inmitten einer globalen, sogar kosmischen Transformation. (...) So rückt uns auch die Sphäre der Engel oder Engelwesen immer näher. (...) Engel sind Mittler für höhere Bewußtseinsbereiche, sie sind Helfer und Begleiter im erwachenden Mitschöpfertum der Neuen Zeit.«

Im Kurs werden die Teilnehmer auf die Verbindung und Kommunikation mit ihrem ganz persönlichen Begleitengel vorbereitet. »Wir lernen mit ihm eine Beziehung kennen, in der wir uns ein Leben lang unterstützt und begleitet fühlen und die uns äußerst praktisch im Alltag zur Verfügung ist. Gleichzeitig läßt sie uns unsere Multidimensionalität in bisher nicht gekannter Weise erfahren«, wird den Seminarteilnehmern versprochen.

Der persönliche Engel ist abrufbar und steht jederzeit zu Diensten, wenn es die Situation erfordert, glauben die Engelanhänger unter den Esoterikern. Bezeichnend ist die Formulierung »äußerst praktisch im Alltag« in der Kursausschreibung. Es geht in erster Linie um Alltagsbewältigung, nicht um spirituelle Erfahrungen. Es geht darum, in allen Lebenslagen einen unsichtbaren Schutzhelfer zu haben. Was früher die katholischen Heiligen waren, sind heute die sphärischen Engel. Nur daß man die Heiligen nicht in Seminaren suchen konnte, sondern im Gebet um Schutz anflehte. Die Angst dahinter und das Bedürfnis, beschützt zu werden, dürften ähnlich sein.

Kapitel 20
Religion für Übermenschen? – ein Kommentar

Die komplexe Realität und der rasche Umbruch in allen wichtigen Lebensbereichen überfordern heute viele Menschen. Sie sind desorientiert, verunsichert und suchen einen einfachen Schlüssel, um die widersprüchliche Wirklichkeit zu dekodieren. Außerdem sind die Ansprüche der Wohlstandsgesellschaft stark gestiegen. Wissenschaft und Technik haben Allmachtsphantasien geweckt, die sich auch auf die religiösen Hoffnungen und Erwartungen auswirkten. Dies bekamen vor allem die christlichen Kirchen zu spüren, die sich in den letzten Jahren immer mehr leerten. Ihre Heilsrezepte, die sich auf Glauben und Hoffnung stützen, sind in einer Zeit des ausgeprägten Hedonismus für viele Menschen nicht mehr attraktiv.

Das Bedürfnis nach individuellen religiösen Konzepten und übersinnlichen Rezepten wurde außerdem durch die Erfahrung begünstigt, daß die Wissenschaften und die Medizin nicht vollends von Not und Krankheiten befreien können. Der Glaube, der Mensch könne mit Hilfe von Technik und Naturwissenschaft die menschliche Bedingtheit überwinden, prägte das mechanistische Weltbild und verdrängte religiöse Bedürfnisse. Doch die Wissenschaftler haben sich nicht als »Heilsbringer« erwiesen.

Die einseitige Konzentration auf Vernunft und Verstand vor allem in der zweiten Hälfte des 20. Jahrhunderts führte zu einer Gegenreaktion. Das war die Zeit der Magier, Gurus und Geistheiler. Sie verkündeten, die Menschen sollten nicht länger auf die göttlichen Wunder warten, sondern den göttlichen Anteil in sich selbst suchen. Sie müßten nur durch übersinnliche Rituale ihre medialen Fähigkeiten entwickeln, um die »universellen Gesetze« erkennen zu können und erleuchtet zu werden.

Die Krise der Aufklärung war also die große Chance der Okkultisten und Esoteriker. Sie holten die verunsicherten Menschen bei ihren Sehnsüchten ab und führten sie in die übersinnlichen oder kosmischen Sphären. Meister und Medien gaben ihnen den scheinbaren Zauberstab in die Hand, mit dem sie angeblich aus eigener Kraft alle mystischen und materiellen Bedürfnisse beliebig befriedigen konnten. Die neuen Magier und Zauberer verlangten von ihren Klienten – außer Geld – den unbeschränkten Glauben an die »kosmischen Gesetze« und die Transformation zu einem »höheren Wesen«. Die Verfechter des neuen Zeitalters definierten kurzerhand die geistige oder übersinnliche Wirklichkeit in die reale um.

Viele Menschen wollen heute in der individualisierten Gesellschaft ihren eigenen Glauben entwickeln. Er soll ihnen Gewißheit, Sicherheit und am besten noch Unsterblichkeit geben. Inzwischen gibt es im »Supermarkt der Esoterik« haufenweise Angebote und Produkte. Esoterik ist heute ein ausgeklügeltes System zur raschen Befriedigung übersinnlicher Bedürfnisse. Sie hat den neuen pseudoreligiösen Markt erfolgreich globalisiert.

Diese konsumistische Spiritualität der Beliebigkeit widerspricht weitgehend einem ernsthaften Ringen um wahre mystische Erkenntnisse. Die Vertreter der radikalen modernen Esoterik glauben nach westlicher Manier der Selbstüberschätzung und intellektuellen Überheblichkeit, sie könnten sich die fernöstlichen Traditionen, die über Jahrhunderte gewachsen sind, im Schnellverfahren und nach dem Konsumprinzip einverleiben. Zusammengeschusterte Produkte fernöstlicher Religiosität werden heute effizient vermarktet und auf westliche Bedürfnisse getrimmt.

Vor der bedenkenlosen Übernahme fernöstlicher Heilsvorstellungen durch spirituelle Sucher aus dem Westen warnte der englische Mystiker Alan Watts schon 1939. In seinem Buch »Die sanfte Befreiung« schrieb er: »Aus der Weisheit des Ostens können wir etwas lernen, wir sollten uns aber hüten, sie zu imitieren. Für einen Westler ist es unweise, zum Buddhismus oder Hinduismus zu ›konvertieren‹, wie die Missionare von den ›Heiden‹ ein Konvertieren zum Christentum erwarten; denn es gibt in den östlichen Religionen Aspekte, deren Übernahme für uns entschieden schädlich ist.« Watts begründet seine Warnung mit dem Umstand, daß wir unseren Wurzeln und Traditionen, die sich sehr von denjenigen der Asiaten unterscheiden, nicht entkommen können.

In der blinden Verehrung von Meistern und Gurus zeigt sich eine neue Form der Autoritätsgläubigkeit. Auch in der kritiklosen Verinnerlichung spekulativer übersinnlicher Phänomene und Lehren kommt eine Sehnsucht nach geistiger Geborgenheit zum Ausdruck, die eine mentale Unterordnung deutlich macht. Oder anders herum: Meister und Medien erlangen Macht über die Anhänger. Und die esoterischen Heilslehren können ein Machtinstrument in den Händen ihrer Urheber sein. Zwar glauben die meisten Esoteriker, dank den spirituellen Ideen die geistige Freiheit zu erlangen, doch in Wirklichkeit liefern sich viele einem Guru oder seiner esoterischen Ideologie aus. Oft merken sie nicht, daß sie sich geistig entmündigen lassen – und daß es ihnen dabei recht wohl ist. Schließlich verlangen die meisten Medien, daß man sich öffnet, einläßt, die Zweifel zerstreut und sich vorbehaltlos einbringt. Kritische Gedanken würden die innere Balance, den Energiefluß oder die Schwingungen stören. Geistige Mündigkeit ist oft nicht nur nicht gefragt, sondern behindert angeblich die spirituelle Entwicklung. Das »Geheimwissen«, das die Esoterik zu vermitteln vorgibt, kann zur geistigen Falle werden.

Der indische Mystiker Jiddu Krishnamurti schreibt dazu in »Wegweiser zum wahren Leben«: »Persönlich an einem Geheimnis teilzuhaben, bedeutet für viele Menschen echtes Glück und tiefe Befriedigung. Etwas zu wissen, was andere nicht wissen, ist eine Quelle des Selbstgefühls; es verleiht einem das Bewußtsein, mit höheren Gegebenheiten in Fühlung zu sein und dadurch an Ansehen und Geltung zu gewinnen. (...) Wir sind und bleiben die Führer, die Maßgebenden, und dieser Vorrang ist nicht einmal schwer zu erlangen; denn die Menschen wollen ja geführt und geleitet sein. Je deutlicher ihnen ihre Verlorenheit und Geistesverwirrung vor Augen tritt, desto lieber lassen sie sich von anderen beherrschen und belehren.« Wo Autorität herrsche und ihr Menschen Gefolgschaft leisteten, habe jede Einsicht in das Wesen des Seins ein Ende, schreibt Krishnamurti weiter. Und im Buch »Leben!« erklärt er, geistige Bindung führe zur geistigen Trägheit. »Wer sich geistig bindet, will sich fremde Erfahrung zunutze machen und geht damit hoffnungslos in die Irre. Um selbst erleben zu können, müssen wir jede geistige Bindung fahrenlassen.« Bindung sei eine Zuflucht, und jede Zuflucht bedürfe des Schutzes; was aber geschützt werden müsse, falle über kurz oder lang der Zerstörung anheim. »Wer sich bindet, wird nie jener Freiheit teilhaftig, die allein die Quelle der Wahrheit ist«, schreibt Krishnamurti.

Die Gurus und Medien entwickeln filigrane übersinnliche Konzepte, ihre Phänomene lassen sich aber nicht erklären. Die phantastischen Formulierungen täuschen nicht darüber hinweg, daß ihr »Geheimwissen« spekulativen Charakter hat. Die neuen spirituellen Sucher nehmen Zuflucht zu Wortschöpfungen, die wunderbar klingen und die Sehnsüchte verstärken. Sie versprechen letztlich lauter Illusionen, die sie wortreich als »geheimes Wissen« deklarieren. Außerdem benutzen sie übersinnliche Begriffe mit einer Selbstverständlichkeit, als handle es sich um objektivierbare Tatsachen. Die Sprache wird zum Verführer. Kitschig und sentimental schüren sie die Ängste, Sehnsüchte und Hoffnungen ihrer Anhänger. Ihre Sprache bleibt so schwammig, daß man sie selten zur Verantwortung ziehen kann, wenn Menschen ins Unheil stürzen. Dann nehmen sie zu Ausreden Zuflucht und haben es ganz anders gemeint. Wirkliche Verantwortung übernehmen sie nicht, sondern beschwören die Selbstverantwortung ihrer Anhänger, sobald etwas schiefläuft.

Nicht erklärbar ist auch, warum in höheren Sphären das Prinzip der Harmonie und des endlosen Glücks herrschen sollte und ausgerechnet auf der Erde Gewalt und Chaos? Wenn alles nach den harmonischen »kosmischen Gesetzen« funktioniert, sowohl im

Makrokosmos wie im Mikrokosmos, dürfte das nicht sein. Oder umgekehrt: Wenn das Böse offensichtlich ein zentrales Prinzip im Mikrokosmos ist, wieso soll dann im Makrokosmos alles harmonisch und idyllisch sein? Die zentrale Frage, weshalb wir als einzige Wesen im Kosmos aus dem Rahmen der verklärten »Natur« oder der »kosmischen Gesetze« fallen, bleibt unbeantwortet.

Realitätsverlust löst seelische Probleme aus

Esoteriker verteidigen sich gern mit dem Argument, es sei nicht besonders schlimm, wenn nicht alle spirituellen Ideen der Wahrheit entsprechen würden. Wichtig sei, daß man sich überhaupt mit übersinnlichen Phänomenen auseinandersetze. Außerdem richteten falsche spirituelle Ansichten keinen Schaden an. Das ist eine Verharmlosung. Das Abdriften in spirituelle Bereiche, die nicht oder nur schwer mit der Alltagsrealität und den geistigen Erfahrungen in Einklang zu bringen sind, kann schwere seelische Konflikte hervorrufen. Spirituelle oder religiöse Vorstellungen prägen das Bewußtsein und wirken direkt auf die Psyche. Verblendungen lösen oft psychische Störungen und Wahnvorstellungen aus. Es geht bei den radikalen Formen der modernen Esoterik nicht um harmlose Finessen, sondern um grundlegende spirituelle und weltanschauliche Prinzipien, die das Weltbild und das Bewußtsein des Einzelnen entscheidend prägen.

Alan Watts warnt denn auch in seinem Buch »Die sanfte Befreiung« vor den psychischen Gefahren, die spirituelle Phänomene auslösen können: »Sie werden leicht überwältigt von unbewußten Kräften, wie in der Besessenheit, und können manchmal schwer unterscheiden zwischen Phantasie und realem Leben. Solche Menschen müssen zuerst einmal die Eigenständigkeit des Egos erfahren; andernfalls finden sie sich hoffnungslos überwältigt bei jedem Versuch, ihre ›Götter und Dämonen‹ in der richtigen Weise anzunehmen.«

Die Beschäftigung mit übersinnlichen oder religiösen Fragen ist für die Persönlichkeitsentwicklung zweifellos wichtig. Der Sprung in die übersinnliche Welt führt aber bei vielen Menschen zu einer Flucht vor den Anforderungen des Alltags. Sie brauchen den Glauben an die Harmonie der spirituellen Überwelt, um die Realität ertragen zu können. Damit wird die mystische Spiritualität zur Beruhigungspille degradiert. Wer die Wirklichkeit verdrängt und in eine Scheinwelt flüchtet, bekommt die Quittung aus den unbewußten Sphären. Dorothee Sölle schreibt in ihrem Buch »Mystik und Widerstand« dazu, daß wahre Mystik nicht zur Weltflucht führe: »Die meisten der großen Männer und Frauen der mystischen Bewegungen haben sich auch theoretisch klar gegen den totalen Rückzug von der Welt ausgesprochen; sie haben zeitweilig den kontemplativen ›Weg nach Innen‹ praktiziert, aber die Einheit von kontemplativem und aktivem Leben, von ora et labora, war immer das Ziel.«

Radikale Esoteriker müssen sich vor einer geistigen Verwirrung hüten. Die Hunderten von übersinnlichen Ideen, Spekulationen, Konzepten und Ritualen lassen sich nicht stimmig unter einen Hut bringen. Der mystische Himmel und die kosmischen Sphären sind derart überladen, daß niemand mehr den Überblick hat. Die Vielfalt an übernatürlichen Heilsversprechen und paranormalen Phänomenen ist verwirrend. Tausende von magischen Köchen rühren den esoterischen Brei nach eigenem Gutdünken an. So überrascht es nicht, daß sich viele übersinnliche Ideen widersprechen. Wer sich intensiv mit den verschiedenen Strömungen der modernen Esoterik befaßt, strickt permanent an einem unüberschaubaren Patchwork.

Jiddu Krishnamurti erklärt in seinem Buch »Wegweiser zum wahren Leben«, wir würden an Illusionen hängen, weil sie beglückend seien. »Sie mögen uns wohl auch Schmerz verursachen, aber solcher Schmerz ist für uns nur ein Zeichen nicht vollendeter Erfüllung und treibt uns erst recht dazu, mit unserer Illusion ganz und untrennbar eins zu werden. Auf diese Art gewinnen Illusionen in unserem Leben eine große, unheilvolle Bedeutung. Sie machen uns blind für das, was ist, die Wirklichkeit; zwar nicht für ihre äußere Erscheinung, wohl aber für ihren inneren Wesensgehalt. Diese ›Blindheit nach innen‹ führt zu falscher Beurteilung der äußeren Wirklichkeit und beschwört damit die Vernichtung und Elend herauf. (...) Wenn wir auf diese Art tiefer und tiefer in Wahn und Illusion versinken, schmücken wir nur den Käfig von Raum und Zeit, in dem wir sitzen.« Im Buch »Leben!« schreibt Krishnamurti außerdem, Illusionen würden Zwiespalt und Leid bewirken. Wer einmal im Netz des Wahns und der Illusionen gefangen sei, könne ihm kaum mehr entrinnen: »Es ist nämlich alles andere als leicht, eine Illusion als solche zu erkennen, das Denken kann sie natürlich nicht entlarven, da es sie ja selbst ins Leben ruft«, schreibt der Mystiker.

An anderer Stelle geht Krishnamurti gar einen Schritt weiter: »Die meisten von uns wünschen sich nichts anderes, als in der Illusion zu leben, weil sie daraus eine Menge Freude und Nutzen ziehen. Die Illusion ist ihr privates Himmelreich, das ihnen erhöhtes Lebensgefühl und das Bewußtsein der Überlegenheit beschert. Hat einer nur das Zeug dazu, ist er begabt und schlau genug, dann bringt er es zum Führer, Mittler oder Vertreter der Illusion, der er sich hingibt.« Da die meisten Menschen der Wirklichkeit am liebsten aus dem Weg gehen würden, entstünde um die Illusion bald eine Organisation mit Eigentum, Riten, Gelübden und geheimen Zusammenkünften: »Die Illusion kleidet sich in das Gewand der Überlieferung und gewinnt dadurch Geltung und Ansehen, eine hierarchische Rangordnung kommt dem Machtbedürfnis der Menschen entgegen, es gibt Novizen und Eingeweihte, Schüler und Meister und selbst unter den Meistern noch Grade der Geistigkeit und Erleuchtung. Die meisten Menschen lieben es ja, andere auszunutzen und sich selbst ausnutzen zu lassen, und dieses System bietet, versteckt oder offen, die beste Gelegenheit dazu.«

Die moderne Esoterik mißt der Sinnfrage eine überragende Bedeutung zu. Die permanente Suche nach dem Sinn aller Ereignisse und Begebenheiten auch im alltäglichen Leben leiten Esoteriker aus dem Glauben ab, daß es keinen Zufall gibt und praktisch alles vorbestimmt ist. In ihren Augen ereignet sich nichts einfach so. Alles hat eine höhere Ursache, gehorcht einem übersinnlichen Zusammenhang. Sich grundsätzliche Fragen zu stellen, gehört zweifellos zur wichtigen geistigen Errungenschaft der Menschen. Selbstfindung und Persönlichkeitsentwicklung wären sonst kaum möglich. Die überspannte Sinnsuche, wie sie viele Esoteriker betreiben, kann sich allerdings negativ auswirken. Für sie hat alles und jedes eine »höhere Bedeutung« und ist ein wichtiger Fingerzeig des »Schicksals«. Werden alltägliche Dinge überinterpretiert und der Zufall radikal ausgeschlossen, kann das Leben zur Hölle werden. Man muß alles, was nicht ganz der Norm entspricht, übersinnlich interpretieren und kann Gefangener dieses geistigen Denksystems werden. Wer dauernd hinter allen Dingen einen höheren Sinn sucht, verliert die geistige Freiheit und handelt sich Angst ein. Unbedeutende Ereignisse bekommen ein Gewicht, die Aufmerksamkeit wird permanent auf die Notwendigkeit dieser Überinterpretation gelenkt. Die »Leichtigkeit des Seins« geht ebenso verloren wie eine gewisse Unbekümmertheit, die zur angstfreien Bewältigung des Lebens gehört. Letztlich besteht die Gefahr des Zwangsdenkens und der Zwangshandlung.

Ein weiteres Merkmal der modernen Esoterik ist der Umstand, daß die Aufmerksamkeit der Szene um so größer ist, je phantastischer die Versprechen sind. Eine Dynamik, aus der vor allem die Scharlatane Kapital schlagen können. Nur allzu häufig sind die angesehensten Geistheiler und Medien Scharlatane. Außerdem verschleißen sich die Trends in der modernen Esoterik immer schneller. Die Halbwertszeit der »spirituellen Highlights« wird immer kürzer. Die Medien und Gurus sind gezwungen, immer spektakulärere Botschaften und Ideen zu verkünden und die übersinnliche Dosis zu erhöhen. Das hat bei vielen Esoterikern zu einer Übersättigung geführt.

Eine mystische Spiritualität, wie sie die radikale Esoterik lehrt, ist nicht lebbar. Der an den Körper gebundene Geist verkraftet in der Regel nur eine beschränkte Dosis »spiritueller Energien«. Allerdings führt sich nur eine Minderheit unverträgliche Rationen zu. Da wir zur Bewältigung des Alltags vor allem das »grobstoffliche Bewußtsein« brauchen und sich die meisten Esoteriker nur in der Freizeit mit übersinnlichen Phänomenen beschäftigen, verlieren die meisten den Realitätssinn nicht ganz. Dies rettet sie vor dem Abrutschen in eine Scheinwelt. Sie bleiben aber Grenzgänger, die zwischen den beiden Welten pendeln. Bei akuten persönlichen Problemen laufen aber auch gemäßigte Esoteriker Gefahr, sich psychische Schwierigkeiten einzuhandeln.

Extreme esoterische Heilsvorstellungen und Rituale bergen ein beträchtliches Suchtpotential. In erster Linie handelt es sich um eine mentale Abhängigkeit. Die Sehn-Sucht nach übersinnlichen Wundern läßt sich oft nicht befriedigen, weil diese außerhalb der realen Möglichkeiten liegen. Akzeptiert ein Esoteriker die spirituellen Grenzen nicht und glaubt auch nach Mißerfolgen weiter an die versprochenen Phänomene, setzt er einen Teufelskreis in Gang. Die sinnlichen Erfahrungen und esoterischen Hoffnungen klaffen immer weiter auseinander. Um die Zweifel zu verdrängen, muß der Esoteriker sich noch intensiver auf die übersinnlichen Phänomene konzentrieren und die Rituale in immer kürzeren Abständen wiederholen. Wenn sich das Ziel der Sehnsucht als Illusion erweist, wird das Sehnen zur Sucht. Suchen sie die Fehler bei sich und nicht bei der Methode, drehen sie die Suchtspirale weiter. Sie meditieren noch häufiger, absolvieren noch mehr Workshops, visualisieren noch intensiver ihre Wünsche, weil sie bisher noch nicht (gut) genug an sich gearbeitet haben.

In seinem Buch »Leben!« schreibt Jiddu Krishnamurti dazu, Riten seien Sinnesreize, die zur Gewohnheit und zum Bedürfnis würden, auf das wir nicht mehr verzichten könnten. Wie bei allen Reizen stumpften jedoch Geist und Herz nur zu bald ab. Wir würden dieses Bedürfnis für geistige Erneuerung halten, so Krishnamurti. »Aber bei näherem Zusehen zeigt es sich, daß diese Riten leere Wiederholungen sind, die uns eine wunderbare, aber höchst bedenkliche Gelegenheit bieten, echter Selbsterkenntnis auszuweichen.« Die Wiederholung von Gesängen, Worten und Sätzen würden den Geist einschläfern. In diesem Dämmerzustand glaube man, Erleuchtungen zu haben, doch diese beruhten auf Selbsttäuschungen, schreibt Krishnamurti weiter.

Esoterik als Rezept gegen Ängste

Wer die esoterischen Heilslehren auf konkrete Inhalte abklopft, stößt durchweg auf das gleiche Muster: Viele Konzepte, Ideen, Therapien und Rituale verraten die urmenschliche Sehnsucht, die Bedingtheit des Menschseins zu überwinden. Die Anhänger schaffen sich mehrheitlich eine geistige Welt, die in idealer Weise die Ängste und Defizite der Realität kompensiert. Das System ist leicht durchschaubar: Die radikale Esoterik verschiebt die Grenzen, die uns in allen Lebensbereichen gegeben sind, in die übersinnlichen Sphären und löst sie damit scheinbar auf.

Die Heilslehren sollen alle metaphysischen, transzendentalen und »grobstofflichen« Bedürfnisse rasch und ohne Nebenwirkungen erfüllen. Dabei entgeht den spirituellen Suchern gern, daß dieser untaugliche Versuch, das mystische Paradies mit der Kraft der Gedanken zu erschaffen, den Blick auf die Realität verstellt. Esoteriker passen die Wirklichkeit oft ihren Sehnsüchten an, ohne nach den echten spirituellen Inhalten zu fragen. Es wird nicht vorurteilslos die mystische Wahrheit gesucht, die übersinnliche Welt muß vielmehr den irdischen Wünschen genügen.

Esoterik der extremen Art ist der krampfhafte Versuch, im Menschen das »höhere Bewußtsein« zu wecken und ihm einen göttlichen Status zu verleihen. Damit macht sich die radikale Esoterik zu einer Heilslehre, die Größenphantasien weckt. Die Erlösungsideen der kompromißlosen Esoterik nehmen teilweise einen wahnhaften Charakter an. Übersinnliche Ideen sollen dazu dienen, dem irdischen Schicksal zu entrinnen. Es ist zwar verständlich, wenn Menschen die Welt in kosmisches Licht tauchen und unfaßbare oder schwer erträgliche Phänomene des Lebens mit übersinnlichen Begriffen erklären wollen. Allzu spekulative okkulte oder esoterische Praktiken und Ideen können die Persönlichkeitsentwicklung aber nachhaltig stören.

Die Diskrepanz zwischen dem übersinnlichen Anspruch und den realen Erfahrungen ist sehr groß. Die Widersprüche sind oft derart eklatant, daß vielen Esoterikern keine andere Wahl bleibt, als die realen Lebenserfahrungen zu verdrängen. Damit laufen sie Gefahr, sich vom Alltag zu entfremden und einer Selbsttäuschung oder Verblendung zu erliegen. Sie richten das Fernrohr auf die kosmische Welt und verpassen das reale Leben, das durchaus auch ein Reservoir für spirituelle Erfahrungen birgt.

Den Esoterikern läuft allmählich die Zeit davon. Seit 40 Jahren predigen sie die Wendezeit, das New Age und den Paradigmawechsel. Wäre das Wassermann-Zeitalter mehr als ein Mythos, müßten sich die Transformation und das neue »kollektive Bewußtsein« längst bemerkbar machen. Vom wortreich versprochenen Klima der Harmonie und des Friedens ist leider weit und breit nichts zu spüren. Es müßte auch die spirituellen Sucher nachdenklich stimmen, daß sich das »neue Bewußtsein« trotz der beispiellosen Erfolgswelle der modernen Esoterik in der realen Welt kaum bemerkbar macht.

Der riesige Markt des Übersinnlichen schafft laufend neue Bedürfnisse. Die vielen esoterischen Institute, Meister, Therapeuten, Magazine, Geschäfte, Buchläden, Messen brauchen Kunden. Die Kommerzialisierung hat längst eine Eigendynamik angenommen und fördert die Sehnsüchte nach übersinnlichen Heilsrezepten. Verkauft wird ein phantastisches Produkt, das sich Verstand und Vernunft entzieht und dessen Resultate oder Effekte nicht überprüfbar sind. Die hemmungslose Kommerzialisierung des Übersinnlichen läßt sich nicht mit echter Mystik vereinbaren. Die »Erleuchtung« läßt sich heute erkaufen.

Die Esoterik stellt den Geist hemmungslos in den Dienst der Materie. Aller Transformation zum Trotz haben das materielle Denken und die mechanistische Weltsicht hoch nach Punkten gesiegt. Das ist zwar bedauerlich, wie viele Esoteriker zu Recht konstatieren, diese Erfahrung drängt aber den Schluß auf, daß die übersinnlichen Ideen der neuen Esoterik ein Mythos sind. Die moderne Esoterik ist heute zum Jahrmarkt einer trivialen Spiritualität und zur Glaubensfabrik geworden. So wird das New Age zum Zeitalter der spirituellen Beliebigkeit, und die moderne Esoterik erfüllt die Funktion einer Ersatzreligion, in der Illusionen und der Glaube an die Selbstvergottung triumphieren. Esoterik mutierte zur Spiritualität des Selbstzwecks.

Glossar

Alchemie Eine okkulte »Lehre« aus dem Mittelalter, um die Geheimnisse des Lebens und die Dinge hinter der erfahrbaren Welt zu ergründen. Die Alchemisten wollten mit Hilfe der Magie und der Naturwissenschaften die paranormalen Energien bändigen und auch für »grobstoffliche« Zwecke nutzbar machen.

Aromatherapie Mit Hilfe von bestimmten Aromen, die aus Pflanzen gewonnen werden, sollen die spirituellen Energien aktiviert, die Aura gereinigt und die Chakren geöffnet werden.

Astralkörper/Astralreisen Esoteriker glauben, der Mensch besitze einen »feinstofflichen« Zweitkörper, den Astralkörper oder Astralleib. Manche bezeichnen ihn auch als Ätherkörper. Astral bedeutet, »von den Sternen herrührend«. Der Begriff geht auf die frühgriechische Vorstellung zurück, unsere Seele bestünde aus dem gleichen Stoff (Äther) wie der Kosmos. Laut Wörterbuch ist der Astralkörper ein Begriff aus dem Okkultismus und bezeichnet einen unsichtbaren, unirdischen und inneren Leib des Menschen. Viele Esoteriker betrachten ihn als Sitz der Seele, als Geist oder Lebensenergie. Der Astralkörper ist ein dankbares Konstrukt, um unerklärliche übersinnliche Phänomene verständlich zu machen. Personen mit besonderen spirituellen Kräften behaupten, sie könnten Astralreisen unternehmen, das heißt, den Ätherkörper in die Vergangenheit, die Zukunft oder in die kosmischen Sphären schicken. Der Astralkörper soll auch außersinnliche Wahrnehmung ermöglichen. Er ist zuständig für die Telepathie, Telekinese, Bilokation, Hellsichtigkeit usw. Geistheiler konzentrieren sich bei ihren Heilungen oft auf den Astralkörper.

Astrologie Die Astrologie geht nach dem Prinzip »wie oben, so unten« von der Vorstellung aus, daß wir an der Konstellation der Planeten ablesen können, was uns das »Schicksal« verheißt. Astrologen glauben vor allem, daß der Stand der Gestirne zum Zeitpunkt der Geburt eine prägende Wirkung auf den Charakter und den Verlauf des Lebens habe. Die angeblichen Verheißungen der Planetenkonstellationen werden in Horoskopen zum Ausdruck gebracht. Die Astrologie diente im Mittelalter dazu, unerklärliche Naturphänomene sowohl in unserem Lebensraum als auch im Kosmos zu interpretieren. Es handelte sich um eine okkulte Methode, die Ohnmacht gegenüber den dominanten Kräften der Natur zu erklären. Obwohl heute nachgewiesen werden kann, daß die astrologischen Grundannahmen falsch sind, werden die gleichen Berechnungsmethoden wie früher angewendet. Es gibt auch keine nur halbwegs befriedigende Erklärung, weshalb unser Leben ein Abbild der Planetenkonstellation sein soll und wie dieses zu interpretieren ist. Wissenschaftlich ist die Astrologie ohnehin nicht erklärbar.

Aszendent Der Begriff stammt aus der Astrologie und bezeichnet die Schnittstelle von Ekliptik und Horizont im Ostpunkt. Konkret: Der Aszendent ist jenes Sternzeichen, das bei der Geburt eines Menschen im Osten aufgeht. Er gilt als der Aspekt im Horoskop, der den größten Einfluß auf das Schicksal einer Person oder ihre Entwicklung ausübt. Nach astrologischer Lesart soll der Aszendent das Wirken eines Menschen nach außen bestimmen.

Atlantis Atlantis ist der Name des »sechsten Kontinentes«, der nach Meinung vieler Esoteriker vor etwa zwölftausend Jahren im Atlantik versunken ist. Um Atlantis ranken sich Mythen und Legenden. Esoteriker sind überzeugt, daß die Bewohner von Atlantis spirituell hochentwickelte Wesen waren. Der griechische Philosoph Plato hat den Begriff geprägt. Der atlantische Ozean hat seinen Namen vom Gott Atlas erhalten. Obwohl der Kontinent

Atlantis ein reiner Mythos und geologisch nicht erklärbar ist, ist der »mystische Kontinent« für einen Großteil der Esoteriker eine Tatsache und der Fixpunkt ihrer spirituellen Sehnsucht.

Aura Die Aura bezeichnet die Ausstrahlung oder das Fluidum einer Person. Esoteriker interpretieren die Aura als eine Art unsichtbare Hülle, die den Menschen umgibt. Sie sprechen auch Tieren und Dingen eine Aura zu. Es soll sich in der Regel um ein Energiefeld handeln. Hellsichtige Menschen behaupten, sie könnten die Aura sehen, die wie ein farbiger Heiligenschein eine Person umgebe. Heiler glauben, aus der Aura verschiedene Informationen ablesen und Krankheiten sowie deren Ursachen erkennen zu können. Die Auraphotographie nutzt diese Idee und bildet die Kopfaura ab, um eine angebliche Analyse zu erstellen.

Außersinnliche Wahrnehmung (ASW) Ein Begriff, unter dem alle Arten von Wahrnehmungen verstanden werden, die sich den erfahrbaren Sinnen entziehen.

Autosuggestion Eine Selbstbeeinflussung auf der mentalen Ebene, die vor allem mit der Einbildungskraft arbeitet. Mit Hilfe der Autosuggestion versuchen Menschen immer wieder, die Realität mit Hilfe geistiger Kräfte ihren Hoffnungen und Sehnsüchten anzupassen. Sie reden sich ihre Wunschvorstellung so lange ein, bis sie daran glauben.

Bachblüten-Therapie Extrakte, die aus den Blüten von 38 Pflanzen gewonnen werden, sollen therapeutische Effekte haben. Jeder Pflanze werden bestimmte Eigenschaften zugeschrieben, die sich zum Beispiel beim Verdunsten der Blütenöle auf den Menschen übertragen. Je nach den Problemen werden verschiedene Extrakte zusammengestellt. Die bekannteste Therapie stammt von Edward Bach.

Bilokation Eine Hypothese, daß medial begabte Menschen sich gleichzeitig an zwei verschiedenen Orten aufhalten können, indem sie ihren »feinstofflichen Körper« oder Astralleib aussenden.

Chakra Chakren gelten als Kraftpunkte im Astralleib, die an sieben Punkten mit dem »grobstofflichen Körper« verbunden sind. Die Vorstellung von den Energiewirbeln, die sich wie ein kleines Rad drehen sollen, stammen aus dem alten Indien. Der Astralkörper soll durchsetzt sein mit Tausenden von Chakren. Im Alltag der Esoteriker und bei den Therapien sind vor allem die sieben Hauptchakren wichtig, denen unterschiedliche Eigenschaften zugeschrieben werden. Sie sollen auch auf die Organe wirken und bei der außersinnlichen Wahrnehmung und den spirituellen Empfindungen eine besondere Rolle spielen. Die Chakren sind durch Kanäle oder Meridiane miteinander verbunden. Sie sorgen für den Energiefluß, der durch Meditation, Yoga und andere Rituale gefördert wird. Mit den Chakren und dem Astralleib können praktisch alle übersinnlichen Phänomene und Spekulationen erklärt werden. Mit diesen beiden »spirituellen Organen« läßt sich angeblich die geistige Verbindung mit der »feinstofflichen Welt« und den »kosmischen Sphären« herstellen. Der übersinnlich sensible Mensch soll Energien aus diesen Bereichen anzapfen und auch seinem physischen Körper zuführen können. Die Chakren spielen deshalb auch bei den Geistheilungen eine zentrale Rolle.

Channeling Der Versuch, mit Hilfe von medialen und übersinnlichen Techniken geistigen Kontakt mit den »aufgestiegenen Meistern« oder anderen kosmischen Wesen und Instanzen aufzunehmen. Channeling bedeutet, einen »Kommunikationskanal« in kosmische Sphären zu öffnen.

Edelsteintherapie Sie geht davon aus, daß Edelsteinen und Kristallen eine besondere Energie innewohnt, die heilende Wirkung hat.

Energie Für die Esoterik ist nicht nur die Materie Energie, sondern auch der Geist, Gott und das ganze Universum. In der modernen Esoterik gibt es erstaunlicherweise positive und negative Energie. Obwohl die modernen Esoteriker die Theorie von der umfassenden Energie physikalisch erklären und ihrer Hypothese einen wissenschaftlichen Anstrich geben, ist ihre Energie eine okkulte Größe. So schwingt angeblich der ganze Kosmos: die Materie in niedriger Frequenz, der Geist in hoher. Die Energie stellt angeblich auch die Verbindung zwischen Geist und Materie her, zwischen der astralen und grobstofflichen Welt.

Feinstofflichkeit Unter der feinstofflichen Welt verstehen die Esoteriker einen Zwischenbereich zwischen der Materie und dem Geist oder der »grobstofflichen« Realität und dem Bewußtsein. Die Feinstofflichkeit ist die gedachte Welt hinter den Dingen, also der Äther- oder Astralbereich. Wie der Name ausdrückt, verbirgt sich hinter der Feinstofflichkeit nicht nur eine geistige Welt, sondern angeblich auch eine unsichtbare Materie, aus der die spirituellen Kräfte hervorsprudeln sollen. Esoteriker versuchen mit der Feinstofflichkeit eine Verbindung zwischen dem Geist und der Materie herzustellen. Wie der Glaube an die astralen oder ätherischen Aspekte ist die Feinstofflichkeit ein Hilfskonstrukt, um übersinnliche und transzendente Phänomene erklärbar zu machen.

Feng Shui Chinesisch für Wind (Feng) und Wasser (Shui). Eine alte Lehre von der universellen Lebenskraft Ch'i, mit deren Hilfe der Mensch die innere Balance oder spirituelle Harmonie erreichen soll. Feng Shui erklärt, die Energie könne in einer Weise aktiviert und eingesetzt werden, daß auch im »grobstofflichen« Alltag eine Verbesserung des Lebensgefühls erzielt werde. Die Methode feiert in den letzten Jahren in der westlichen Welt vor allem beim Einrichten von Büros und Wohnungen einen Siegeszug. Hunderte von Feng-Shui-Beratern erklären den Esoterikern, wie sie Häuser bauen, Türen und Fenster anbringen und die Räume möblieren müssen, damit die Energien richtig fließen. Die Lehre ist eigentlich eine asiatische Strahlenmagie, die eine umfangreiche spirituelle Weltanschauung beinhaltet. Für Skeptiker ist Feng Shui Okkultismus, weil die Energien nicht exakt meßbar sind.

Fernheilung Medial begabte Personen versuchen mit Hilfe von Ritualen und Beschwörungen kranken Personen Heilkräfte über weite Distanzen zu schicken.

Gnosis Griechisch für Wissen oder Erkenntnis. Gnostiker glauben, religiöse Wahrheiten philosophisch erkennen zu können und sich nicht nur auf den Glauben verlassen zu müssen. Die Gnostiker trauen sich zu, die Gotteserkenntnis oder die göttlichen Geheimnisse mit der Kraft ihres Verstandes, der Intuition und des Geistes zu erlangen. Gnosis galt im Altertum als Geheimlehre.

Hellsehen/Hellhören/Hellfühlen Eine medial begabte Person glaubt, sie könne mit Hilfe übersinnlicher Kräfte in die Vergangenheit oder Zukunft sehen und Vorhersagen machen. Die Hellseher wenden verschiedene okkulte Praktiken an, um die zeitlichen und räumlichen Grenzen aufzuheben. Meistens nehmen sie im Trancezustand Bilder vor dem inneren Auge wahr, denen sie authentischen Charakter beimessen. Nach dem gleichen Prinzip beanspruchen die Medien auch Hellhörigkeit und Hellfühligkeit.

I-Ging Eine Orakelmethode, bei der kleine Stäbchen oder andere Ritualwerkzeuge auf den Tisch geworfen werfen. Das Bild, das sich dabei ergibt, kann mit Hilfe des I-Ging-Orakelbuches interpretiert werden. Dabei können die Esoteriker Hinweise für die momentane Situation, aber auch über die Zukunft oder die Vergangenheit erfahren.

Inkarnation Lateinisch von *in* (in) und *caro* (Fleisch), was Fleischwerdung oder Menschwerdung bedeutet. Die bekannteste Inkarnation ist die Menschwerdung von Jesus Christus. Im Spiritismus nimmt ein Geistwesen Besitz vom Körper eines Mediums, wobei sich dessen Persönlichkeit verändern soll.

Karma Sanskrit für wirken, tun. Die Karmaidee ist zentraler Bestandteil der fernöstlichen Heilsvorstellung, wobei die ursprüngliche buddhistische Karmalehre kaum etwas mit den Ideen der modernen Esoterik zu tun hat. Das Karma nach esoterischer Lesart bezeichnet eine spezielle Art von »Schicksal«. Dahinter versteckt sich der Glaube, daß unser aktuelles Leben geprägt wird von den Erfahrungen aus früheren Leben. Das Karma ist quasi die Summe der Erfahrungen und Taten aus der Vergangenheit. Die Karmabelastung ist eine Art Sündenregister: Wer früher tugendhaft lebte, wird mit einer harmonischen Existenz belohnt, Verbrecher müssen ihre Taten büßen und damit rechnen, nun selbst Opfer von Verbrechen zu werden. Einen Zufall gibt es also nicht, alles soll vorbestimmt sein. Die Karmatheorie begründet einen fundamentalen Fatalismus, der die Selbstverantwortung untergräbt, weil die Ursachen momentaner Ereignisse mit dem angeblichen Karma erklärt werden, das nichts mit der aktuellen Identität zu tun hat.

Magie Magie bedeutet die Beherrschung geheimer Kräfte oder Zauberei. Im Altertum war die Magie eine religiöse Domäne und beinhaltete das geheime Wissen im Umgang mit verborgenen Kräften. Heute wird die Magie in erster Linie mit okkulten Kräften in Verbindung gebracht. Helena Blavatsky, die Begründerin der Theosophie, unterscheidet zwischen der schwarzen und weißen Magie. Die dunkle Magie benutzt angeblich die versteckten Kräfte, um persönliche Gewinne zu erzielen, Macht über andere Menschen zu erlangen und egoistische Ziele zu erreichen. Die Esoterik bemüht sich vor allem um die »weiße Magie« und beschwört die »positiven Kräfte«.

Makrokosmos Der Makrokosmos bezeichnet das Universum. In der Esoterik ist es oft auch ein Synonym für Gott. In der modernen Esoterik herrscht die Überzeugung vor, daß sich die Grundstrukturen im Makrokosmos und Mikrokosmos entsprechen würden, also der kosmische Bauplan in jeder Zelle vorhanden sei. Der Mikrokosmos bezeichnet also den Menschen als Gegensatz zum Kosmos.

Meditation Lateinisch von *meditatio*, nachdenken, sinnieren oder sich versenken. In der modernen Esoterik ist es das zentrale Ritual, um sich spirituell zu fördern. Meditation ist in erster Linie eine Konzentrationsübung, bei der unter anderem versucht wird, die Gedanken zu kontrollieren und einen Zustand der tiefen Versenkung und inneren Ruhe zu erreichen. Dabei soll es möglich sein, mit dem eigenen Geist Kontakt aufzunehmen, mit den kosmischen Wesen zu verschmelzen oder universelle Energien anzuzapfen. Esoteriker betrachten die Meditation als ein Universalmittel zur Erlangung des »höheren geistigen Bewußtseins« oder der Erleuchtung. Weniger abgehobene Menschen benutzen die Meditation als Konzentrationsübung zum Abbau von Streß. Oder sie setzen sie als therapeutisches Mittel ein, um schmerzliche oder traumatische Erlebnisse aus dem aktuellen Leben zu verarbeiten.

Medium Medien sind Menschen mit angeblich besonderen spirituellen Begabungen, die Kontakt mit der Geisterwelt aufnehmen können und als Mittler zwischen der sichtbaren und der unsichtbaren Welt walten. In der modernen Esoterik treten sie vor allem als Empfänger von Botschaften der »kosmischen Wesen« oder der »höheren geistigen Hierarchie« auf. Die sogenannten Durchsagen wollen die Mittler mit der Methode des Channelings, der geistigen oder übersinnlichen Übermittlung erhalten. Diesen Botschaften messen die Esoteriker göttliche Wahrheit bei, ähnlich den Offenbarungen in der christlichen Welt. Es gibt allerdings Tausende von (selbsternannten) Medien, die Botschaften erhalten wollen. Oft widersprechen sich die Aussagen radikal, oder sie lassen sich nicht in Einklang bringen.

New Age Sammelbegriff für verschiedene spirituelle Strömungen und Ideen, die von einem neuen Zeitalter ausgehen, das ein neues Bewußtsein begründen soll. Für die meisten Esoteriker symbolisiert das anbrechende Wassermann-Zeitalter diese Epoche, die sehr sanft werden soll.

Numerologie Der (Aber-)Glaube, daß den Zahlen eine magische oder mystische Kraft innewohnt oder daß die Zahlen gewisse mystische Geheimnisse bergen. Jede Zahl hat angeblich eine bestimmte Bedeutung. Meist wird die Quersumme (Zum Beispiel: 33 = 3+3 = 6) ermittelt, um Vorhersagen machen zu können.

Okkultismus Lateinisch von *occultus*, verborgen. Okkultismus bezeichnet eine verborgene oder geheime »Wissenschaft«, die sich vor allem mit übersinnlichen Phänomenen und dunklen Kräften befaßt, die naturwissenschaftlich nicht erklärbar sind. Der Duden spricht von einem »Glauben an die Übermacht menschlicher Seelenkräfte gegenüber den Naturgesetzen und an die Existenz von Geistern«. Der Okkultismus geht von einer Beseeltheit der Natur aus. Aus der Sicht der modernen Esoterik handelt es sich um eine Art Geheimlehre, die sich vor allem auch mit den dunklen Aspekten der übersinnlichen Welt befaßt, also mit schwarzmagischen Phänomenen. Skeptiker zählen aber auch die meisten esoterischen Disziplinen wie Hellsehen, Pendeln, Telekinese, Astralreisen usw. zu den okkulten Aspekten. Manche ordnen auch die Astrologie, das Wahrsagen und den Glauben an Geistwesen dem Okkultismus zu.

Parapsychologie Der Versuch, okkulte und übersinnliche Phänomene mit den Methoden der wissenschaftlichen Untersuchung nachzuweisen. Beliebtes Tummelfeld der Parapsychologie ist die

Heilerszene. Mit Studien soll bewiesen werden, daß die Geistheilung Erfolge erzielt und somit funktioniert.

Psi Ein Synonym für angeblich übersinnliche Kräfte, über die medial begabte Personen verfügen sollen. Psi ist der zweitletzte Buchstabe des griechischen Alphabets.

Rebirthing Eine Therapiemethode, um die Geburt nachempfinden zu können. Alternative Therapeuten gehen oft davon aus, daß die Geburt bei vielen Personen prägende Erlebnisse auslöste, welche die spirituelle Entwicklung behindern. Beim Rebirthing werden verschiedene esoterische Methoden und Rituale angewendet.

Reinkarnation Die Wiedergeburtstheorie ist die Grundidee aller esoterischen Weltbilder und Heilsvorstellungen. Den Glauben an die Reinkarnation übernahmen die Esoteriker von der hinduistischen und buddhistischen Lehre, die von einer mehrfachen Rückkehr der Seele auf die Erde ausgehen. Nach dem Tod soll sich die Seele in eine Zwischenwelt zurückziehen und nach einer bestimmten Zeit wieder »Besitz« von einem ungeborenen Körper nehmen. Sie muß sich im Laufe mehrerer Leben läutern, um den Reinkarnationszyklus durchbrechen und ins Nirwana eingehen zu können. Die Wiedergeburtsvorstellung steht in radikalem Widerspruch zur Evolutionstheorie und der Vererbungslehre.

Rückführung Therapeuten führen ihre Klienten in frühere Leben zurück, um die karmische Belastung ausfindig zu machen und traumatische Prägungen, die sich negativ auf das aktuelle Leben auswirken sollen, bewußt zu machen.

Runen Eine alte Orakelmethode, bei der bemalte Steine auf eine bestimmte Weise geworfen werden. Die Bilder und Anordnungen werden interpretiert und sollen Prognosen für die Zukunft erlauben.

Spiritismus Eine Lehre, um paranormale Phänomene zu erklären. Die Spiritisten gehen von einer klar umschriebenen geistigen Sphäre aus. Sie bewerten übersinnliche Ereignisse in erster Linie als Wirken von Geistwesen, die auch in unserer Realität in Erscheinung treten sollen.

Suggestion Eine starke, mentale Beeinflussung des Denkens, Handelns und Fühlens, die mit unterschwelligen Methoden arbeitet und die rationalen Kontrollinstanzen umgeht.

Tantra/Tantrismus Tantra bedeutet Gewebe, System oder Lehre. Tantrismus ist eine Lehre aus dem alten Indien, die den Hinduismus und Buddhismus stark beeinflußte. Mit magischen, ekstatischen oder orgiastischen geheimen Ritualen sollen die Erlösung und der Ausbruch aus dem Reinkarnationszyklus bewerkstelligt werden. Der Meister führt seine Schüler in die Praktiken ein und gibt ihnen ein persönliches Mantra, das sie bei den Ritualen einsetzen müssen.

Tarot Orakelmethode, um mit Hilfe von Karten in die Zukunft schauen zu können. Die 78 Karten enthalten symbolische Bilder und müssen nach einem System gezogen und ausgelegt werden. Die Deutungen geben angeblich auch Auskunft über konkrete Handlungsanweisungen. Tarot ist also eine Art Lebenshilfe-Methode, die bei persönlichen Problemen eingesetzt wird.

Telekinese Wer telekinetische Fähigkeiten hat, soll Gegenstände über eine große Distanz hinweg verschieben können, ohne sie zu berühren.

Telepathie Die Übertragung von Gedanken und Gefühlen über unbegrenzte Instanzen hinweg mit Hilfe der mentalen Gabe.

Wiedergeburt Siehe Reinkarnation

Yoga Yoga stammt ursprünglich aus dem Hinduismus und bezeichnet ein Joch, mit dem Zugtiere vor einen Karren gespannt werden. Es symbolisiert, sich »vor den Karren Gottes« spannen zu lassen. Heute werden viele Arten von Yoga angewendet. Dahinter versteckt sich eine komplette Heilslehre. Im Westen werden vor allem die körperlichen Yogaübungen betrieben, mit denen die Körperhaltung und der Energiefluß verbessert werden sollen. Mit besonderen spirituellen Kräften, so sagen manche Yogis, könnten sie Astralreisen unternehmen, das heißt, den Ätherkörper in die Vergangenheit, die Zukunft oder in die kosmischen Sphären schicken.

Literatur

Bache, Christopher M.: Das Buch von der Wiedergeburt. München 1993.

Bramley, William: Die Götter von Eden. Eine neue Betrachtung der Menschheitsgeschichte. Burggen 1990.

Capra, Fritjof: Wendezeit. Bausteine für ein neues Weltbild. München 1988.

Carnegie, Dale: Sorge dich nicht, lebe! Bern, München, Wien 1999.

Carnegie, Dale: Wie man Freunde gewinnt. Bern, München, Wien 1986.

Coward, Rosalind: Nur Natur? Die Mythen der Alternativmedizin. Eine Streitschrift. München 1995.

Dethlefsen, Thorwald: Das Erlebnis der Wiedergeburt. Heilung durch Reinkarnation. München 1994.

Ditfurth, Jutta: Entspannt in die Barbarei. Esoterik, (Öko)Faschismus und Biozentrismus. Hamburg 1996.

Egli, René und Françoise: Illusion oder Realität? Oetwil a.d. L. 1999.

Egli, René: Das LOL^{2}A-Prinzip oder die Vollkommenheit der Welt. Oetwil a.d. L. 1997.

Egli, René: Das LOL^{2}A-Prinzip: Die Formel für Reichtum. Oetwil a.d. L. 1998.

Ferguson, Marilyn: Die sanfte Verschwörung. Persönliche und gesellschaftliche Transformation im Zeitalter des Wassermanns. München 1984.

Fisher, Joe: Die ewige Wiederkehr. Vom Sinn der Reinkarnation. München 1990.

Freitag, Erhard F.: Kraftzentrale Unterbewußtsein. Der Weg zum positiven Denken. München 1998.

Freund, René: Braune Magie? Wien 1995.

Fromm, Rainer: Am rechten Rand. Lexikon des Rechtsradikalismus. Marburg 1994.

Gawain, Shakti: Stell dir vor – Kreativ visualisieren. Reinbek bei Hamburg 1992.

Goldner, Colin: Psycho. Augsburg 1997.

Golowin, Sergej: Magische Gegenwart. Forschungsfahrt durch eine Zivilisation in Wandlung. München 1980.

Graichen, Gisela: Die neuen Hexen. Gespräche mit Hexen. München 1999.

Haack, Friedrich Wilhelm: Wotans Wiederkehr. München 1981.

Hanauer, Josef: Wunder oder Wundersucht? Erscheinungen, Visionen, Prophezeiungen, Besessenheit. Aachen 1991.

Helsing, Jan van: Geheim-Gesellschaften und ihre Macht im 20. Jahrhundert. Ein Wegweiser durch die Verstrickungen von Logentum mit Hoc Bilderberger, VFR und UNO. Rhede 1993.

Hemminger, Hansjörg (Hg.): Die Rückkehr der Zauberer. Reinbek bei Hamburg 1990.

Huguenin, Thierry: Der 54. Bergisch Gladbach 1995.

Hummel, Reinhart: Reinkarnation. Weltbilder des Reinkarnationsglaubens und das Christentum. Freiburg 1999.

Krishnamurti, Jiddu: Leben! München 1995.

Moolenburgh, H.C.: Engel – Helfer auf leisen Sohlen. Freiburg i. Br. 1985.

Murphy, Joseph: ASW, Ihre außersinnliche Kraft. Der Schlüssel zu Gesundheit und Reichtum. München 1989.

Murphy, Joseph: Die Macht Ihres Unterbewußtseins. Das große Buch innerer und äußerer Entfaltung. München 1998.

Murphy, Joseph: Tele-PSI – Die Macht Ihrer Gedanken. München 1988.

Onec, Omnec: Handbuch venusischer Spiritualität. Düsseldorf 1998.

Onec, Omnec: Ich kam von der Venus. Düsseldorf 1996.

Peale, Norman V.: Die Kraft positiven Denkens. Zürich 1996.

Peale, Norman V.: Die Wirksamkeit positiven Denkens. Der Weg zu neuem Lebensgefühl. München 1987.

Schalekamp, Juanita Maria: Grenzgängerin zwischen den Welten. Grenzerlebnisse und deren mehrschichtige Interpretationsvarianten. Réchy 1998.

Scheich, Günter: Positives Denken macht krank. Vom Schwindel mit gefährlichen Erfolgsversprechungen. Frankfurt am Main 1997.

Schnurbein, Stefanie von: Göttertrost in Wendezeiten. Neugermanisches Heidentum zwischen New Age und Rechtsradikalismus. München 1993.

Schweidlenka, Roman: Altes blüht aus den Ruinen. Wien 1989.

Schwertfeger, Bärbel: Der Griff nach der Psyche. Was umstrittene Persönlichkeitstrainer in Unternehmen anrichten. Frankfurt am Main, New York 1998.

Sölle, Dorothee: Mystik und Widerstand. »Du stilles Geschrei«. München 1999.

Stamm, Hugo: Im Bann der Apokalypse. Endzeitvorstellungen in Kirchen, Sekten und Kulten. München, Zürich 1998.

Stamm, Hugo: Sekten – im Bann von Sucht und Macht. München 1995.

Steinhauser, Karl: EG – die Super-UdSSR von morgen. Tatsachenbericht über die totalitäre Machtergreifung der Freimaurerei in Europa. Wien 1992.

Watts, Alan: Die sanfte Befreiung. Moderne Psychologie und östliche Weisheit. München 1985.

Wichmann, Jörg: Die Renaissance der Esoterik. Eine kritische Orientierung. Stuttgart 1990.

Copyright © Pendo Verlag AG
Zürich 2000
Gesetzt aus der Aldus
Umschlag: Federico Luci, Köln
Satz: Satz für Satz. Barbara Reischmann, Leutkirch
Druck und Bindung: Clausen & Bosse, Leck
ISBN 3-85842-388-2

PETER NOLL
HANS RUDOLF BACHMANN
Der kleine Machiavelli
174 Seiten. Gebunden
DM/sFr 29,80

»Der kleine Machiavelli« ist eine Satire auf die Gesetze des Er-
folges. Im Mittelpunkt steht der Typ »Manager«, der erfolgreiche Aufsteiger der Neuzeit – oder auch der, der es gerne wäre –, dem jedes Mittel recht ist, wenn es nur der eigenen Karriere dienlich ist. Daran hat sich wenig geändert, seitdem
Niccolò Machiavelli in seiner Streitschrift »Il principe« von
1513 die Regeln des Machtspiels beschrieben hat.

»Diese Satire ist so gut, daß der Leser im Grunde
nicht über sie lachen kann.«
(Fernando Wassner, Frankfurter
Allgemeine Zeitung)

HUGO STAMM
Im Bann der Apokalypse
Endzeitvorstellungen in Kirchen,
Sekten und Kulten
340 Seiten. Gebunden. DM/sFr 19,80

Das Endzeitfieber grassiert an der Schwelle zum dritten Jahrtausend wie noch nie in der Geschichte der Menschheit. In seinem neuen Buch befaßt sich Hugo Stamm, heute eine führende Autorität für die hochaktuelle Sektenproblematik, mit der Geschichte der Apokalypse. Neben den Endzeitvorstellungen von Sekten und Kulten thematisiert der Autor die apokalyptischen Visionen der großen Kirchen und die Hintergründe der Marienerscheinungen.

»Es gelingt dem Autor zu zeigen, wie gefährlich es immer dann wird, wenn genuin säkulare Prozesse mittels theologischer Kategorien interpretiert werden.« (Neue Zürcher Zeitung)

»All diese esoterischen Bewegungen schildert Stamm detailliert und eindrücklich. ›Im Bann der Apokalypse‹ zeichnet sich durch wohltuende Sachlichkeit aus, obwohl das Thema selbst so abstrus und bizarr ist.« (Axel Kintzinger, Die Zeit)

MICHAEL SCHOPHAUS
Im Himmel warten Bäume auf Dich
Die Geschichte eines viel zu kurzen Lebens
184 Seiten. Gebunden.
DM/sFr 29,80, öS 218,–

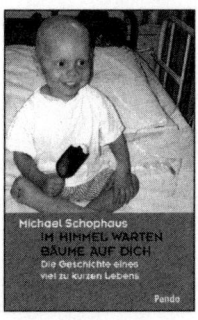

Zwei Jahre hat Jakob Zeit, sich unbeschwert zu entwickeln.
Dann kommt die Diagnose: Neuroblastom, eine Krebsart,
die vor allem bei Kindern auftritt. Was nun beginnt, ist ein
verzweifelter Kampf gegen die Krankheit, Monate zwischen
Hoffen und Bangen. Mit erschütternder Unmittelbarkeit be-
schreibt der Vater, was Jakob und die Familie durchmachen –
die Hoffnungen, die in die Medizin gesetzt werden und die
unerträglichen Situationen im Großbetrieb Krankenhaus, die
Tage, an denen Jakob nur leidet, an der Chemotherapie, dem
Tumor, den Schmerzen, und die Tage, wo er zu Hause spielt,
wo es Hoffnung gibt und Freude.
Michael Schophaus hat seinen Sohn 600 Tage bis zu seinem
Tod betreut und begleitet. Aus seinem Buch sprechen Trauer,
Wut und Fassungslosigkeit, aber auch seine große Liebe zu Ja-
kob und das Glück, das sie zusammen erlebt haben.

PETER NOLL
Diktate über Sterben und Tod
Mit der Totenrede von Max Frisch
359 Seiten. DM/sFr 19,90/öS 145,–

Peter Noll erfährt im Dezember 1981, im Alter von 56 Jahren, daß er an Blasenkrebs erkrankt ist. Eine – möglicherweise lebensverlängernde – Operation lehnt er ab; er will sich vielmehr bewußt mit dem Sterben auseinandersetzen. Mit Aufzeichnungen, die er von Dezember 1981 bis kurz vor seinem Tod im Oktober 1982 führt, will er seine Erfahrungen an die Lebenden weitergeben: »Wir leben das Leben besser, wenn wir es so leben, wie es ist, nämlich befristet.«

»Nolls Diktate sind sympathisch, mutig, ängstlich und gedankenschnell; freiheitsliebend, kritisch, frivol, kokett, eitel, auch gekränkt, kurz: menschlich und so lebendig, daß wir dabei an den Tod am allerwenigsten denken möchten.«
(Frankfurter Allgemeine Zeitung)

VERENA STEINER
Exploratives Lernen
Der persönliche Weg zum Erfolg
Ein Arbeitsbuch für Studium, Beruf und Weiterbildung
248 Seiten. Mit 50 Graphiken. Broschiert.
DM/sFr 34,–/öS 248,–

Der Lernstil ist etwas sehr Individuelles. Es ist daher wichtig
herauszufinden, welche Strategien für das eigene Lernen besonders effizient sind. Die Schlüssel zum Erfolg des Explora-
tiven Lernens sind Neugierde und die Lust, sich selbst und
die Prozesse rund ums Lernen zu beobachten und damit zu
experimentieren. Denn nur durch Selbstbeobachtung finden
wir unseren optimalen Lernstil. Mit Steiners Arbeitsbuch
können Sie Ihr Lernen so gestalten, daß es nicht nur mehr Erfolg, sondern auch mehr Spaß bringt.
»Exploratives Lernen« vermittelt grundlegendes Wissen über
die Prozesse des Lernens, über Denkstile, Konzentration und
Gedächtnis. Es enthält außerdem zahlreiche Tips und Anre-
gungen, um neue Vorgehensweisen, Praktiken und Strategien
auszuprobieren. Die Autorin verknüpft in diesem Werk ihre
eigenen langjährigen Erfahrungen mit Erkenntnissen aus der
Wissenschaft und ihrer Arbeit mit zahlreichen Studierenden.